W0347867

Welcher Baum ist das?

KOSMOS NATUR FÜHRER

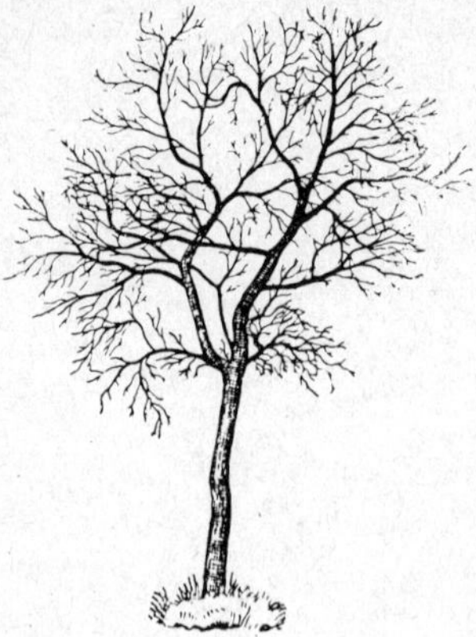

Dr. Alois Kosch

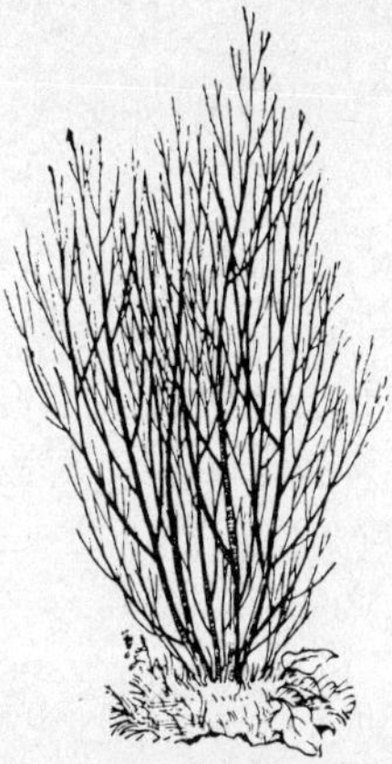

Welcher Baum ist das?

Tabellen zum Bestimmen der heimischen und eingeführten Holzgewächse Mitteleuropas

Mit 380 Bildern von Gabriele Gossner, 41 Baumdarstellungen von Georg Zauner und 36 Aufnahmen auf 4 Tafeln

14. Auflage

Kosmos
Gesellschaft der Naturfreunde
Franckh'sche Verlagshandlung
Stuttgart

Den Umschlag gestaltete Georg Lechler nach einer Aufnahme
von Joachim Zech

Durchgesehen von Forstmeister Dr. O. Feucht (63.–72. Tausend)
und von Dr. D. Aichele

123.–132. Tausend

Franckh'sche Verlagshandlung, W. Keller & Co., Stuttgart 1972

LH 14 Ste / Für die gebundene Ausgabe: ISBN 3-440-01831-8
Für die kartonierte Ausgabe: ISBN 3-440-01830-X
Gesamtherstellung: Konrad Triltsch, Graphischer Betrieb, 87 Würzburg

Welcher Baum ist das?

Die Zeichnungen zu Acer saccharinum, Aésculus octandra, Aésculus pávia, Einblattesche, Juníperus chinénsis, Magnólia denudáta, Prúnus amýgdalus, Rhododéndron nudiflórum, Sálix acutifólia, Sálix cineréa und syrínga pérsica sind von Richard Kliefoth gezeichnet worden.

Vorwort und Anweisung zur Benutzung der Tabelle

Die Bestimmungstabelle „Welcher Baum ist das?“ wurde geschaffen, weil gerade die Kenntnis der Bäume und Sträucher in Wald und Flur, in Park und Garten dem Naturfreund ebenso reizvolle wie dankbare Aufgaben bietet; ganz besonders sind ältere Naturfreunde, denen Exkursionen zum Bestimmen von Blütenpflanzen zuviel Mühe machen, meistens regelmäßige Parkbesucher und haben besondere Freude in der Beschäftigung mit den Bäumen und Sträuchern, die nicht so vergänglich und wandelbar sind wie die Blütenpflanzen.

Die Merkmale, nach denen die Bestimmungen vorgenommen werden können, sind auch bei dieser Bestimmungstabelle jene, die auch der Anfänger und der noch nicht vorgebildete Naturfreund ohne weiteres erkennen und beurteilen kann, also die Blätter; er kann sie in jedem Falle in die Hand nehmen, sorgsam betrachten und sich so in Ruhe ein Urteil bilden. Dem streng nach der Systematik arbeitenden Wissenschaftler taugt dieses einfache Verfahren bestimmt nicht, aber es geht ja in den „Kosmos-Naturführern“ einzig und allein darum, dem suchenden Naturfreund, dem Wanderer, eine sofort brauchbare Einführung in das Wunderreich der Natur zu geben. Hat dieser sich einmal eingearbeitet, wird er leichter und müheloser den Zugang zur systematischen Naturkunde finden können.

Wer diese Tabellen zur Hand nimmt, tut gut, sich die „Erklärung der wichtigsten Blattformen“ einzuprägen und vor allem die „Einteilung des Inhalts“, die den Schlüssel zur Tabelle darstellt, zu studieren, damit er sieht, in welcher Art der gesamte Stoff eigentlich gegliedert ist. Vollkommen herausgestellt sind die Bäume und Sträucher, die im zeitigen Frühjahr Blüten vor den Blättern tragen; selbstverständlich kommen diese Gewächse in den späteren Kapiteln nochmals vor, so daß durch diese Vorausstellung keine Lücken entstehen. Ferner sind die „Schlinger und Ranker“ herausgestellt, deren Eigenart der Naturfreund ohne weiteres erkennen kann. Die Rosen, und zwar die Wild- und die häufigsten Zierrosen, sind sorgfältig ausgewählt zusammengestellt worden, wobei berücksichtigt wurde, daß wohl die

Rosen in den weitaus meisten Fällen während ihrer Blütezeit bestimmt werden. Anders ist es mit den übrigen Laub- und Nadelhölzern, die der nicht vorgebildete Naturfreund meist nach einigen Blättern bestimmen will, allenfalls kann er noch die Knospenformen, die Zweige, den Stamm und die Rinde betrachten und wird erst danach die Blüten kritisch beurteilen. Mit dieser Aufteilung wurden die gesamten Bestimmungsmöglichkeiten in grundsätzlich neue Bahnen gelenkt.

Deshalb gibt die Betrachtung des Blattes allein die Richtung und den Gang der Bestimmung an. Der Benutzer braucht sich nur an Hand der „Einteilung des Inhalts" folgende Fragen der Reihe nach vorzulegen:

1. Ist das Blatt einfach oder zusammengesetzt?
2. Steht das Blatt gegenständig oder wechselständig?
3. Wie ist der Rand des Blattes beschaffen?

Mit Hilfe dieser drei Hauptfragen kommt er leicht und eindeutig in den betreffenden Abschnitt, in welchem er an Hand der übrigen Merkmale und Besonderheiten die Bestimmung mit Sicherheit zu Ende führen kann.

Nun zwei Beispiele der Bestimmung. Wir finden in einem Park einen halbhohen Baum, der einfache Blätter in wechselständiger Stellung hat, deren Ränder glatt, also ganzrandig sind, haben damit die drei Hauptmerkmale bestimmt und kommen so leicht auf Seite 108 in den betreffenden Abschnitt, nämlich: „Strauch oder Baum, Blätter einfach, wechselständig, ganzrandig". Die Blattoberseiten sind sattgrün, die Unterseiten dagegen blaugrün, und die Winkel der handnervigen Aderung sind leicht behaart. Die Zweige sind teils glänzend rotbraun, teils grauschwarz. Blüten sind nicht mehr am Baum, dafür aber braunrote Hülsen. So können wir (Seite 110) den 2—7 Meter hohen, strauchartigen Baum als den **Gemeinen Judasbaum, Cércis siliquástrum,** bestimmen. Wir schlagen nun noch im Kapitel: „Blüten vor den Blättern" nach und finden dort den Judasbaum auf Seite 18. Das zweite Beispiel: Wir treffen am Waldrand einen Strauch an, der uns durch seine schwarzglänzenden Beeren, die wie kleine Kirschen aussehen, auffällt. Die Blätter sind wiederum einfach, wechselständig und ganzrandig. Die Höhe des Strauches ist etwa, wie wir schätzen, 3 Meter, so daß wir unter „Strauch oder Baum" auf Seite 108 wiederum nachschlagen. Die Blattstiele sind fein behaart, die Blätter selbst aber beiderseits kahl mit deutlicher Nervatur. Die Rinde der Zweige ist dunkel-bleigrau bis violettlich und mit kleinen Wärzchen besetzt, die abgeschälte Rinde ist innen gelb — wir können damit den Strauch ohne weiteres als den **Faulbaum, Frángula álnus,** sicher bestimmen. —

So ist nach einer gründlichen Durcharbeitung des ganzen Inhaltes, zu der viele Anregungen aus dem Benutzerkreis kamen, diese Tabelle neu herausgegeben worden. Sie wird weiter dem angestrebten Zweck entsprechen: dem nicht vorgebildeten Naturfreund ein praktischer Wegweiser zu sein in das wunderbare Reich der Bäume und Sträucher, ohne die die Natur öde und leer wäre, weil sie die Gestaltung der Erdoberfläche bestimmen.

Innsbruck, im Sommer 1951 Dr. Alois Kosch

Die neue Auflage wurde kritisch durchgesehen und verbessert. Vor allem wurde eine neue Tabelle zum Bestimmen häufiger Holzgewächse anhand der Winterknospen aufgenommen. Das erste Kapitel wurde ganz umgearbeitet.

Stuttgart Dr. Dietmar Aichele

Erklärung der wichtigsten Blattformen

Arten der Blätter — Blattgrund

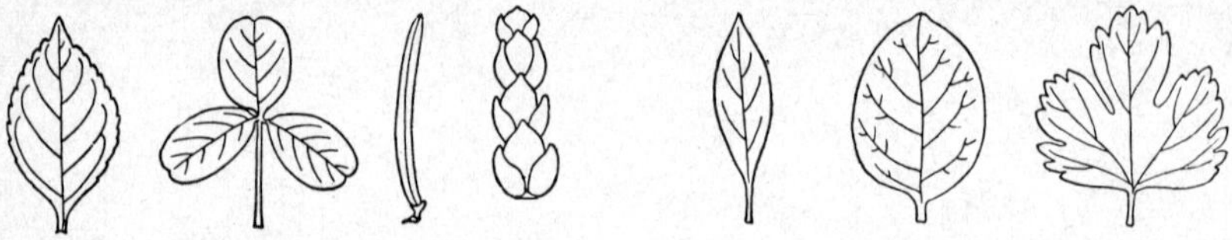

einfach | zusammengesetzt | nadelförmig | schuppenförmig | keilförmig | abgerundet | abgestutzt

Spitze des Blattes

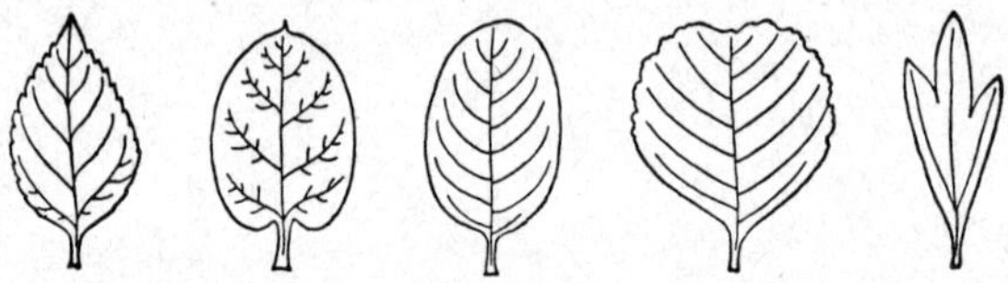

spitz | stachelspitzig | abgerundet | abgestutzt | eingeschnitten

Beispiel für ein gezähntes Blatt

Blattrand

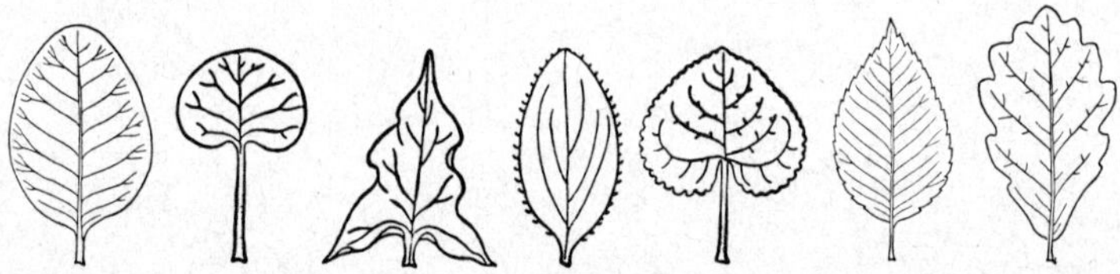

ganzrandig | ganzrandig | wellig | gewimpert | gekerbt | gesägt | buchtig

Teilung des Blattes

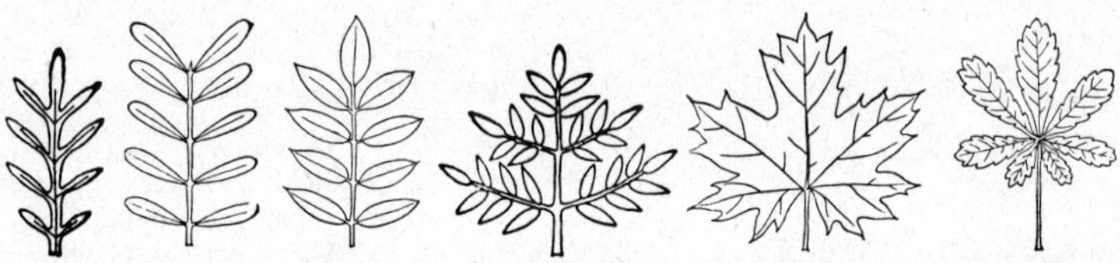

fiederteilig | paarig gefiedert | unpaarig gefiedert | doppelt gefiedert | handförmig gelappt | handförmig gefingert

Blattstellung

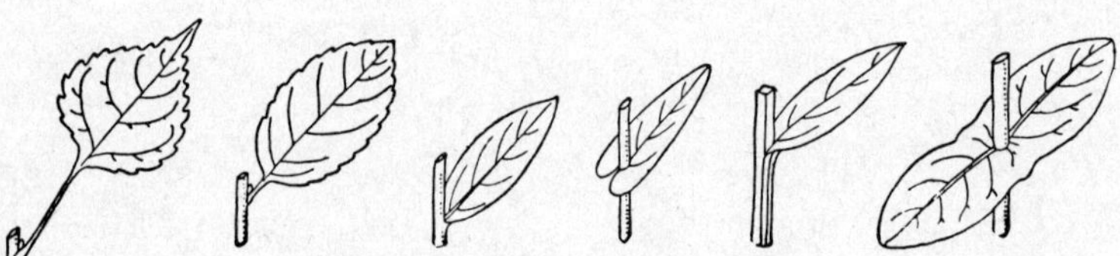

langgestielt | kurzgestielt | sitzend | stengelumfassend | herablaufend | durchwachsen

Abkürzungen

Ä.	= Äste
anf.	= anfangs
B.	= Blatt, Blätter
Bst.	= Blattstiel
-b.	= -blatt, blättrig
beiders.	= beiderseits
Bl.	= Blüte, Blüten
-bl.	= -blüte, blütig
Blb.	= Blumenblatt
Blkr.	= Blumenkrone
Blst.	= Blütenstiel
d'-	= dunkel-
-f.	= -förmig
Fr.	= Frucht
-fr.	= -früchtig
Frkn.	= Fruchtknoten
Gr.	= Griffel
H.	= Höhe
h'-	= hell-
Ha.	= Haare
-ha.	= -haarig
K.	= Kelch
Kb.	= Kelchblätter
Kn.	= Knospe
Kr.	= Krone
Krb.	= Kronenblätter
Nebenb.	= Nebenblätter
obers.	= oberseits
Pfl.	= Pflanze
R.	= Rinde
S.	= Same
-s.	= -samig
-sp.	= -spaltig
St.	= Stengel, Stiel
-st.	= -ständig
Staubb.	= Staubblatt
-t.	= -teilig
Tb.	= Teilblätter
unterw.	= unterwärts
unters.	= unterseits
zsm.	= zusammen-
Zw.	= Zweige

Zeichen

	= einfach
	= gegenständig
	= ganzrandig
	= gesägt
	= gezähnt
	= gekerbt
	= wechselständig
	= gelappt
	= zusammengesetzt
	= schuppenförmig
	= nadelförmig
*	= mit besonderem Geruch oder Geschmack
†	= Giftig!
(103)	= Nummer der Pflanzenfamilie im natürlichen System (Engler)
±	= mehr oder weniger

Einteilung des Inhalts

Schlüssel zur Tabelle

Blüten erscheinen vor den Blättern

Schlinger und Ranker

Rosen

Laubhölzer

Sträucher

Blüte	Stamm, Knospe	Blatt, Frucht	Sonstiges	Name
4 Krb., 1 Frkn. In seitenständigen, einfachen, kleinen Dolden. Februar bis April	Ä. aufrecht, kahl, grün, rund, in der Jugend angedrückt behaart. Kernholz d'rotbraun, hart u. zähe. — Laubknospen dünn, grau, mit einem Paar Knospenschuppen	B. gegenständig, eif. oder elliptisch, lang zugespitzt, 5—8 cm lang, ganzrandig, kurz gestielt, obers. glänzend, kurzhaarig. Nerven gebogen, zu 3—4 auf jeder Blatthälfte. — Beere bis 2 cm groß, oval, glänzend, kirschrot, hängend, eßbar	Strauch oder Baum. H. bis 8 m. Kalkberge, Bergwälder; oft angepflanzt. Sommergrün	**Kornelkirsche** Gelber Hartriegel, Herlitze, Dirlitze **Córnus más** **(53)** S. 50
6 Krb., tellerf. Krone auf sich nach oben verbreiternder Röhre. Kelch vierzipflig. Bl. einzeln, gegenständig. Februar, März	St. und Zw. ginsterartig, überhängend, vierkantig, grün, kahl. — Kn. mit mehreren Schuppen, länglich	B. gegenständig, 3zählig. Tb. eif.-spitz, am Rande gewimpert, bis 2 cm lang, 1 cm breit, obers. d'grün, unters. fast weißlichgrün	Strauch. H. 1—1,5 m. Nordchina, Japan. Als Zierstrauch an sonnigen Wänden sehr beliebt. Sommergrün	**Nacktblütiger Jasmin** **Jasmínum nudiflórum** **(65)**
Bl. goldgelb, schwach rot gestreift, mit 4 tief eingeschnittenen Zipfeln. 2 Staubb. Kelch tief vierteilig. Bl. zu 2—3 gegenständig. März, April	Zw. rutenf., anfangs aufstrebend, dann überhängend, olivbraun. Stengelglieder hohl, nur an den Knoten markig. — Kn. mit mehreren Schuppen, länglich	B. gegenständig, an Langtrieben 3zählig, auch einfach, lanzettlich, obere Hälfte grob gesägt, kahl, fiedernervig. B.-stiele am Grund jederseits mit Längslinien. — Fruchtkapsel 2fächerig	Strauch. H. 2—3 m. China. Sommergrün. Die Art ist heute durch Neuzüchtungen verdrängt (F. intermédia, F. spectábilis u. a.), die meist einfache, breitlanzettliche Blätter besitzen	**Hängende Forsythie** **Forsýthia suspénsa** **(65)** S. 56
4 riemenförmige, zerknitterte, hellgelbe Krb., jedes 1,5 bis 2 cm lang. 8 Staubb., 4 von ihnen schuppenartig. Kelchzipfel aufrecht. Hülle rostbraun behaart. Bl. in den Achseln der abgefallenen B. November	Dichter Busch; Ä. ausgebreitet, braungrün. Junge Zw. hellgrün, behaart. Aussehen ähnlich Haselnuß	B. wechselständig, meist breiteif.-rundlich, 8—16 cm lang, 6—10 cm breit, am Rande meist gewellt, ganzrandig, ungleichseitig, jung behaart, später obers. kahl und matt d'grün, unters. leicht glänzend. 5—7 behaarte Seitennerven. B.stiel behaart. Fr. 2klappig, schleudert beim Aufspringen die Samen aus (im Sommer)	Strauch. H. bis 3 m. Nordamerika. Sommergrün. Die ähnliche japanische Art blüht Februar bis März. Sie hat zurückgerollte Kelchzipfel. Die Bl.köpfchen sind rostgelb umhüllt	**Zaubernuß** **Hamamélis virginiána** **(24)**

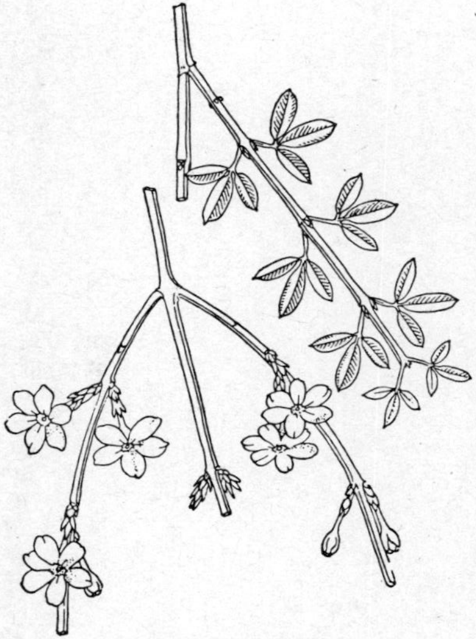
Nacktblütiger Jasmin

Kornelkirsche

Zaubernuß

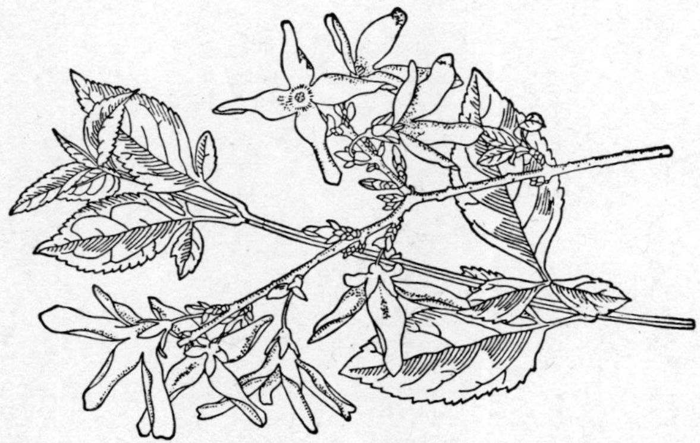
Hängende Forsythie

Blüte	Stamm, Knospe	Blatt, Frucht	Sonstiges	Name
Blkr. 5teilig, drüsenh., gelb oder gelbrot mit gelbem Schlund. Staubb. 5, die Blkr. weit überragend. Frkn. und K. ± drüsenh. Bl.stiel 1,5 cm lang. Bl. duft. Mai	Jungtriebe anfangs drüsig behaart, klebrig	B. wechselständig, elliptisch-lanzettlich, 6—12 cm lang, ganzrandig, obers. sattgrün, unters. h'graugrün, auf der Fläche und den Nerven mit Drüsenhaaren, am Rande gewimpert, dünnhäutig	Strauch. H. 1—2 m. Kaukasus und pontische Gebirge; angepflanzt. Sommergrün	**Gelbe Alpenrose** **Rhododéndron flávum** (Azálea póntica) **(56)**

Blüten rot

Blüte	Stamm, Knospe	Blatt, Frucht	Sonstiges	Name
Bl. röhrig, 4zipflig, rosenrot, seitenständig, sitzend. Meist zu 3 in den Blattachseln, eine unterbrochene Ähre bildend. K. fehlt. März, April	St. aufrecht, verzweigt. R. runzelig, gelblichgrau, mit braunen Wärzchen. Bast seidenartig. — Kn. eif., dunkelrot-braun überlaufen. Endkn. größer	B. wechselständig, lanzettlich, ganzrandig, am Grunde keilf. verschmälert, sitzend, obers. hellgrün, unters. graugrün, kahl, weich, am St.ende oft gebüschelt, fiedernervig. — Steinfr. erbsengroß, erst grün, dann rot; saftig	Strauch. H. bis 1,25 m. Laubwälder, sehr zerstreut. *Bl. wohlriechend. *Pflanze zerrieben widerlich. † Giftig! Sommergrün	**Gemeiner Seidelbast** Kellerhals **Dáphne mezéreum** **(50)** S. 76
5 Krb., rosa oder weiß. Bl. fast sitzend. Bl.achse glockig. 5 Kb., am Rande behaart. Bl.stand doldentraubig. März, April	Zw. kahl. — B. in der Knospe gefaltet	B. wechselständig, lanzettlich, drüsig gesägt, kahl, fiedernervig. B.stiel bis 2,5 cm lang, meist länger als die halbe Blattbreite, in der Nähe der Spreite drüsig. — Eif., filzige Steinfr. Fleisch saftlos, später aufspringend. Steinkern der Fr. grubig-punktiert	Baum. H. bis 10 m. In Südeuropa heimisch; vielfach in Gärten angepflanzt. Sommergrün	**Echte Mandel** **Prúnus amýgdalus** **(26)** S. 138
Bl. meist gefüllt. Krb. verkehrt-eif., h'rosa. Bis 30 Staubb. Bl.stiele kurz, kahl. Bl. meist einzeln. April, Mai	Zw. aufrecht, lang, dünn, dunkelbraun, samthaarig oder kahl	B. wechselständig, breitelliptisch bis verkehrt-eif., lang zugespitzt, 5—10 cm lang, 2,5—4 cm breit, scharf und tief gesägt, oft 3—5lappig eingeschnitten, unters. heller behaart, fiedernervig. Nebenb. fadenf., braun. — Kleine, langzottige Steinfr., gelb oder rot. Steinkern runzelig	Strauch. H. bis 5 m. China. Häufig als Hochstämmchen veredelt. Sommergrün	**Mandelbäumchen** Mandelröschen **Prúnus tríloba** **(26)** S. 94

Mandelbäumchen

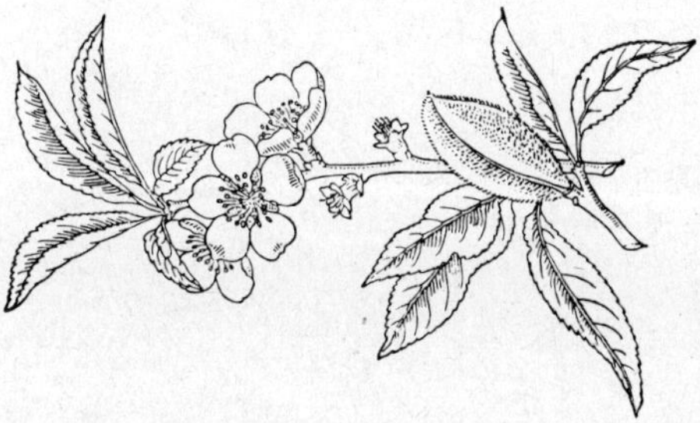

Echte Mandel

Seidelbast

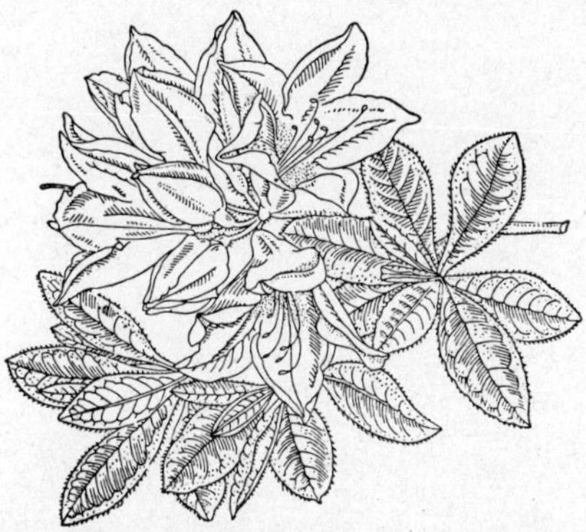

Gelbe Alpenrose

Blüte	Stamm, Knospe	Blatt, Frucht	Sonstiges	Name
5 schmal verkehrt-eif., rosarote Krb. — Bl. zu 1-3, fast sitzend. April, Mai	Zw. dünn, kahl, rutig.	B. wechselständig, lanzettlich, kurz zugespitzt, 3—7 cm lang, drüsenlos, gesägt, glänzend, grün, fiedernervig, in den Blattstiel verschmälert. — Kleine, eif., gelbgraue, zottige Steinfr. Steinkern ohne Löcher	Strauch. H. 0,3—1,5 m. Orient. Zierstrauch. Sommergrün	**Zwerg-Mandel** **Prúnus tenélla** (P. nána) **(26)** S. 84
Blkr. trichterf.-ausgebreitet, 5teilig, rosa oder weiß. Frkn. nur bis zur Mitte behaart. K. und Bl.stiele nicht drüsenhaarig. April, Mai	Zw. leicht behaart oder kahl	B. wechselständig, spitz-elliptisch bis verkehrt-eilänglich, 3 — 6 cm lang, ganzrandig, obers. sattgrün, kahl, am Rand gewimpert, fiedernervig. Die Blätter entwickeln sich, solange die Pflanze noch blüht. Fr. drüsenlos	Aufrechter Strauch. H. 1—2 m. Nordamerika. Sommergrün	**Nacktblütige Alpenrose** **Rhododéndron nudiflórum** **(56)** S. 66
Bl. 2häusig, klein. Kb. rostrot. Bl. in kurzen Ähren, oft gebüschelt. April, Mai	St. aufrecht, sehr ästig. Ä. scharf dornspitzig, d'grau. Kn. mit schülfrigen Schuppen	B. wechselständig, linealisch, stumpflich oder spitz, 5—8 cm lang, ganzrandig, obers. graugrün, kahl, unters. silberweißschülfrig. B.grund in einen kurzen Stiel verschmälert. Seitenadern wenig auffällig. Scheinfr. (Beere) klein, orangefarben, säuerlich, eßbar	Sparriger Strauch, selten kleiner Baum. H. 1—3,5 m. Dünen d. Nord- und Ostseeküste, Ufer der Alpenflüsse. Auch als Zierstrauch angepflanzt. Sommergrün	**Sanddorn** Seedorn **Hippóphaë rhamnoídes** **(51)** S. 62, 130
Schmetterlingsbl., violettrosa. K. breitglockig, rötl. überlaufen. Bl. in büschelig stehenden, 4—6blütigen Trauben, die unmittelbar dem Stamm aufsitzen. April, Mai	Zw. schlankrutig, jüngere glänzend rotbraun, ältere grauschwarz	B.wechselständig, herznierenf. Spitze abgerundet, 9—12 cm breit, obers. sattgrün, unters. blaugrün, kahl oder nur in den Aderwinkeln behaart, handnervig. Nebenb. unscheinbar. Hülsen flach, braunrosa, bis ins Frühjahr am Stamm hängend	Strauch oder Baum. H. 2—7 m. Südeuropa (nach Norden bis Südtirol), Kleinasien. Sommergrün, in Süddeutschland winterhart	**Gemeiner Judasbaum** **Cércis siliquástrum** **(27)** S. 110

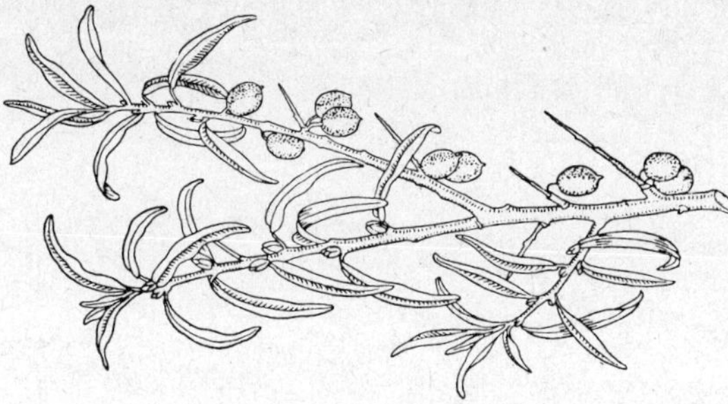

Sanddorn

Zwerg-Mandel

Nacktbl. Alpenrose

Judasbaum

Blüte	Stamm, Knospe	Blatt, Frucht	Sonstiges	Name
Krb. fehlen. 5 Staubb., weit hervorragend. K. grünlich-gelb. Bl. fast sitzend, in knäueligen, hängenden Doldenrispen. Februar, März	Zw. überhängend, Stammborke abschuppend	B. gegenständig, tief 5lappig, mit spitzen Buchten, bis 12 cm lang, kahl, obers. glänzend, dunkelgrün, unters. silberweiß, im Herbst rotgelb gefärbt, handnervig, langstielig. B.lappen tief eingeschnitten oder zerschlitzt, ± lang zugespitzt, gesägt. — Fruchtflügel in spitzem Winkel abstehend	Raschwüchsiger Baum. H. 30—40 m. Nordamerika. Sommergrün	**Silber-Ahorn** **Ácer saccharínum** (Ácer dasycárpum) **(39)** S. 128
Bl. klein, gelbgrün, in vielblütigen, hängenden Büscheln. Bl.-stiele lang, fadenf., zerstreut behaart. März, April	Oft mehrstämmig. Krone breit, überhängend. Zw. kahl, oft bereift. — Kn. gegenständig, nicht abstehend. Untere Kn.schuppen fast bis zur Spitze der Kn. reichend	B. gegenständig, 3—5zählig gefiedert, grün, etwas behaart. Tb. grob gesägt, das mittlere oft gelappt, eif. zugespitzt. B.-stiel kahl oder etwas behaart. Fr.flügel nach innen gekrümmt	Baum. H. bis 25 m. Nicht selten an Wegen und Alleen. Gartenform mit weiß(gelb-)grünscheckigen Blättern. Nordamerika. Sommergrün	**Eschen-Ahorn** **Ácer negúndo** **(39)** S. 152
Kr. und K. fehlen. Staubb. 2, herzf., purpurn. Bl. meist zwittrig. Bl.stand hängende Rispe. April, Mai	Stamm gerade, walzlich. Krone kugelig. Zw. grau-grün, kahl. Rinde graubraun-hell, im Alter rissig. — Kn. schwarz, samtartig, gegenständig. Endkn. spitz, haubenförmig	B. gegenständig, unpaarig-gefiedert, 9—13 fast sitzende Tb., klein-gesägt, längl.-lanzettlich, zugespitzt, d'grün, unters. heller, am Mittelnerv behaart. — Fr. geflügelt, überhängend, 3—4 cm lang, 7—10 mm breit. S. nüßchenf.	Baum. H. 25—35 m. Wälder, Auen, Ufer. Oft angepflanzt. Sommergrün	**Esche** **Fráxinus excélsior** **(65)** S. 152

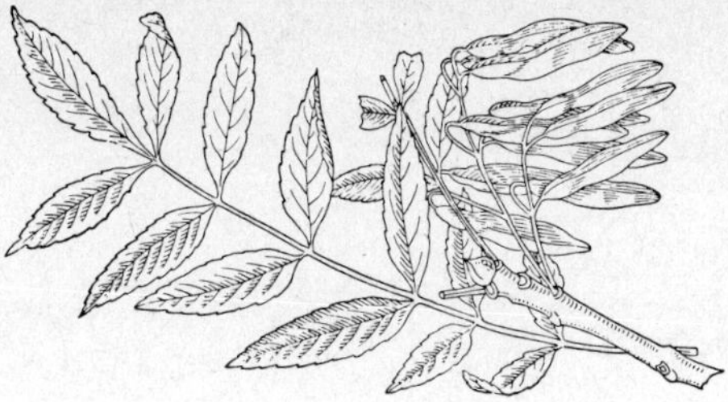

Esche

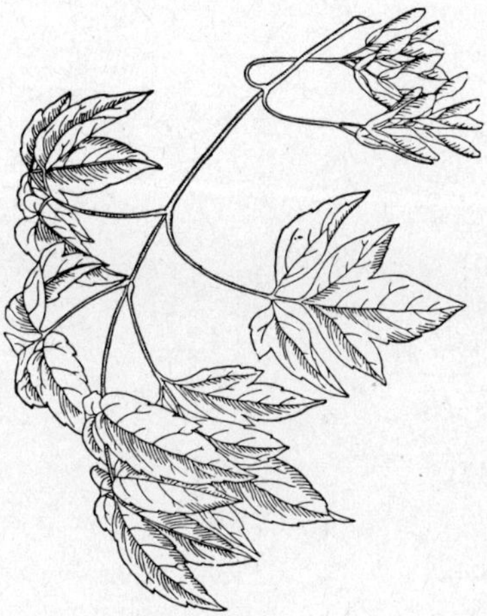

Eschen-Ahorn

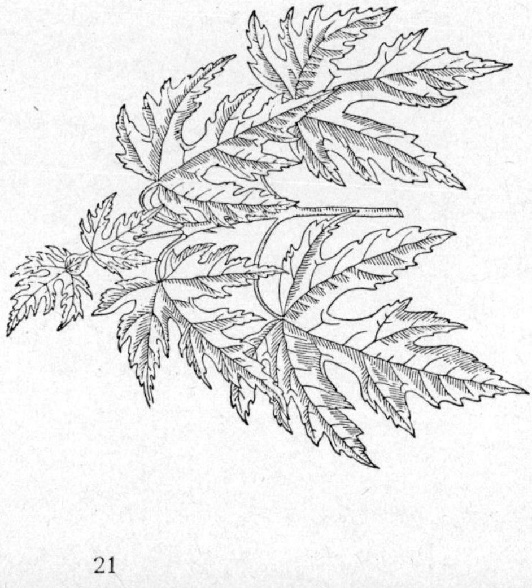

Silber-Ahorn

Blüte	Stamm, Knospe	Blatt, Frucht	Sonstiges	Name
Bl. klein, grün-rötlich, zwittrig. Staubb. 3—4. Bl. gebüschelt, fast sitzend. März, April	Ä. fächerartig ausgebreitet. Junge Zw. kahl. R. bildet später eine längsrissige, d'graubraune Borke. Korkbildung nicht selten. — Kn. wechselständig. B.kn. spitzeif., Bl.kn. rundlich, dunkelbraun, spärlich weißhaarig. Kn.-schuppen in 2 Reihen	B. wechselständig, 6—10 cm lang, doppelt-gesägt, derb, obers. glatt oder rauh, unters. heller grün, in den Aderwinkeln gelegentlich behaart, kurz zugespitzt, am Grunde ungleichhälftig, ganz kurz gestielt, fiedernervig. — Fr. herzf.-rundlich, breit geflügelt. Samen im oberen Teil des häutigen Flügels	Baum. H. 10—40 m. Wälder, Gebüsche; oft angepflanzt. Fehlt dem Bergland. Sommergrün	**Feld-Ulme** **Úlmus carpinifólia** (U. campéstris) (10) S. 144
Bl. größer als bei U. carpinifólia, grün-rötlich, zwittrig. Staubb. 5—6. Bl. gebüschelt, kurz gestielt. März, April	Junge Zw. behaart. Korkbildung selten. — Kn. wechselständig, eif., mit 5—7, in 2 Reihen stehenden Schuppen, rostrot behaart.	B. wechselständig, breit-eif., 8—16 cm lang, scharf doppelt gesägt, langspitzig und oft dreispitzig, über der Mitte am breitesten, dünnhäutig, obers. rauh, unters. kurzhaarig, am Grunde breit ungleichhälftig geöhrt, kurz gestielt, fiedernervig. — Fr. rundlich, breit geflügelt. Samen in der Fruchtmitte	Baum. H. 10—30 m. Besonders in Gebirgswäldern; oft angepflanzt. Sommergrün	**Berg-Ulme** **Úlmus glábra** (U. montána) (10) S. 144

Kätzchenblüten

Blüte	Stamm, Knospe	Blatt, Frucht	Sonstiges	Name
Kätzchen aufrecht, sitzend. Staubfäden bis zur Spitze verwachsen. Staubbeutel purpurn, später schwärzlich. Frkn. sitzend, filzig. Gr. sehr kurz. Narben eif. März, April	St. aufrecht; Krone besenf. Zw. ausgebreitet, schlank, zähe. R. glatt, grau. Kätzchenschuppen beiderseits kahl	B. wechselständig, verkehrtlanzettlich bislineallanzettlich, bis 11,5 cm lang und 1,5 cm breit, zugespitzt, ganzrandig oder an der Spitze gesägt, beiders. kahl, obers. dunkelgrün, unters. grün oder blaugrün, beim Verwelken schwarz werdend, fiedernervig	Strauch oder Baum. H. 1—6 m. Ufer, Wiesen, Moore; meist nicht selten. Sommergrün	**Purpur-Weide** **Sálix purpúrea** **(5)**

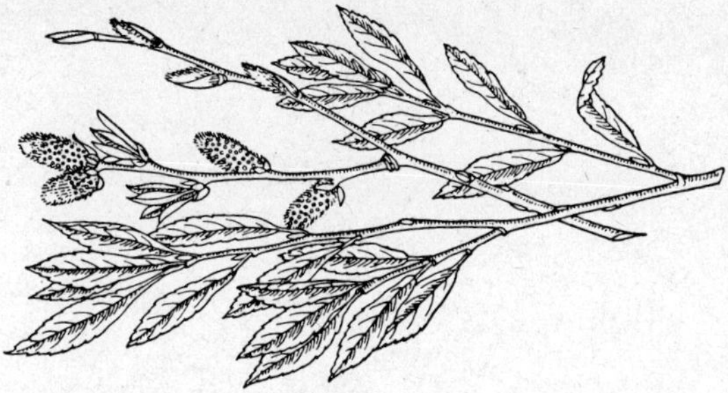

Purpur-Weide

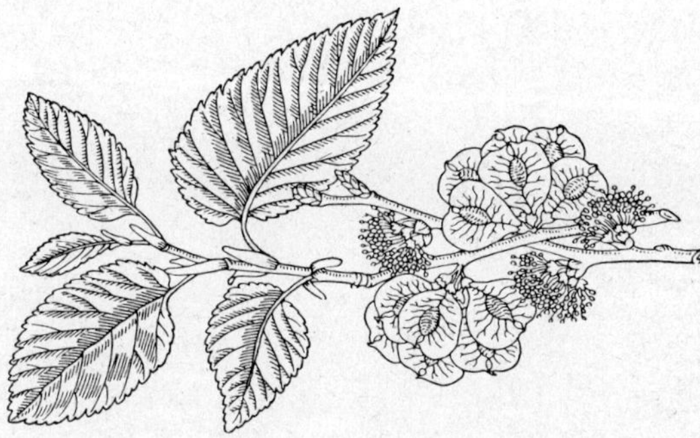

Feld-Ulme

Berg-Ulme

Blüte	Stamm, Knospe	Blatt, Frucht	Sonstiges	Name
Kätzchen aufrecht bis waagrecht abstehend, schlank, wechselständig. Frkn. kahl, Stiel so lang wie oder kürzer als die Drüse. Griffel lang. Narben ungeteilt, aufrecht. März, April	Schlankwüchsig. Zw. lang, dünn, zähe, biegsam, rotbraun, mit abwischbarem bläulichem Reif überzogen. Innere Rinde gelblich. Seitenwurzeln streichen bis 20 m weit	B. wechselständig, lineal-lanzettlich, 6—12 cm lang, 1—3 cm breit, scharf zugespitzt, lederartig, gesägt, kahl, obers. glänzend, unters. mattgrün oder bläulich, fiedernervig. Nebenb. lanzettlich, lang zugespitzt	Strauch oder Baum. H. 5—10 m. Ostrußland. Als Zier- und Nutzweide gepflanzt. Sommergrün	**Kaspische Weide** Spitzblättrige Weide **Sálix acutifólia** (5) S. 120
Kätzchen aufrecht, fast sitzend, gedrungen, vor dem Aufblühen wollig, männl. gelb, weibl. grünlich. Frkn. filzig, Stiel 4—6mal so lang wie die Drüse. Narben aufrecht, zusammenneigend. März, April	Krone sparrig, Ä. biegsam und zäh. Junge Zw. rot- oder olivbraun, kurzhaarig, ältere kahl, glänzend braun oder graugrün. Rinde anfangs fein-, später breitrissig	B. wechselständig, länglich bis breit oval, 5—10 cm lang, 3—6 cm breit, mit kurzer, zurückgekrümmter Spitze, fast ganzrandig oder schwachwellig gekerbt, jung seidig glänzend weißfilzig, später kahl, obers. d'grün, unters. blaugrün, fiedernervig. Nebenb. nierenförmig	Strauch oder Baum. H. 2—9 m. Ufer, Wiesen, Wälder, Wegränder; häufig. Sommergrün	**Sal-Weide** Palm-Weide **Sálix cáprea** (5) S. 112
Kätzchen aufrecht, sitzend, bis 1,5 cm lang. Frkn. behaart, seltener kahl, Stiel 3—4mal so lang wie die Drüse. Gr. kurz, Narben gelb oder rötlich. April, Mai	Hauptstamm kriecht unterirdisch. Ä. schlank, dünn. Junge Zw. behaart oder filzig, ältere kahl, braun oder gelb. — Kätzchenschuppen am Rande lang behaart, an der Spitze d'braun oder purpurn	B. wechselständig, oval bis lineal-lanzettlich, bis 6,5 cm lang und 2,2 cm breit; Spitze scharf, meist zurückgekrümmt. B. am Rande flach oder umgerollt, ganzrandig oder fein gezähnt, obers. sattgrün, kahl, beim Verwelken schwarz werdend, unters. blaugrau, seidenhaarig, fiedernervig. Nebenb. lanzettlich	Strauch, der mitunter ausgedehnte Polster bildet. H. bis 1 m. Moore, Sumpfränder, auch an Wegen; nicht selten. Sommergrün	**Kriech-Weide** **Sálix répens** (5) S. 72

Sal- oder Palm-Weide

Kaspische Weide

Kriech-Weide

Blüte	Stamm, Knospe	Blatt, Frucht	Sonstiges	Name
Kätzchen aufwärts gekrümmt, fast sitzend. Frkn. kahl, Stiel doppelt so lang wie die Drüse, April, Mai	Zw. aufrecht, schlankrutig, dünn und brüchig. Junge Zw. graufilzig, ältere verkahlend, gelb oder rotbraun, etwas glänzend. — Kätzchenschuppen gelb, bei den weiblich. Blütenständen an der Spitze dunkler	B. wechselständig, linealisch-lanzettlich, bis 12 cm lang und 1 cm breit, lang zugespitzt, am Rande umgerollt und ungleich drüsig gesägt oder wellig geschweift, anfangs beiders. weißgrau-filzig, später obers. kahl, schmutzig d'grün, beim Verwelken braun werdend, fiedernervig. Nerven vertieft	Aufrechter Strauch, selten Baum. H. 1—6 m. Steinige Flußufer, feuchte Stellen im Gebirge; zerstreut, oft angepflanzt. Sommergrün	**Ufer-Weide** Graue oder Lavendel-Weide **Sálix incána** (5) S. 90
Männliche Kätzchen eif. oder zylindrisch, weibl. kurz. Frkn. meist kahl, sein Stiel 2—4mal so lang wie die Drüse. April, Mai	Zw. anfangs dicht kurzhaarig, später kahl, d'rotbraun oder gelblich-grün	B. wechselständig, rundlich-eif., elliptisch oder lanzettlich, bis 10 cm lang und 5 cm breit, kurz zugespitzt, wellig gesägt, obers. d'grün, unters. heller, grau- oder blaugrün, meist mit grüner Spitze, verwelkt schwarz, fiedernervig	Strauch, selten kleiner Baum. H. 1—4 m. Feuchte Wiesen, Waldsümpfe, Ufer; nicht selten. Sommergrün	**Schwarzwerdende Weide** **Sálix myrisinifólia** (S. nígricans) (5) S. 90
Kätzchen am Grund mit 1—3 Blättchen. Frkn. kahl oder seidenhaarig, Stiel 3—4mal so lang wie die Drüse. Gr. kurz. Mai, Juni	Ä. bogig abstehend, 1 und 2jährige Zw. kahl oder schwach kurzhaarig.-Kn. rotbräunlich	B. wechselständig, verkehrt-eif., bis 14 cm lang und 6 cm breit. kaum zugespitzt, wellig-gesägt, blutrot austreibend, anfangs seidig behaart, später kahl, beiders. d'grün, glatt und glänzend, fiedernervig. Scharf hervortretendes Adernetz. Nebenb.nieren-herzf.	Strauch. H. 1—3 m. Schlesien, Sudeten, feuchte Gebirgswälder; selten. Sommergrün	**Schlesische Weide** **Sálix appendiculáta** (S. silesíaca) (5) S. 92
Blütenstände seitenständig; männl.: hängende Kätzchen; weibl.: Knospen mit herausragenden roten Narben. Februar bis April	Zw. grau-braun, drüsig-rauhharig. Holz zähe, biegsam. Kern nicht gefärbt. — Kn. stumpf eif., oft flachgedrückt	B. wechselständig, zweizeilig, rundlich-herzf., zugespitzt, scharf doppelt gesägt, schwach eckig gelappt, drüsig behaart, unters. blaßgrün, mit kurzem, behaartem Stiel, fiedernervig. Nebenb. eif., häutig, abfallend. Fr. Haselnuß, eßbar, ölreich. Fr.hülle glockig, zerschlitzt	Strauch oder Baum. H. 3—6 m. Wälder, Gebüsche; häufig. Sommergrün	**Haselnußstrauch** **Córylus avellána** (8) S. 114

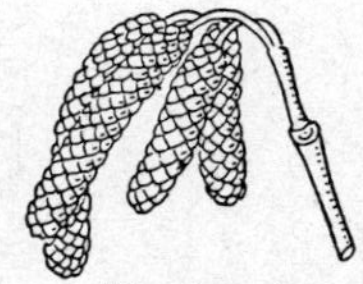

Kätzchen des
Haselnuß-Strauch

Haselnuß-Strauch

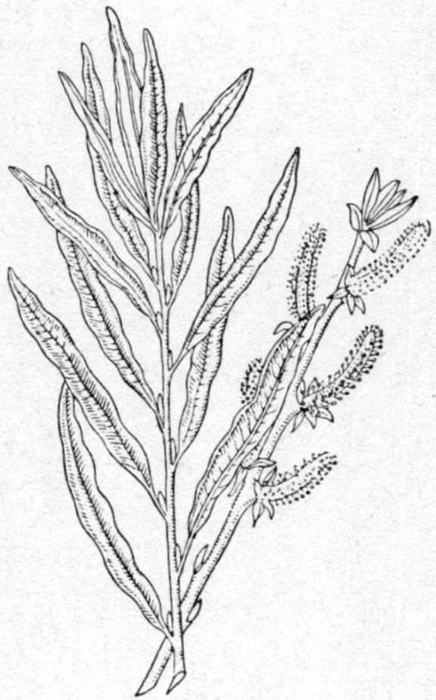

Ufer-Weide

Schwarzwerdende Weide

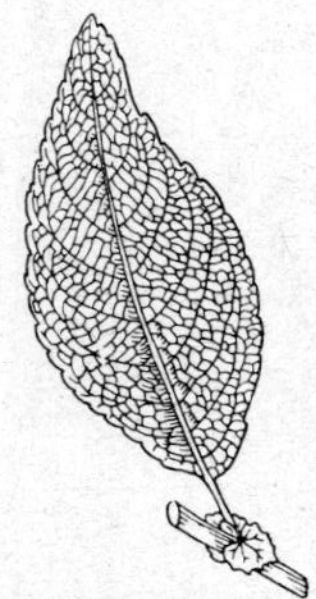

Schlesische Weide

Blüte	Stamm, Knospe	Blatt, Frucht	Sonstiges	Name
Blütenstände hängende Kätzchen. Schuppen zerschlitzt, schlaff, männliche purpurrot, weibliche mit 2 gelben Narben. März, April	Stamm älterer Bäume mit zerrissener Borke. Rinde grauschwarz. Krone eif., locker. Ä. schlank, ausgebreitet. Jüngere Ä. und Zw. h'gelblich. — Kn. gelb, klebrig, aromatisch	B. wechselständig, oft büschelig, dreieckig, 5—7 cm lang, 3—6 cm breit, zugespitzt, bogig gesägt, jung behaart, später kahl, etwas glänzend, obers. d'grün, unters. heller. B.grund gestutzt oder keilf., B.rippen stark hervortretend, fiedernervig. B.stiel seitlich zusammengedrückt. — Fr.-kapsel seidenhaarig	Baum. H. 15—35 m. Bis 2 m dick. Wälder, Wege, Ufer. Sommergrün. Die Spitzpappel (Italienische Pappel) ist eine besondere Wuchsform der Schwarzpappel. Vgl. S. 140	**Schwarz-Pappel** **Pópulus nígra** (5) S. 138
Blütenstände hängende, langwalzliche Kätzchen. Kätzchenschuppen d'braun, tief eingeschnitten, zottig gewimpert. Frkn. kegelf.-spitz. Narben purpurn. Staubb. 8. März, April	R. weißgrau, lange glatt bleibend. Junge Ä. schwach kurzhaarig oder kahl. — Kn. klein, spitz, braun, schwach klebrig.	B. wechselständig, oft büschelig, breitrundl., 3—7 cm lang und breit, schwach oder nicht zugespitzt, kerbig-lappig gezähnt, obers. dunkel-, unters. h'graugrün, nie filzig, fiedernervig. B.stiel lang, dünn, seitl. zusammengedrückt	Baum. H. 30 m. Wälder, Gebüsche, Ufer; nicht selten. Sommergrün	**Zitter-Pappel** Espe **Pópulus trémula** (5) S. 140
Schuppen nicht eingeschnitten, weiß mit rostroten Flecken, schwach gewimpert. Weibl. Blüten: Frkn. länglich; Narben gelb-grün. Männl. Blüten: Staubb. 8. März, April	Ä. dick, kurz. Junge Zw. grau- oder weißfilzig. R. weißgrau, lange glatt bleibend. Borke schwärzlich-grau, längsfurchig. Holz rötl.-gelb, Splint hell. — Kn. spitz, nicht klebrig.	B. wechselständig, 3—5lappig oder rundl.-eif., 4—10 cm lang, 3—4 cm breit, winkelig-gezähnt, obers. dunkelgrün, glänzend, unters. schneeweißfilzig, handnervig. B.stiele seitlich zusammengedrückt, weißfilzig	Baum. H. 30 m. Feuchte Wälder, Süddeutschland; häufig angepflanzt. Sommergrün. P. bolleána ist eine besondere Wuchsform der Silber-Pappel mit steil aufstrebenden Ästen	**Silber-Pappel** **Pópulus álba** (5) S. 130, 148
Weibl. Kätzchen sitzend. Kätzchenschuppen ungeteilt oder dreispaltig. Mai	Zw. oft niedergestreckt, jung behaart, ohne Harzdrüsen. R. graubraun	B. wechselständig, breiter als lang oder kreisrund, 6—12 mm lang, stumpf gekerbt, unters. mit hervortretendem Adernetz, fiedernervig. — Flügel mehrmals schmäler als die Nuß	Strauch. H. 0,3—0,6 m. Torfmoore im Norden; selten. Sommergrün	**Zwerg-Birke** **Bétula nána** (8) S. 78

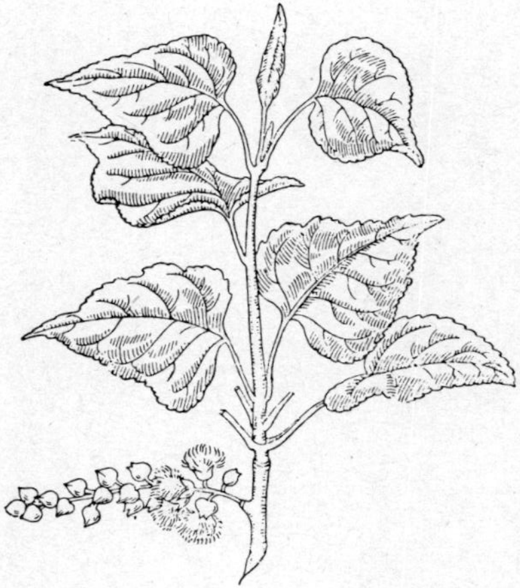

Schwarz-Pappel

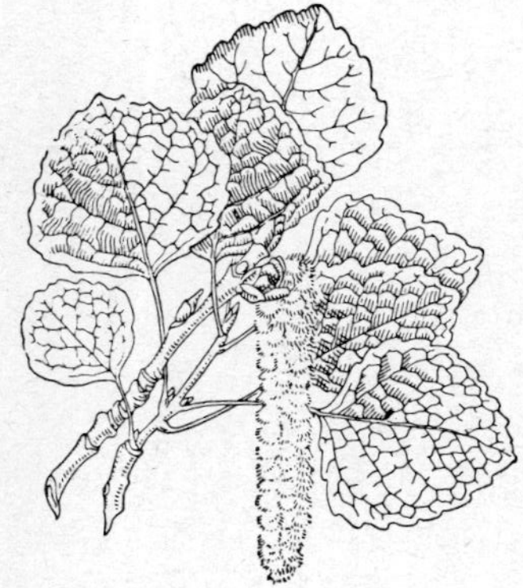

Zitter-Pappel

Silber-Pappel

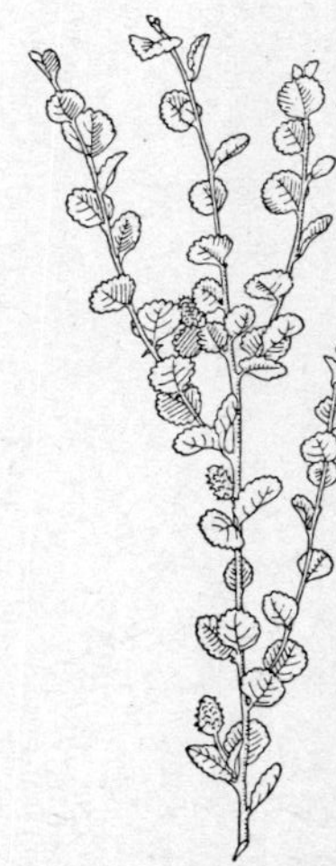

Zwerg-Birke

Blüten erscheinen vor den Blättern

Blüte:	Stamm, Knospe:	Blatt, Frucht:	Sonstiges:	Name:
Bl. einzeln, endst., bis 12 cm Durchmesser, anfangs glockig, später ausgebreitet, duftend. 9 gleichgroße, verkehrt-eif., lederartige, reinweiße Bl.hüllblätter. April, Mai	Junge Zw. behaart. — Winterknospen zweischuppig	B. wechselständig, verkehrt-eif., bis 18 cm lang, 6—8 cm breit (in der Mitte am breitesten), kurz gespitzt, ganzrandig, unters. hellgrün, 6—10 Seitennervenpaare. B.stiel bis 3 cm lang. — Fr.zapfen lang, walzlich, bräunlich-grün (reifen bei uns nicht)	Strauch oder Baum. H. bis 15 m. China, Japan. Sommergrün. Die Magnolien unserer Gärten sind großenteils Bastarde (z. B. M. soulangeána). Manche blühen rosa oder rot	**Lilien-Magnolie** **Magnólia denudáta** (M. yúlan) **(18)** S. 108
Blkr. trichterf.-ausgebreitet, 5teilig, rosa oder weiß. April, Mai	Zw. leicht behaart oder kahl.	Genaue Beschreibung Seite 18	**Nacktblütige Alpenrose**	**Rhododéndron nudiflórum** **(56)** S. 66
5 Krb., rosa oder weiß, Bl. fast sitzend. Bl.achse glockig. März, April	Zw. kahl. — B. in der Knospe gefaltet	Genaue Beschreibung Seite 16		**Echte Mandel** **Prúnus amýgdalus** **(26)** S. 138

Schlinger und Ranker

Blätter einfach — gegenständig — ganzrandig

Oval oder verkehrt-eif., kurzgestielt, die obersten sitzend. B. auch an den Bl.zw. getrennt, 4—6 cm lang	B. kahl, oben dunkelgrün, unten blaugrün, unters. schwach beha., fiedernervig. Nebenkn. seitl. neb. d. Hauptkn.	St. links spiralig windend, bis 3 m hoch Zw. beha. oder kahl, hohl. Beeren rot, vom K.saum gekrönt	Bl., in gestielten, vielblütig, zweigendst., quirligen Köpfchen. Kr. röhrig, 2lippig, 4—5¹/₂ cm lang, **gelblichweiß, rötlich überlaufen,** außen behaart. Beeren rot, rom K. saum gekrönt. Juni, Aug.	Schlingend. Strauch. *Bl. sehr wohlriech. Hecken, Waldränder. Sommergrün	**Wald-Geißblatt** **Lonícera periclýmenum** **(64)**
Rundlich-ellipt., der blühenden Ä. am Grunde breit verwachsen, der unfruchtbaren gestielt, 4—10 cm lang	B. oben dunkelgrün, unten blaugrün, fiedernervig, oberstes Blattpaar durchwachsen!	St. spiralig, linkswindend, bis 5 m hoch Zw. kahl, hohl, engröhrig	Bl. wie beim Waldgeißblatt, etwas kleiner, aber sitzend Kr. **rot** oder **weiß,** röhrig, zweilippig. Beeren rot, vom K.saum gekrönt. Mai, Juni	Schlingend. Strauch. *Bl. wohlriechend. Häufig in Gärten und Anlagen gepflanzt, auch verwildert. Sommergrün	**Jelängerjelieber** Garten-Geißblatt **Lonícera caprifólium** **(64)**

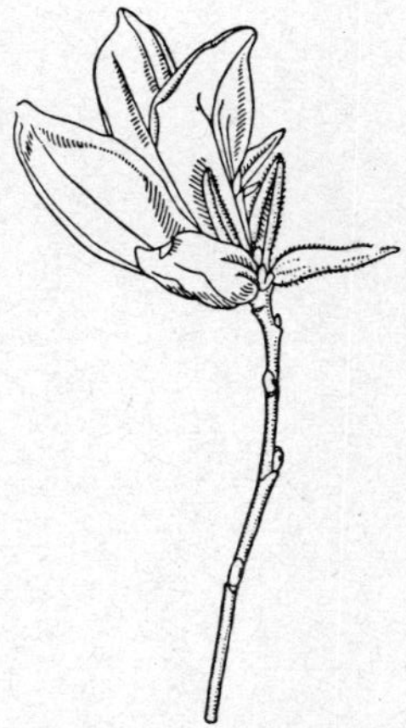
Lilien-Magnolie

Wald-Geißblatt

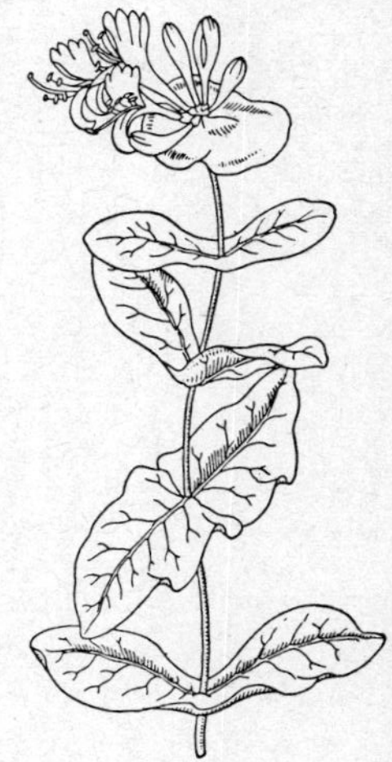
Jelängerjelieber

Schlinger und Ranker

Blätter einfach · wechselständig · ganzrandig

Blatt	Besonderes	Stamm	Blüte, Frucht	Sonstiges	Name
Bei jungen Pflanzen u. bodenlagernden Sprossen aus herzf. Grunde 3—5eckig-lappig, an blüh. Zw. ei-rautenf. bis lanzettlich, lang zugespitzt, ganzrandig-gelappt	B. kahl, glänzend, lederartig, meist weiß geadert, handnervig	St. ästig, mit Haftwurzeln kletternd, bis 15 m hoch, an Mauern und Bäumen	Bl. halbkugelig, in kleinen Dolden, traubig angeordnet, 5zählig, **grünlichgelb.** Doldenst. u. Strahlen weichhaarig. K. 5zähnig. Fr. erbsengroß, kugelig, **blauschwarze Beere** August-September	Kletterstrauch. *Bl. nach Honig duftend. Wälder, Gebüsche, Felsen, Mauern, häufig angepflanzt. Immergrün	**Efeu** **Hédera hélix** (52) S. 92
2zeilig, herz-nierenf., 10—25 cm lang, gestielt, Blattstiel mit eif. Nebenb.	B. glatt, am Grunde 5—7nervig Kn. filzig behaart	Junge Zw. kahl oder zerstreut behaart	*Bl. groß, langgestielt einzeln oder zu zwei in d. B.achseln, pfeifenkopfartig aufwärts gekrümmt, **gelbgrün, rotbraun,** Saum 3lappig, oben schmutzig-dunkelpurpurn Juli-August	Strauch. 4—10 m, links windend. (Nordamerika), bei uns häufig zu Lauben gezogen. *Bl. riecht unangenehm! Sommergrün	**Tabakspfeifenwinde** Großblättrige Osterluzei **Aristolóchia dúrior** (A. sipho) **(13)**

Blätter einfach · wechselständig · gesägt · gezähnt · gekerbt

Blatt	Besonderes	Stamm	Blüte, Frucht	Sonstiges	Name
Herzf. bis herz-pfeilf., 6—9 cm lang, 4—5 cm breit, langgestielt	B. teils gezähnelt, teils gewellt, fiedernervig	Stengel holzig, windend, unten bis 6 cm dick. Ältere Zw. kaffeebraun, junge hell-bräunlich-grau R. netzig-längsrissig	Bl. rispenartig gehäuft. Rispen bis 1/2 m groß, Blkr. 1—1,5 cm lang, 5blättrig, **weiß,** dann **schwach-rosa.** Staubb. 8. Nuß schwarz, 3kantig. Juli-Oktober	Strauch. Bis 15 m hoch windend, hochstrauchig und reich verzweigt. Sommergrün	**Baldschuan-Knöterich** **Polýgonum baldschuánicum** **(14)**
breiteif., mit herzf. Grunde, teils ungelappt, teils 3lappig, teils 3zählig, langgestielt, bis 15 cm lang	B. teils fein-, teils grobgezähnt, obers. glänzend-grün, etwas lederig, handnervig Im Herbst oft rot od. bronzefarben	Junge Zw. u. Kn. im Frühjahr h'rot Rank. kurz, mit Haftscheiben, an Mauern sehr fest haftend	Bl.stand doldenrispig, blattgegenst., Blb. **gelb-grün. Beeren dunkelblau,** bereift, 1—2samig. Juli, August	Hochkletternder Selbstklimmer mit üppigem Wachstum und reicher Verzweigung. China, Japan. Sommergrün	**Dreispitzige Jungfernrebe** **Parthenocíssus tricuspidáta** (Ampelópsis veitchii) **(43)**

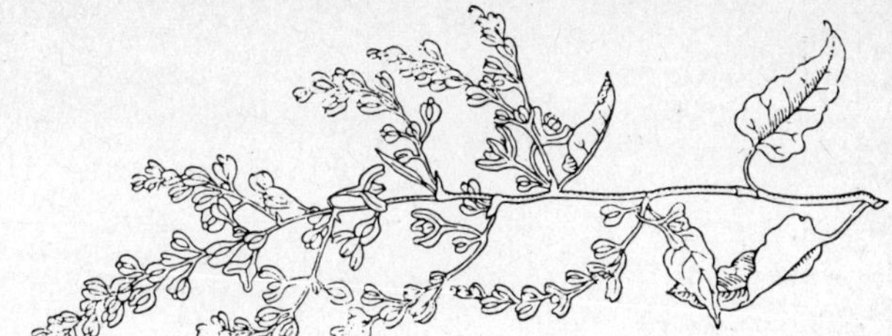
Baldschuan-Knöterich

Dreispitzige Jungfernrebe

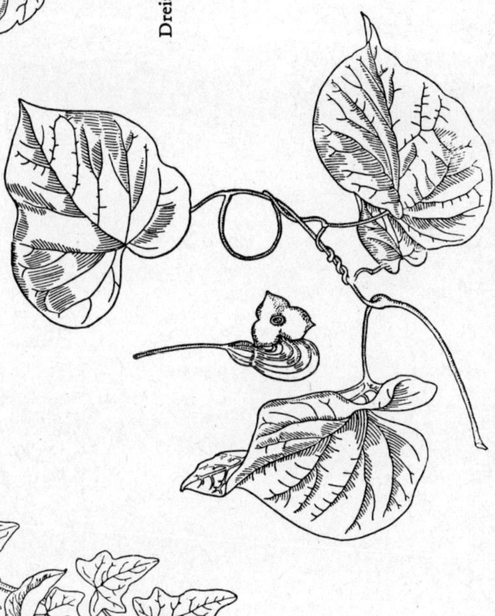
Tabakspfeifenwinde

Efeu

Blätter einfach wechselständig gesägt gezähnt gekerbt

Blatt	Besonderes	Stamm	Blüte, Frucht	Sonstiges	Name
Herzf., fingerf. geteilt, am Grunde des Blattstiels elliptische Nebenblätter	B. 3—5lappig, Buchten gerundet, grobstachelspitzig-gez., obers. d'grün, unters. blasser, glänzend, kahl, selten filzig, handnervig	Zw. mit faseriger R. u. gabeligen Ranken, d. B. gegenüberstehend, weil je 3. B. ohne Ranke; stündl. eine Rankendrehung	Bl. zwittrig, in Rispen, Blb. 5, **gelblichgrün,** mützenf., an der Spitze verbunden. Beeren grünlich, d'blau od. kupferrot. Juni, Juli	Starkwüchs. Strauch, klimmt bis 9 m hoch. *Bl. wohlriechend. Orient. Jetzt in den Weinbergen in sehr vielen Kulturformen gebaut. Sommergrün	**Weinstock** Edle Weinrebe **Vitis vinífera** **(43)**
Breit, rundlich, zugespitzt Blattstiel rot, 2—8 cm lang	B. scharf-gesägt, ziemlich derb, obers. d'grün, unters. nur an den Nerven beha., beiders. ± glänzend, fiedernervig	Zw. paarweise umeinanderwindend Einjährige Zw. kahl, purpurbraun Mark quer gefächert, braun	*Bl. zu 3 oder mehr, etwa 2 cm breit, duft., achselst. Kb. 5. Krb. 5, **weiß,** am Grunde **dunkel gefleckt.** Staubb. sehr zahlr., St.-Beutel braunrot. Beere einer kahlen Stachelbeere ähnl., gelbl.-grün, eßbar, süß. Mai	Schlingstrauch. Ostasien, Mandschurei. Sommergrün	**Scharfzähniger Strahlengriffel** **Actinídia argúta** **(44)**

Blätter zusammengesetzt gegenständig ganzrandig

Blatt	Besonderes	Stamm	Blüte, Frucht	Sonstiges	Name
3zählig od. gefiedert, Blattstiele rankend	Tb. 3—5, eif., am Grunde verschmälert oder etwas herzf., d'grün, fast lederartig, kahl, Adern stark hervortretend	Rispen blattachselständig	*Bl. in 8—10 cm langen, vielblüt. Rispen, blattachselst., am oberen Zw. ende, bis 3 cm groß, **wohlriechend.** Kb. 4, blumenblattartig, am Rande filz., **weiß.** Staubb. lose abstehend. Nüßchen braunrot, vom behaarten Gr. gekrönt. Aug. bis Okt.	Blattstiel-Kletterstrauch, bis 10 m. Einheimisch in China und Japan. Sommergrün	**Rispige Waldrebe** **Clématis paniculáta** **(15)**
Einfach- od. doppelt-unpaarig gefiedert, langgestielt. Blattstiele rankend	Tb. 5—7, ganzrandig od. durch vereinzelte Einschnitte lappig, eif. Adernetz deutlich durchscheinend	Blüten blattachselständig	Bl. zu 1—3, leicht nikkend, groß, ausgebreitet, lang gestielt, aus den B.achseln. Kb. 4, 2—4 cm lang, ei-keilf., außen filzig, **blau, violett, rot oder weiß.** Gr. kurz, kahl. Nußfrüchtchen bartlos. Juni bis August	Blattstiel-Kletterstrauch, bis 5 m. In Wäldern Südeuropas einheimisch, zuweilen verwildert, meist angepflanzt. Sommergrün	**Blaue Waldrebe** **Clématis viticélla** **(15)**

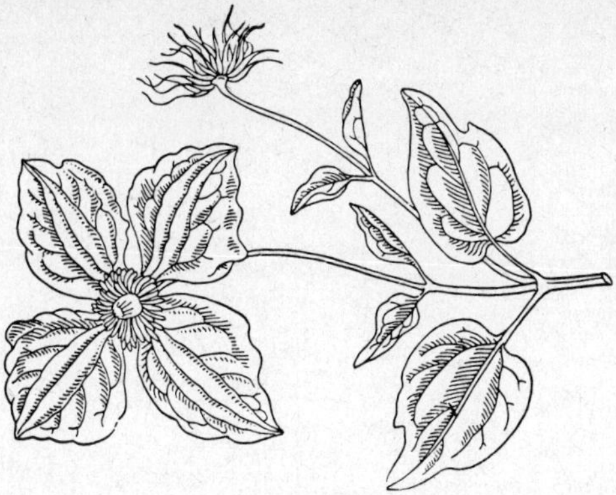

Blaue Waldrebe

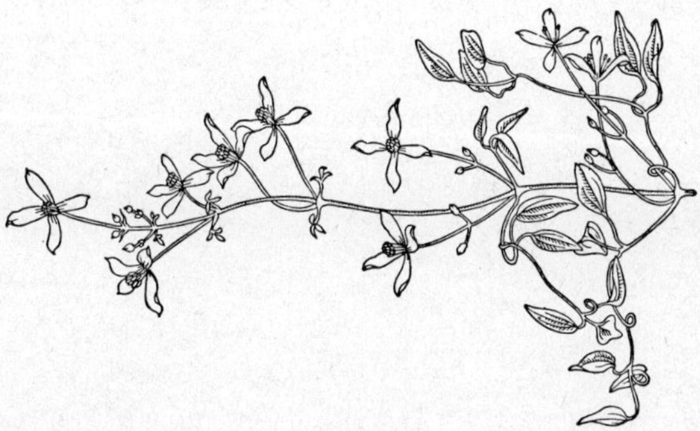

Rispige Waldrebe

Scharfzähniger Strahlengriffel

Weinstock

Blätter zusammengesetzt gegenständig ganzrandig

Blatt	Besonderes	Stamm	Blüte, Frucht	Sonstiges	Name
Gefiedert, obere Bl. oft einfach	Tb. breit eiförmig, unten dünn behaart	Blüten meist zu 3 am Ende diesj. Triebe	10—12 cm breit, meist violettpurpurn, flach ausgebreitet, an 10 bis 12 cm langen Stielen. Juli—Oktober	Gilt als Kreuzung von C. lanuginósa u. C. viticélla. Züchtung von Jackman, in sehr vielen Sorten in Gärten heute weit verbreitet. Sommergrün	**Jackman-Waldrebe** **Clématis jackmáni** (15)

Blätter zusammengesetzt gegenständig gesägt gezähnt gekerbt

Blatt	Besonderes	Stamm	Blüte, Frucht	Sonstiges	Name
Unpaarig gefiedert, meist 5zählig, das untere Paar oft 3zählig	Tb. gestielt, oft ganzrandig, herz- od. eif., zugespitzt, eingeschnitten-gezähnt	St. kantig, holzig. Querschn. des älteren Holzes porös	Bl.stand reich, in achsel- u. endst. Trugdolden. Blumenkrone fehlend. *Kelchb. beiders. filzig, außen **grünlich,** innen **weiß,** wohlriech. Fr. mit zott. Schnab. Juli b. Sept.	Klimmend. Strauch, 7—12 m, mit d. Blattstielen kletternd. Hekken, Gebüsche, zerstreut. Sommergrün	**Echte Waldrebe** Gemeine Waldrebe **Clématis vitálba** (15)
3zählig. Blattstiele bis 8 cm lang	Tb. grob-gesägt, eilänglich od. eilanzettlich, zuweilen lappig eingeschnitten, kurz gestielt	Zw. ± rundlich, Bl. blattachselständig	Bl. 1—5 in Büscheln, auf bis 15 cm langen Stielen, blattachselst. Kb. 4, 5 cm breit, blumenblattartig, **weiß oder rosa,** kahl, ausgebreitet. Staubb. lose abstehend, kahl. Fr. ein Nüßchen, von behaartem Gr. gekrönt. Mai, Juni	Blattstiel-Kletterstrauch, H. bis 15 m. Heim. am Himalaja bis in 3000 m H. Sommergrün	**Berg-Waldrebe** **Clématis montána** (15)
Einfach- bis doppelt-3zählig, langgestielt	Tb. scharf-gesägt, fast sitzend, eilanz., 2—5 cm l., fast sitz., unters. leicht beha. Adernetz gleichmäßig durchscheinend	Blüten blattachselständig	Bl. einzeln, langgestielt, blattachselst., glockig, nickend, Kb. 4, blumenblattartig, 2—6 cm lang, **violett** bis **hellblau**. Krb. 10—12, spatelf., gelblich, kleiner als die Kb. Fr.griffel zottig. Mai bis Juli	Blattstiel-Kletterstrauch, H. 2—4 m. Felsige Orte der Alpen, selten angepflanzt. Sommergrün	**Alpen-Waldrebe** **Clématis alpína** (Atragéne alpína) (15)

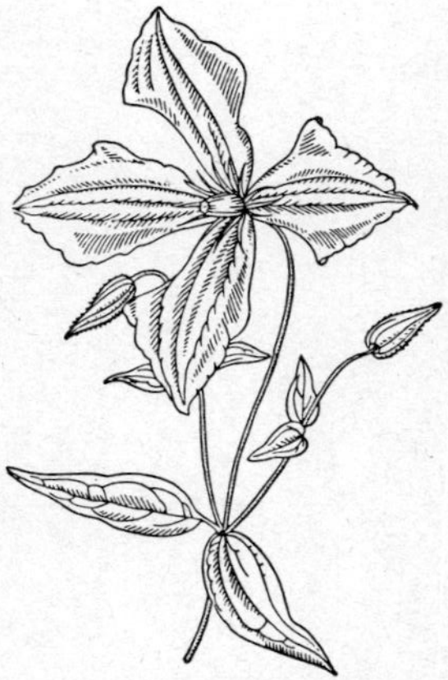

Jackman-Waldrebe

Berg-Waldrebe

Echte Waldrebe

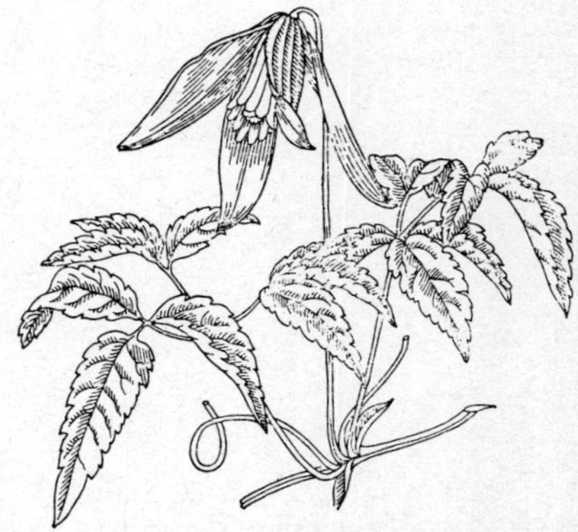

Alpen-Waldrebe

Schlinger und Ranker

Blätter zusammengesetzt gegenständig gesägt gezähnt gekerbt

Blatt	Besonderes	Stamm	Blüte, Frucht	Sonstiges	Name
Unpaarig-gefiedert, Tb. 9—11, eilanzettlich	Tb. sägezähnig, unters. in den Aderwinkeln etwas bärtig behaart	Mit Haftwurzeln kletternd. Zw. etwas herabhängend	Bl. in endst. Büscheln. Blkr. glockig-trichterf., **scharlachrot, innen gelb,** 3mal länger als der K., Saum 5lappig., K. glockig, 5zähnig. Kapselfr. 8—10 cm lang, selten reifend. Juli bis Sept.	Kletterstrauch, H. bis 10 m. Nordamerika. Sommergrün	**Wurzelnde Trompetenblume** **Cámpsis radícans** (Tecóma radícans) **(63)**
			Blätter zusammengesetzt wechselständig ganzrandig		
B. bis 30 cm lang, unpaarig gefiedert, Tb. 7—13	Tb. eilänglich bis eilanzettl., zugespitzt, 5—8 cm lang, dünn, h'grün, jg.seid.-glänz. beha., später kahlend	St. windend und kletternd. Hülsen 10—15 cm lang, stachelspitzig, schwarzbraun	*Schmetterlingsbl. in bis 30 cm langen hängenden Trauben, stark duftend. Krb. **blau-violett,** Fahne rundlich, kurz genagelt. K. glockig, 5zähnig. Mai bis Juni	Stattlicher Schlingstrauch, H. bis 10 m. China. Sommergrün	**Chinesischer Blauregen** Glyzine **Wistária sinénsis** **(27)**
		Blätter zusammengesetzt wechselständig gesägt gezähnt gekerbt			
3—7zählig-handf., m. wechselnd. Beha., Blattstiele u. Mittelnerven stachelig, Nebenb. am Grunde mit dem B.st. verbunden	Tb. ungleich scharfgesägt, das Endblättchen lang gestielt, längl.-eif., zugespitzt, obers. d'grün, kahl, unters. heller, weißfilzig behaart	St. verholzend, blüh. Schößlinge aufrecht, unfruchtb. bogig gekrümmt od. nied.lieg. stumpfkantig, mit zur.gebog., am Grund zus.gedrückt. Stach.	Bl. in lockeren Trauben, St. wenig bestachelt, K. 5zipfelig, 5 Blbl., eif., **weiß-blaßrötlich,** Fr. Brombeere, rot, später **tiefschwarz,** glänzend, auch bläulich bereift. Juni, Juli	Strauch. H. bis 1,2 m, oft am Bod. rank.: Wälder, Gebüsch, Abhäng., Heide. (R. fruticos. ist eine Sammelart, die in viele Varietäten gespalten ist.) Brombeere, eßbar! Sommergrün, lange grün bleibend	**Brombeere** **Rúbus fruticósus** (Sammelname) **(26)** S. 102
3—5zählig, handf., Blattstiele rot. Triebe im Frühjahr a) rosenrot, b) grün	Tb. gezähnt od. grob kerbig-gesägt, eif.-lanzettlich od. längl., gest., obers. d'grün, unters. weißl.-grün, matt, kahl	Austrieb rötlich, Zw. d'grau. a) Rankenenden m. schwach entwickelten Haftscheiben, b) ohne Haftscheiben, 2—5-teilige schlingende Ranken	Bl. in blattgegenst. veräng. Nebensträußen, am Ende der Zw. rispig gehäuft, Krb. 5, ausgebreit., **grünlich.** Beeren erbsengroß, blauschwarz. Juli, August	Strauch. Klettert 6 bis 12 m hoch. An Zäunen, Mauern, Lauben angepflanzt und verwildert. Nordamerika. Sommergrün	a) **Wilder Wein** Selbstkletternde Jungfernrebe **Parthenocíssus quinquefólia** (Ampelópsis q.) b) **Rankende Jungfernrebe P. insérta** **(43)**

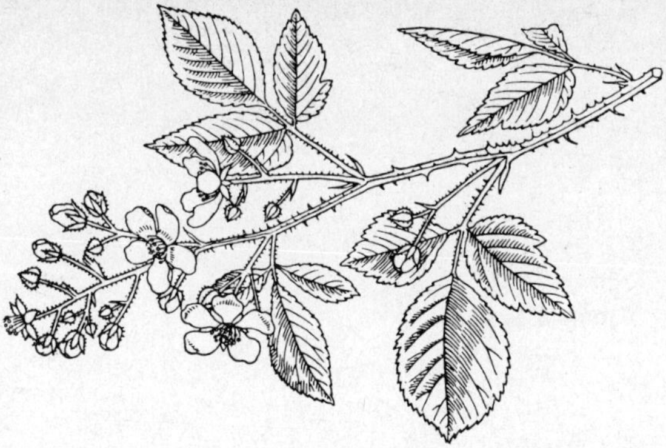

Brombeere

Wilder Wein

Chinesischer Blauregen

Wurzelnde Trompetenblume

Rosen: Strauchrosen

Alle Rosen haben zusammengesetzte, wechselständige, gesägt-gezähnt-gekerbte, sommergrüne Blätter, vielfach Nebenblätter; Zweige meistens mit Stacheln besetzt (nicht mit Dornen!). Blüten sind endständig, in mannigfachen Farben. Frucht ist die sogenannte Hagebutte, das ist der fleischig gewordene Blütenboden, der erst die harten, zahlreichen Früchtchen einschließt (Scheinfrucht). Fast alle Gartenrosen sind durch Kreuzungen entstanden, deren Zahl einige tausend beträgt; über die Stammeltern besteht keine Klarheit!

Blatt	Besonderes	Stamm	Blüte, Frucht	Sonstiges	Name
Unpaarig-gefiedert, Tb. 3—7, Nebenb. etwa 1 cm lang, an Blattstiel angewachsen	Tb. einfach- bis doppeltgesägt, am Rande gerötet oder rot überlaufen, obers. ± d'grün, glänzend Seitenadern nur schwach vertieft	St. aufrecht	Bl. zu 1—3, meist gefüllt, auf schlanken, ± mit Drüsenborsten besetzten St. Krb. **rötlich** bis **d'rot** oder **gelblich** bis **weißlich.** Fr. lange grün bleibend, zuletzt schmutzigbraun. Juni bis Herbst	Strauch. H. bis 2 m Nicht winterhart. Herkunft unklar. Ändert ab	**China-Rose** **Rósa chinénsis** **(26)**
Unpaarig-gefiedert, Tb. meist 7. Nebenb. schmal, drüsig-gewimpert, hoch hinauf angewachsen	Tb. grob-gesägt, rundlich-elliptisch, verschiedenfarbig, glanzlos	Zw. kriechend, selten kletternd, niederlieg., verlängert. Stacheln gleich, derb, sichelf.	Blüten einzeln, 3—5 cm breit, **weiß.** Bl.-stiele sehr lang. Gr. zu einer Säule verwachsen. Kb. ungeteilt, von der fast kugeligen Fr. bald abfallend. Juni	Nied.gestr. Strauch 1,25—2 m. In Süddeutschl. häufiger, in Mittel- u. Nordwestdeutschl. zerstreut, auch in Gärt. angepfl., sonst selten	**Feld-Rose** **Rósa arvénsis** **(26)**
Unpaarig-gefiedert, Tb. 5—7. Nebenb. flach, an d. oberen B. meist auffällig verbreitert	Tb. einfach-scharfgesägt, mit ± ganzrand. Grunde zieml. groß, eif. bis ellipt., ± blau oder rot überlaufen, kahl	Zw. schlank, ± blau oder rot überlaufen. Stacheln gerade oder gekrümmt, etwas sichelf.	Bl.stand meist mehrbl. Kb. mit schmal. Fiederzähnchen besetzt, länger als die **rote** Blkr., von der reifen Fr. abfallend. Fr. kugelig, markig, kirschrot. Juni, Juli	Strauch. H. bis 3 m. Gebirge in Süd- und Mitteleuropa, Alpen. Bisweilen angepfl.	**Rotblättrige Rose** **Rósa rubrifólia** **(26)**
Unpaarig-gefiedert, Tb. 5—7, Blattstiele nicht drüsig-besetzt	Tb. einf. gesägt, Sägezähne nicht zus.neigend, ellipt.-verk.-eif. led.art., beiders. oder unters. filz., drüs.los, ± graugrün	Zw. reichlich bestachelt	Bl. kurz gestielt, in den meist blattragenden, grauhaarigen Deckblättern verborgen. Blb. groß, lebhaft **rosa.** Kb. bleibend. Gr. weiß-wollig. Fr. kugelig, oft birnenf. Juni	Sehr ästiger Strauch. H. 1,5—2 m Wälder, Gebüsche, zerstreut	**Lederblättrige Rose** **Rósa afzeliána** (R. coriifólia) **(26)**

Feld-Rose

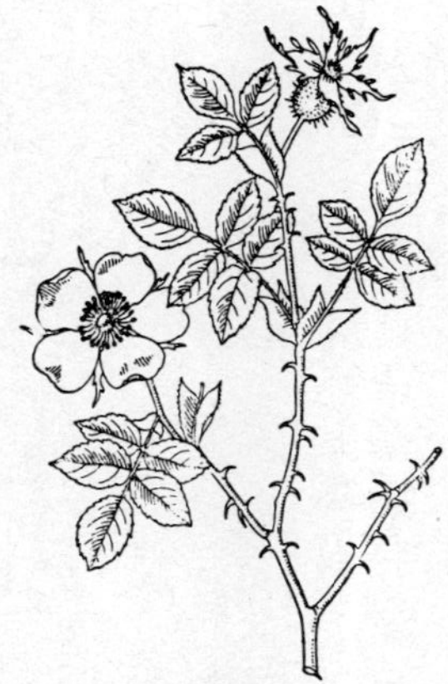

Lederblättrige Rose

Rotblättrige Rose

China-Rose

Rosen: Strauchrosen

Blatt	Besonderes	Stamm	Blüte, Frucht	Sonstiges	Name
Unpaarig-gefiedert, Tb. 5—7	Tb. drüsig-scharf-dopp.-gesägt, Zähne etwas abstehend, klein, rundl.-eif. bis elliptisch, braungrün, obers. kahl, unters. etw. weichhaarig	Größere Stacheln und feine, dicht stehende Stacheln	Bl. ziemlich klein, lebhaft **rosenrot.** St. kurzhaarig mit sitzenden Drüsen Kb. bei der Fr. zurückgeschlagen, abfallend. Gr. wollig-behaart. Fr. kugelig, knorplig, orangefarb. Juni, Juli	Gedrungen. Strauch. H. 1—1,5 m. *Die drüsigen B. riechen wie Apfelwein. Sonn. Hügel, Waldränder, zerstreut, auch in Anlagen gepflanzt	**Wein-Rose** Marienrose **Rósa eglantéria** (R. rubiginósa) **(26)**
Unpaarig-gefiedert, Tb. 5—7, Nebenb. mit kurzen, 3eckigen, spreizenden Öhrchen	Tb. doppelt-gesägt, mit abstehend. Sägezähnen, eif. bis längl. elliptisch, graugrün, obers. weich-beha., unters. filzig, spärlich drüsig	Zw. ± verlängert, oft bogig überhängend und bereift. Stacheln mit breitem Grunde, oft leicht gekrümmt	Bl.stiele bis 4mal länger als der Fr.knoten. Blb. **blaßrot,** meist kürzer als die Kb., nicht drüsig gewimpert. K.zipfel abstehend, hinfällig. Gr. kahl oder behaart. Fr. kugelig, aufrecht, knorpl., drüsenborst., scharlachrot. Juni.	Lockerwüchsiger Strauch. H. 1—2 m *Bl. etwas wohlriech. Wälder, Gebüsche, Wegeränder. Nicht selten	**Filz-Rose** **Rósa tomentósa** **(26)**
Unpaarig-gefiedert, Tb. 5—7, Blattstiele meist kahl, drüsig	Tb. drüsig-doppelt-gesägt, Zähne spitz, tief, abstehend, verkehrt-ei-keilf. bis länglich, klein	Zw. dünn, rutig. Stacheln gleichartig, sichelf.	Bl.stiele und Kb. kahl, meist drüsenlos. K. nach dem Verblühen zurückgeschlagen, abfallend. Blb. **rosa**. Gr. lang, kahl. Fr. länglich oder eif., orangefarben. Juni	Strauch. H. bis 2 m. Sonnige Abhänge, buschige Hügel, Hecken, häufig in Mittel- und Süddeutschland	**Acker-Rose** **Rósa sépium** (R. agréstis) **(26)**
Unpaarig-gefiedert, Tb. 5—7. Nebenb. schmal, drüsig-gewimpert	Tb. einfach gesägt, rundlich bis ellipt., lederartig, obers. d'grün, kahl, unters. blasser, ± behaart	Zw. mit verstreuten Hakenstacheln und zahlreichen, feinen Stachelborsten. Blütenzweige oft stachellos	Bl. aufrecht, einzeln, langgestielt, groß, Blb. ausgebreitet, meist **purpurn,** öfter gefüllt. St. u. K.röhre stachelborstig u. stieldrüsig. Kb. bis zur Fr. zurückgeschlagen, zuletzt abfallend. Fr. kuglig, knorplig, gelb- bis scharlachrot. Juni	H. 0,3—1,25 m. Sonnige Hügel, Waldränder in Süd- und Mitteldeutschland, in vielen Abarten u. Kreuzungen gezogen	**Essig-Rose** **Rósa gállica** **(26)**

Filz-Rose

Essig-Rose

Acker-Rose

Wein-Rose

Rosen: Strauchrosen

Blatt	Besonderes	Stamm	Blüte, Frucht	Sonstiges	Name
Unpaarig-gefiedert, Tb. meist 5, Spindel ohne Stacheln	Tb. einfach-gesägt, dünnhäutig, oft beiders. behaart	St. mit wenigen und kurzen · Ausläufern. Schößling mit ungleichf. Stacheln, die größ. derb, sichelf.	Bl. nickend, groß, meist **rosa** oder **rot,** fast stets gefüllt, mit zusammenschließ. Blb., * sehr wohlriechend. K.zipfel eilanzettlich. Fr. eiförmig. Juni, Juli	Strauch. H. bis 2 m. Ostkaukasus. Die bekannteste Unterart ist die Moosrose	**Zentifolie** Kohlrose **Rósa centifólia** **(26)**
Unpaarig-gefiedert, Tb. 5—7	Tb. einfach-gesägt, eilängl., verschiedenfarbig, glänzend, ob. kahl, unten behaart. Stiele stachelig	Zw. stark. Stacheln 1,5 cm lang, hakenf., rötlich	Bl. gefüllt, meist zu 5 bis 10, in Form und Farbe sehr versch., doch **nicht gelb.** Fr. elliptisch bis birnenf., rot. Juni, Juli	Strauch. H. bis 2 m. Als Kulturform nur noch selten („Monatrose")	**Damaszener Rose** **Rósa damascéna** **(26)**
Unpaarig-gefiedert, Tb. 5—7. 2—4 cm lang. B.st. kahl, drüsig und bestachelt	Tb. scharf-gesägt, eif. oder elliptisch, kahl, unters. drüsenlos	Zw. bogig überhäng. Stacheln meist schlank, kräftig, am Grunde nicht auffallend verdickt	Bl. zu 1—3. Blb. meist **h'rosa** bis **weiß,** etwa 2—2,5 cm lang. Kb. zurückgeschlagen, lange an der Frucht bleibend. Gr. etwas behaart. Fr. kugelig oder länglich, knorpelig, orangefarben, später scharlachrot, 1,5—2 cm lang. Juni	Aufrechter Strauch. H. bis 3 m. Häufig in Gärten, Hecken, Gebüschen, an Wegen. Bl. nicht duft. versch. Unterarten	**Hunds-Rose** Heckenrose **Rósa canína** **(26)** S. 104
Unpaarig-gefiedert, Tb. 5—7. Nebenb. mit sichelig einwärts gekrümmt. Öhrchen	Tb. dicht-doppelt-drüsig-gesägt, längl.-lanzettlich, groß, bis 5 cm lang und 3 cm breit, hellbraungrün, unters. weichfilzig	Zw. aufrecht, nicht kletternd. Stacheln dünn, gerade, am Gr. verbreitert, zusammengedrückt, pfriemlich	Bl. 7 cm breit, **rosa.** Blb. meist drüsig, gewimpert, K.zipfel aufr. bei der Fr. zusammenneig. Gr. ein weiß-wolliges Köpfchen bildend. Fr. bis 2 cm dick, kugelig, nikkend, sehr stachelig, violett-purpurn, bereift. Juni	Strauch. H. 1,5—2 m. Lichte Wälder, busch. Hügel. In Gärten der Frucht wegen angepflanzt u. daraus verwildert. In Norddeutschland selten	**Apfel-Rose** **Rósa pomífera** **(26)**
Unpaarig-gefiedert, Tb. 5—9. Nebenb. auffallend verbreitert	Tb. grob-gesägt, bis 2,5 cm breit, obers. kahl, d'grün, glänzend, unters. graugrün, behaart, ± runzelig geadert	Zw. und Stacheln behaart oder mit Drüsenborsten bes.	Bl. zu 1—3, groß, **7** bis 8 cm breit, vorn herzf. ausgerandet, **d'rosa** bis **weißlich,** oft halbgefüllt. Kb. ganzrandig und bleibend. Fr. groß, bis 2,5 cm dick, flach-kugelig, scharlachrot. Mai bis August	Strauch. H. 1—2 m. Ostasien. Häufig in Gärten und Anlagen. Früchte werden zum Einlegen verwendet!	**Runzel-Rose** **Rósa rugósa** **(26)**

Damaszener Rose

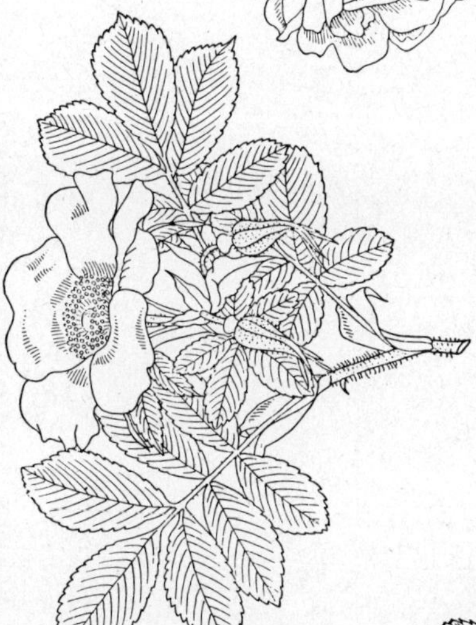

Runzel-Rose

Hecken-Rose

Zentifolie

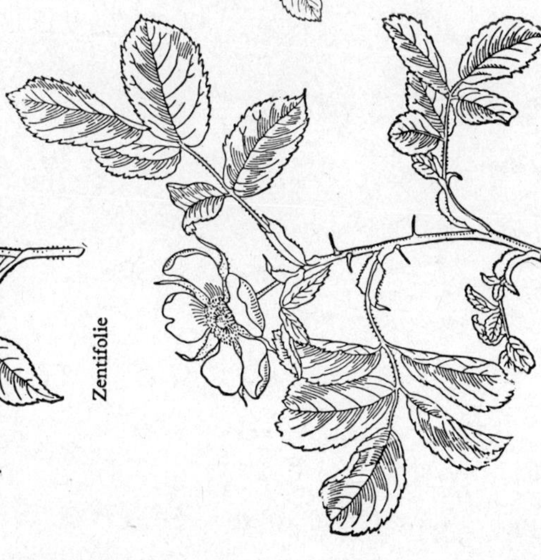

Apfel-Rose

Rosen: Strauchrosen

Blatt	Besonderes	Stamm	Blüte, Frucht	Sonstiges	Name
Unpaarig-gefiedert, Tb. meist 9, Nebenb. schmal, mit plötzlich verbreit. Öhrchen	Tb. einfach- od. doppelt-gesägt, klein, rundlich, unters. blaugrün, kahl	Zw. dünn, bogig, dicht ungleich bestachelt, Stach. dünn, die längeren meist ± abwärts gerichtet	Bl. meist einzeln, **weiß** oder **rosa.** Kb. ganzrand., bei der Fr. zusammenneigend. Fr. plattkugelig, schwarz bis schwarz-blutrot. Mai, Juni	Strauch. H. bis 1 m. Mitteldeutschland u. Nordseeküste, auch in Anlagen gepflanzt	**Bibernell-Rose** **Rósa pimpinellifólia** (R. spinosíssima) **(26)**
Unpaarig-gefiedert, Tb. 5—9 (meist 7) Nebenb. schwach gesägt, drüsig-gefranst	Tb. meist doppelt-gesägt, rundlich oder elliptisch, beiders. lebhaft grün, kahl	Ältere Zw. zerstreut stachelig, Stacheln gerade	Bl. zieml. groß, oft halbgefüllt. Blkr. **dottergelb** oder innen **scharlachrot** (Kapuzinerrose R. l. bicolor) K.becher flachkugelig, wie sein St. kahl. Kb. eingeschnitten, bei der Fr. abstehend. Frucht ziegelrot. Juni	Strauch H. 1,25 b. 1,9 m. Stammt aus dem Orient. Angepfl., in Zäun. u. Gebüsch verwild. *Bl. wie B. nach Wanzen riech.	**Gelbe Rose** (Wachsrose) **Rósa lútea** (fóetida) **(26)**
Unpaarig-gefiedert, Tb. 7, 9 oder 11. Nebenb. an den nichtblühenden Ä. lineal-keilf.	Tb. meist doppelt-drüsig-gesägt, längl. od. längl.-ellipt., am Rande nicht drüsig-gewimpert, obers. sattgrün, unters. bläss., meist ± behaart	Stamm aufrecht. Jüngere Zw. stachelig, ältere stachellos	Blb. 4—5 cm breit, **rosa** bis **karminrot.** K.becher elliptisch, wie sein St. kahl. Kb. ungeteilt, bei der Fr. zusammenschließ. Fr. kugelig bis flaschenf., hellrot, nickend oder hängend. Mai bis Juni	Strauch. H. 0,6—1,2 m. Hochgeleg. Schlucht. der Mittelgebirge, in den Alpen recht häuf. Nicht zu verwechseln mit Alpenrose=Rhododendron! Sehr veränderlich	**Alpen-Rose** **Rósa alpína** (R. pendulína) **(26)**

Rosen: Kletterrosen

Die meisten Kletterrosen sind Kreuzungen mit der Rosa multiflóra und Rosa wichuraiána, die weiß oder rot oder in einer Mischfarbe daraus blühen.

Unpaarig-gefiedert, Tb. 5—9. Blattstiele scharf-stachelig. Nebenb. tief kammf. eingeschnitten	Tb. grob-gesägt, eif., klein, oft halbwintergrün	Stamm liegend oder kletternd. Zw. zahlreich, schlank, überhängend. Stacheln sichelf. gekrümmt, meist paarweise	Bl.stand reichbl., pyramidenf. Blb. 5, verkehrt-eif., an der Spitze ausgerandet, **weiß.** Kb. in eine lange Spitze ausgezogen, vor d. Fr.reife abfallend. Gr. weiß vorragend, zu einer Säule verwachsen. Fr. klein, schwarz-rot. Juni, Juli	Kletterstrauch, bis 8 m hoch. Bl. duftlos. Aus China u. Japan. Bei uns in Gärten od. Anlagen bis 2 m hoch (z. B. die bekannte „Crimson rambler“)	**Vielblütige Büschelrose** **Rósa multiflóra** **(26)**

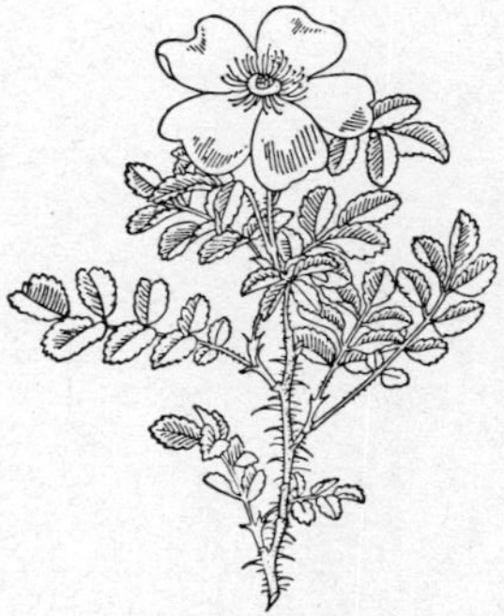

Bibernell-Rose

Alpen-Rose

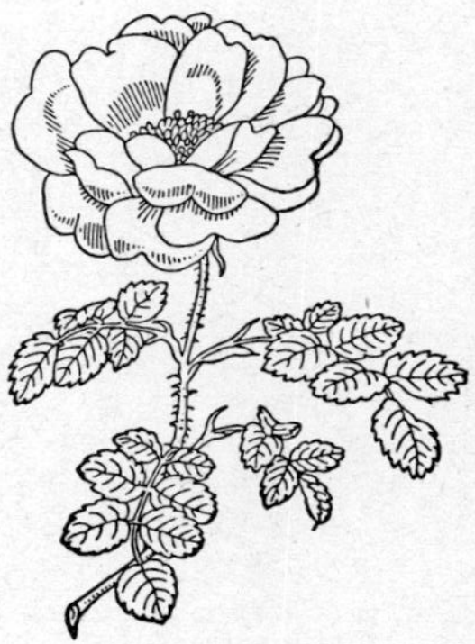

Gelbe Rose

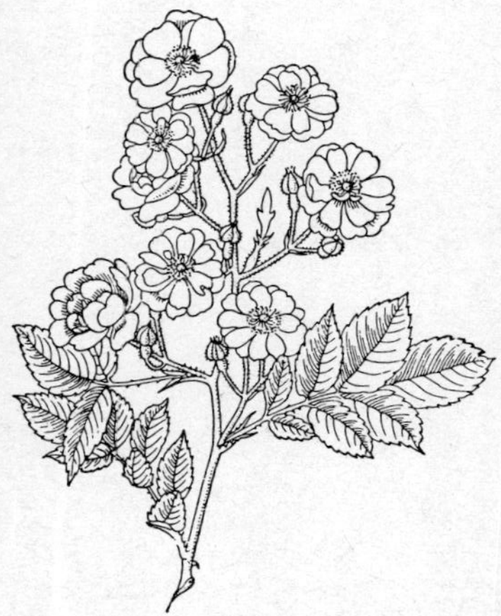

Vielblütige Büschelrose

Blatt	Besonderes	Stamm	Blüte, Frucht	Sonstiges	Name
Unpaarig-gefiedert, Tb. 9, bis 2,5 cm lang	Tb. grob-gesägt, breit, eirundlich, fast lederartig, oben d'grün, unten heller, beiders. stark glänzend, kahl	Zw. mit dicken, gekrümmten Stacheln	Bl. **weiß**, 4—5 cm breit, *duftend, in kleinen, pyramidalen Doldentrauben. Fr. eif., etwa 1,5 cm lang, rotbraun. Juni bis August	Strauch. Halbimmergrün. Ostasien	**Wichuras-Rose** **Rósa wichuraiána** **(26)**

Laubhölzer, Sträucher

Blätter einfach, gegenständig, ganzrandig

Die Heckenkirschen sind weitverbreitete, aufrechte oder windende Sträucher mit gegenständigen (!), meist kurzgestielten Blättern. Blüten meist paarweise, achselständig oder in Quirlen. Blumenkrone röhrig, lappig oder lippig. Beeren ungenießbar.

Elliptisch, lang zugespitzt, 5—10 cm lang	lebhaft grün, etwas glänzend, unters. kahl, fiedernervig	St. aufrecht. Zw. drüsig behaart bis kahl, anfangs markig, später hohl	Bl. zu 2 auf achselständ. St. Kr. **rötlich.** 2lippig, außen bräunl., mit innen langhaariger Röhre. Bl.st. viel länger als die Bl.! Doppelbeere glänz. **rot.** Mai, Juni	Strauch. H. bis 2 m. Laubwälder, Hecken, Steinbrüche hochgeleg. Gegenden, auch angepfl. Beer. † Giftig! Sommergrün	**Alpen-Heckenkirsche** **Lonícera alpígena** **(64)**
Eirund bis länglich, stumpf oder spitz, kurzgestielt 2—8 cm lang	B. anfangs hellgrün, zerstreut behaart, zuletzt kahl, fiedernervig	St. aufrecht oder etwas sparrig, Zw. kahl oder behaart, spät. rot-braun, anf. mark., spät. hohl. R. abblätt., riss., gelb od. korallenrot	Bl. zu 2 auf achselst. nikkenden St. Kr. 1—2 cm lang, trichterf., mit regelmäßigem Saum, **grünlich** bis **gelblich-weiß,** Bl.st. weichhaarig, viel kürzer als die Bl. Doppelbeere **schwarz,** blau bereift. April, Mai	Strauch. H. 1—1,5 m. Alpen. Sommergrün	**Blaue Heckenkirsche** **Lonícera caerúlea** **(64)**
Eilänglich-elliptisch, stumpf (oder kurz zugespitzt), 4—6 cm lang	B. frischgrün, unten bläulich, nur unters. behaart, zuletzt ganz kahl, fiedernervig	St. aufrecht, Zw. kahl, anfangs markig, später hohl	Bl. zu 2 auf achselst. St. Bl.stiele 3—4mal länger als die Bl., kahl! Kr. etwa 1 cm lang, **trübrot,** selten weißlich. Beeren paarweise hängend, glänzend **schwarz,** ungenießbar. Mai, Juni	Strauch. H. 0,60 bis 1,25 m. Alpen, Karpaten, Bergwälder, selten, auch angepfl. Sommergrün. Beeren Brechen erregend. † Giftig! Sommergrün	**Schwarze Heckenkirsche** **Lonícera nigra** **(64)**

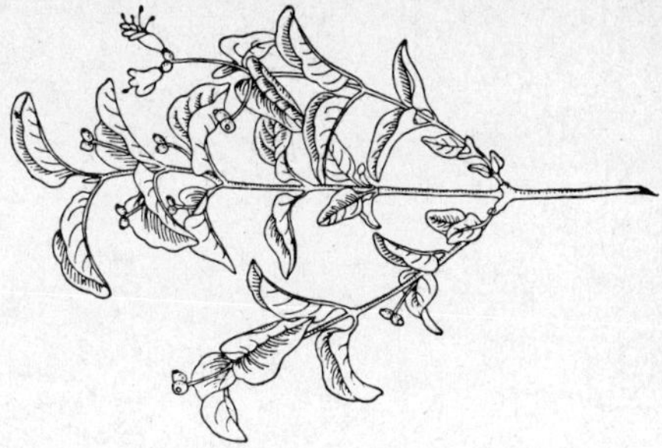

Schwarze Heckenkirsche

Blaue Heckenkirsche

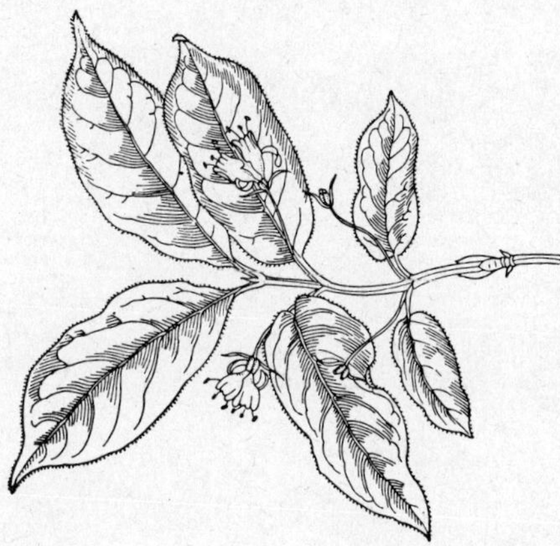

Alpen-Heckenkirsche

Wichuras-Rose

Blatt	Besonderes	Stamm	Blüte, Frucht	Sonstiges	Name
Herz-eif., stumpf, 3—6 cm lang, Kn. eif.	B. obers. d'grün, unters. h'- bis bläulichgrün, kahl, fiedernervig	Aufrecht, verzweigt, Zw. kahl, bald hohl werdend	Bl. zu 2 auf einem St. St. kaum so lang wie die Bl. Blkr. **hellrot** oder **weiß,** oft gestreift, röhrenf., Oberlippe tief gespalten. K. 5zähn.: Deck- u. Vorb. vorh. Beere **blutrot,** auch gelb u. orange. Mai, Juni	Strauch. H. 2—4 m. Sibirien. Sehr formenreich. Sommergrün	**Tataren-Heckenkirsche** **Lonícera tatárica** **(64)**
Rundl.-elliptisch, stachelspitzig, kurzgestielt, 3—6 cm lang	B. oben graugrün, unters. blasser, weichha., fiedernerv.	St. aufrecht, reich verzweigt, Zw. dünn, graugrün, kahl oder behaart, bald hohl werdend. Holz äußerst hart	Bl. 1 cm lang. außen behaart, zu 2 auf achselst. St. Bl.stiele weichhaarig, etwa so lang wie die Bl. Kr. **gelblich-weiß.** Beeren paarw. beisamm.steh., **scharl.-rot,** nicht mit dem K.saum gekrönt. Mai, Juni	Strauch. H. 1—3 m. Laubwälder, Gebüsche, Hecken. Sommergrün	**Heckenkirsche** Geißblatt **Lonícera xylósteum** **(64)**
Rundlich, eif. oder elliptisch, nicht selten etwas gelappt, kurz gestielt	B. oben bläulich-d'grün, unten blaßgrün, fast kahl, fiedernervig	Zw. dünn, 4kantig, kahl	Bl. klein, in zweigendstg. unterbrochenen Trauben. Kr. glockig, 4—5lappig, **rötlich,** innen dicht behaart. Staubb. von der Blkr. eingeschl. Beeren groß, **schneeweiß,** wabigfleischig, im Winter bleibend. Juni bis September	Buschiger Strauch. H. 0,5—2 m. Aus Nordamerika, häufig angepflanzt u. verwildert. Sommergrün	**Schneebeere** **Symphoricárpus albus** (S. racemósus) **(64)**
Eif.-elliptisch, zugespitzt, 6—14 cm lang, 4,5—8 cm breit	B. obers. sattgrün, unters. weißlich, im Herbst glänz.-scharlachrot, 6—7 bogenläufige Nervenpaare	Ä. rund, junge Zw. grün, abwischbar bereift. Holz dicht, h'bräunlich, mit rötlich. Ton	Bl. **gelblich-grün,** in 6 bis 14 mm breiten Köpfchen, von 4 großen, **weißen** Hochb. umgeb., diese 4 cm lang. Steinfr. **scharlachrot,** 4fächerig. Mai	Strauch. H. 3—4 m. Nordamerika. Sommergrün	**Blumen-Hartriegel** **Córnus flórida** **(53)**
Eif. oder elliptisch, lang zugespitzt 5—8 cm lang, kurz gestielt	B. oben glänzend, beiders. grün, kurzhaarig. Nervatur bogenläufig, 3—4 Seitenrippen. Laubkn. dünn, grau, mit ein Paar Kn.schuppen	Ä. aufrecht, kahl, grün, stielrundl., in der Jugend angedrückt-behaart. Holz im Kern d'rotbraun, hart und zähe	Bl. einfache, kleine Dolden, seitenst., vor den B. ersch., 4 Blb. **gelb,** nur 1 Stempel. Beerenfr. etwa 2 cm groß, oval, glänz., **kirschrot,** hängend. Februar bis April	Strauch, oder klein. Baum. H. bis 8 m. Kalkberge, Bergwälder, oft angepflanzt. Sommergrün. Beeren eßbar	**Kornelkirsche** Gelber Hartriegel, Herlitze, Dürlitze **Córnus mas** **(53)** S. 14

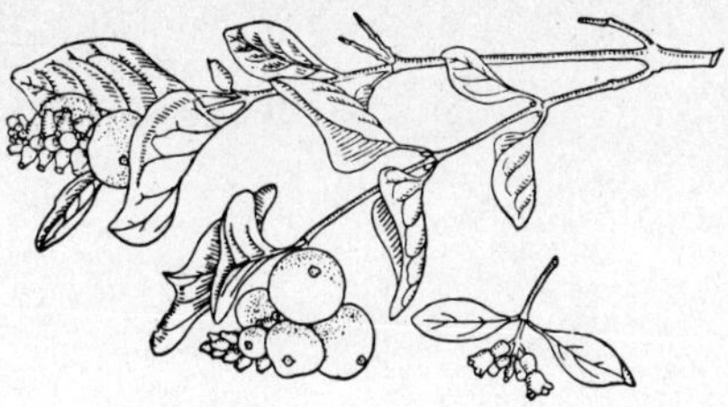

Schneebeere

Blumen-Hartriegel

Kornelkirsche

Heckenkirsche

Tataren-Heckenkirsche

Blatt	Besonderes	Stamm	Blüte, Frucht	Sonstiges	Name
3 quirlig, länglich-lanzettlich, 2—6 cm lang, bisweilen umgerollt, kurz gestielt	B. oben lebhaft grün, unten heller, lederig, stumpflich oder abgerundet, fiedernervig	Zw. dünn. Kapselfr. kugelig mit bleibendem Gr.	Bl. **purpurn,** in achselst. Doldentrauben. Blkr. schüsself., 5lappig, mit 10 grubigen Vertiefungen, in denen die Staubb. versteckt liegen. Bl.stiel 1 bis 2 cm lang. Juni, Juli	Strauch. H. bis 1 m. Nordamerika † Giftig! Immergrün	**Schmalblättrige Lorbeerrose** **Kálmia angustifólia** **(56)**
Breit-oval,zugespitzt, 5—12 cm lang, 3—4 cm breit. Kn. anliegend, nackt	B. obers. d'grün, etwas rauh, unters. h'graugrün, weichfilzig, fiedernervig	Zw. jung, dichtfilzig, 4kantig. *Junge R. beim Reiben würzig aromatisch	Bl. kurzgestielt, 4—5 cm breit, einzeln, endst., Blumenb. schmal, lineallanzettlich, **rotbraun** u. zahlreich, äußere zurückgeschlag., inn. aufrechte Staubbl. s. zahlr. Schließfr. einsamig. Mai, Juli	Strauch. H. 1—3 m. *Bl. duften nach Erdbeer od. Ananas. Südstaaten Nordamerikas, häufig kultiviert. Sommergrün	**Erdbeer-Gewürzstrauch** **Calycánthus flóridus** **(19)**
Lanzettlich-spatelig, fast sitzend, 3—5 cm lang	B. gelb-grün, lederartig, undeutlich-streifenaderig, kahl	St. stielrund, Zw. gelbl.-grün, je 1 B.-paar oder B.quirl tragend. Pfl. gabel- oder wirtelständig verzweigt	Bl. 2häusig, endst., geknäuelt, 4zählig, **gelb,** klein, 4 Staubb., weiblich mit sitz. Narben. Beere **weiß,** glänzend, kugelig, schleimig. April, Mai	Buschiges Sträuchlein. H. 20—80 cm. Schmarotzergewächs auf Laubbäum. und Weißtanne mit Saugwurz. hineinwachs., selten an Fichten und Kiefern. Immergrün	**Mistel** **Víscum álbum** **(12)**
Kreuzweise gegenständig, länglich-lanzettlich, kurzgest. 5—8 cm lang	B. kahl, etwas lederartig, kaum geadert, zuweilen goldgelb od. gescheckt, fiedernervig. Winterkn. anliegend	Zw. lang, rutenf., anfangs sehr kurz behaart. R. glatt. Holz sehr hart	* Bl. klein, **weiß** oder **gelblich-weiß,** in endst. gedrungener Rispe. Kr. röhrig, kurzzipfelig. Beere schwarz, kugelig, 2fächerig, ungenießbar. Juni, Juli	Strauch. H. 1—4 m. Wälder, busch. Hügel, im Park angepfl. *Bl. unangenehm riechend. Sommergrün, lange grün bleibend	**Liguster** Rainweide **Ligústrum vulgáre** **(65)**
Lanzettlich, zugesp., am Grunde breiter, 3—6 cm lang	B. zuweilen leicht 3lappig, frischgrün, fiedernervig	Zw. aufrecht, überhängend, ± kantig	* Bl. wohlriechend, 1 cm lang, in langen, lockeren Rispen. Kr. **blau-lila** od. **weiß,** Saum etwas vertieft. Mai, Juni	Strauch. H. 1—3 m. Angebl. aus Persien, angepflanzt. Sommergrün	**Persischer Flieder** **Syrínga pérsica** **(65)** S. 62

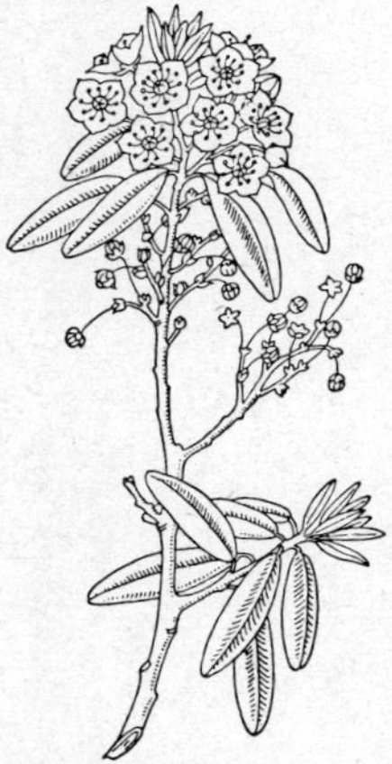
Schmalblättrige Lorbeerrose

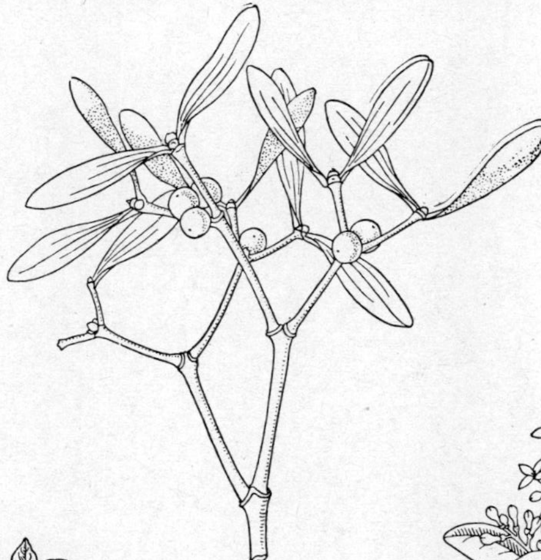
Mistel

Persischer Flieder

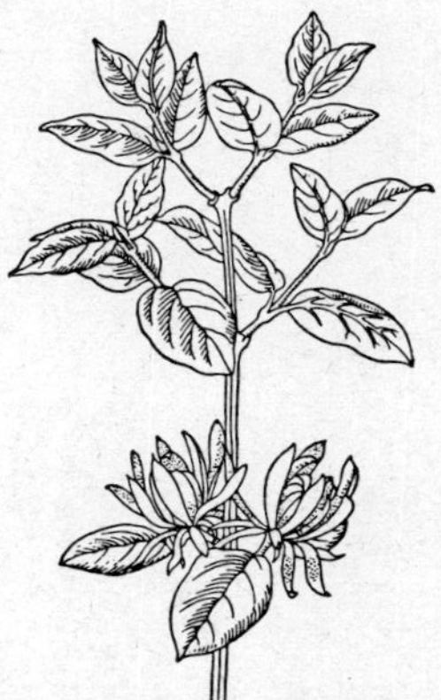
Erdbeer-Gewürzstrauch

Liguster

Blätter einfach · gegenständig · ganzrandig

Blatt	Besonderes	Stamm	Blüte, Frucht	Sonstiges	Name
Verkehrt-eif., 4—8 mm lang, Rand nach rückw. umgerollt, meist gegenständig	B. lederig, dick, mit dickem Mittelnerv	St. dicht beblättert, Zw. 15—45 cm lang, Pflanze kahl	Bl.dolde endstdg., 2—4-blütig, K. **dunkelrot,** Blkr. röhrig-glockig, 5zählig, offen, **rosarot,** selten **weiß,** Fr.kapsel 2—3fächerig. Juni bis August	Rasenbildendes Sträuchlein, häufig im Krummholz, auf Graten, im Geröll, gern auf Schieferboden. Immergrün	**Alpenheide** Niederliegend. Azalee **Loiseleuria procúmbens** (Azálea procúmbens) **(56)**

Blätter einfach · gegenständig · gesägt · gezähnt · gekerbt

Blatt	Besonderes	Stamm	Blüte, Frucht	Sonstiges	Name
Länglich-eif., 6—12 cm lang, ungelappt, Kn. gelb-filzig	B. fein-gezähnt, runzelig-aderig, obers. d'grün, unters. grau-sternfilzig, fiedernervig	Junge Zw., B.- und Bl.st. sternfilzig	Bl. in gewölbten Doldenrispen, alle gleichartig u. fruchtbar, dicht sternfilzig, glockig-radf., **weiß.** Beeren eif., zsm.gedrückt, **rot** bis schwarz, ungenießbar. Mai, Juni	Ästiger, aufrechter Strauch. H. 1,25—5 m. Ganze Pflanze graufilzig. *Bl. wohlriechend. Bergwäld., meist auf Kalkbod. Somm.grün	**Wolliger Schneeball** **Vibúrnum lantána** **(64)**
Länglich-eif., 6—12 cm lang. B.st. rostfarb.-filzig	B. gesägt-gezähnt, dunkelgrün, unters. reichlich sternha., fiedernervig	Junge Zw. dicht rostfarbig-sternfilzig	Bl. **reinweiß,** in Doldenrispen. Randst. Bl. vergrößert, langgestielt, unfruchtbar. Beeren **rot,** später **blauschwarz**	Strauch. H. 1—3 m. China, Japan. Sommergrün	**Filzig. Schneeball** **Vibúrnum plícatum** (V. tomentósum) **(64)**
Gegenst.-gekreuzt, Ei-lanzettlich, langzugesp., bis 3,5 cm breit und 5—10 cm lang, kurz gestielt	B. stachelsp.-kleingekerbt-gesägt, kahl, Winterkn. kurz, eif., B. fiedernervig	Ä. glatt, grün, 4kantig. Einjährige Triebe am Grunde Korkwarzen. Holz gelblich, zähe	Bl. achselst., 4zählig, langgestielt, Krbl. längl., **gelbgrün,** Kapsel 4lappig, stumpf, flügellos, rosenrot. S. weiß mit orangerotem Fleischmantel, von diesem ganz bedeckt. Mai, Juni	Strauch. H. 2—6 m. Pflanze kahl. Waldränder, Gebüsche, Hecken, häufig. Als Zierstrauch angepfl. Sommergrün. † G i f t i g!	**Pfaffenhütlein** Spindelstrauch **Evónymus europaea** (E. europaeus) **(37)**

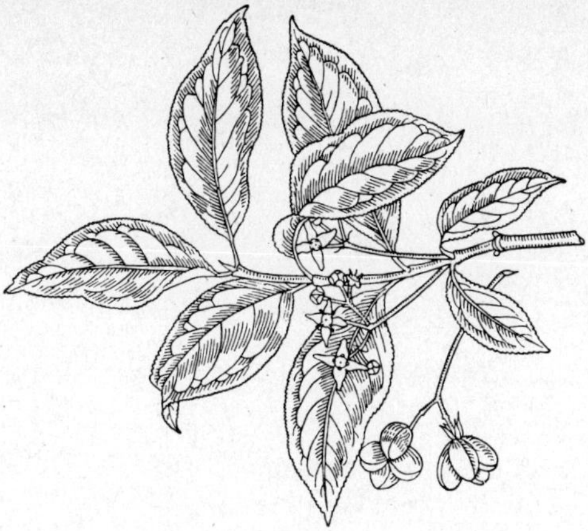

Pfaffenhütlein

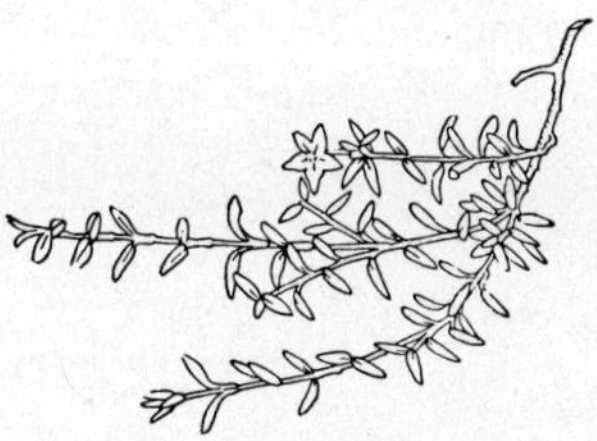

Alpenheide

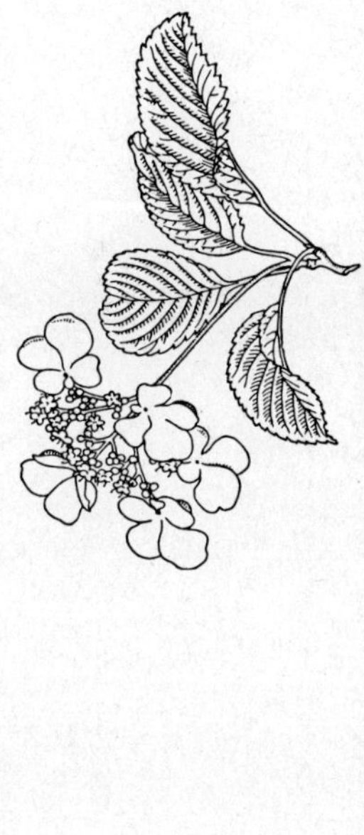

Filziger Schneeball

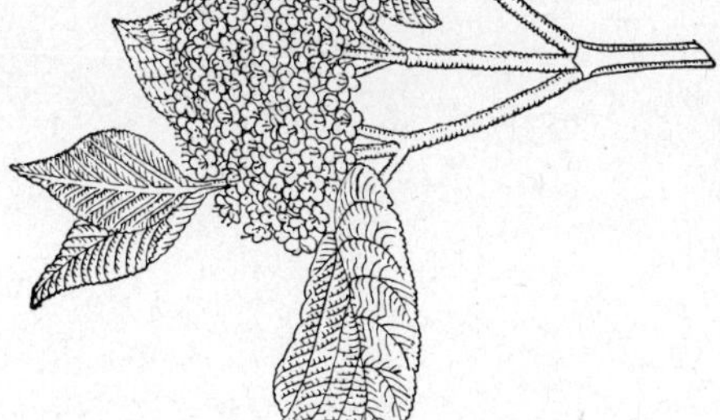

Wolliger Schneeball

Blatt	Besonderes	Stamm	Blüte, Frucht	Sonstiges	Name
Gegenst.-gekreuzt, länglich bis eif., zugespitzt, bis 12 cm lang. B.st. oben rinnig	B. sehr fein stachelspitz.-gesägt, d'grün. Winterkn. länglich, braun. B. fiedernervig	Ä. langrutig, glatt, stielrund, etwas zusammengedrückt	Bl. achselst., meist 5zählig, lang, gestielt. Krbl. rundlich, **grünlich,** mit **roten** Rändern. Kapsel meist 5lappig, geflüg.-kantig, purpurrot, S.weiß, vom orangerot. Mantel ganz bedeckt! Mai, Juni	Aufrechter Strauch. H. bis 5 m. Süddeutschland u. bayr. Alpen. Sommergrün. † Giftig!	**Alpen-Spindelbaum** **Evónymus latifólia** (37)
Gegenst.-gekreuzt, Ei-lanzettlich, zugespitzt, 3—6 cm lang	B. stachelsp.-kleingekerbt-gesägt. Winterkn. kurz-eif. B. fiedernervig	Ä. glatt, olivgrün, stielrund, mit schwarzbraunen Warzen	Bl. achselst., 4zählig, gestielt. Krbl. rundlich, **grün,** mit **blutroten** Punkten. Kapsel stumpf, flügellos, gelbrot, tief 4lappig. S. schwarz, vom blutroten Mantel nur halb bedeckt. Mai, Juni	Aufrechter Strauch. H. 1—3 m. Pflanze kahl. Nur in Laubwäldern des östlichen Deutschland. Als Zierstrauch angepfl. Sommergrün. † Giftig!	**Warzen-Spindelbaum** **Evónymus verrucósa** (37)
Elliptisch-lanzettl., 6—25 cm lang, 2—7 cm breit	B. gezähnt, obers. mattgrün, unters. weißfilzig, fiedernervig	Zw. sehr lang, rutenförmig, etwas überhängend, junge Zw. weißfilzig	Bl.stände aufrecht bis nickend, ährenähnlich, verlängert. * Blkr. **blaulila,** im Schlunde orangegelb, engröhrig. Saum 4spaltig wie der K. Fr.kapsel 2fächerig. Juli, August	Strauch. H. bis 3 m. * Bl. wohlriechend. Japan. Stark von Schmetterlingen besucht. Sommergrün	**Veränderliche Buddleia** Herbstflieder, Fliederspeer **Búddleia davídii** (B. variábilis) **(66)**
An Langtrieben 3zählig, auch einfach, lanzettlich	B. obere Hälfte grob gesägt, fiedernervig, kahl, B.stiele am Grunde jeders. m. I ängslinien	Zw. rutenf., anfangs aufstrebend, später ± überhängend, olivbraun, St.glied. hohl, nur an den Knoten markig	Bl. vor den B., **goldgelb,** schwach rot-gestreift, zu 2—3 gegenst., Kr. und K. tief 4teilig. Staubb. 2. Fr.-kapsel 2fächerig. Ende März und Anfang April	Strauch. H. 2—3 m China. Sommergrün (vgl. Seite 14!)	**Hängende Forsythie** **Forsýthia suspénsa** (65) S. 14
Teils büschelig steh., eilanzettl., zugesp., 3—6 cm lang, B.st. mehrmals länger als die hinfälligen Nebenb.	B. fein gesägt, zieml. kahl, obers. grün, unters. h'grün mit beiders. 2—3bogig verlaufenden Seitennerven, fiedernervig	Zw. gegenständig, sparrig, abstehend, mit end- und gabelständ. Dornen, R. erst silbergrau, später schwärzlich	*Bl. b.achselst. in büscheligen Trugdolden, unvollständig 2häusig, 4zählig, **gelbgrün,** unscheinbar. Beeren erbsengroß, erst grün, später **schwarz,** mit meist 4 eins. Steinen, ungenießbar. Mai, Juni	Bis 3 m hoh. Strauch, * Bl. wohlriechend, selten Baumform. Laubwälder, Gebüsche, Zäune, häuf. Sommergrün	**Echter Kreuzdorn** **Rhámnus cathártica** (42)

Echter Kreuzdorn

Hängende Forsythie

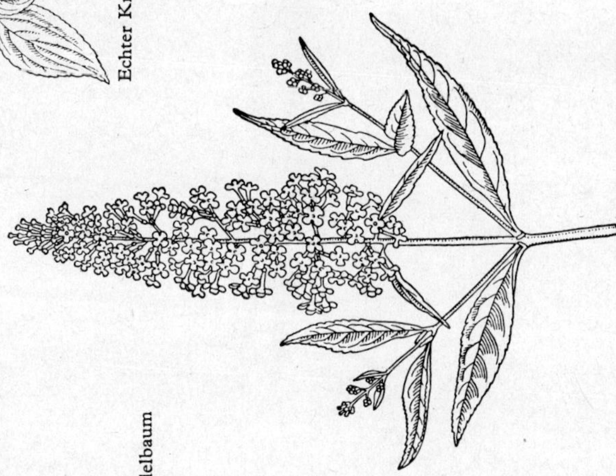

Veränderliche Buddleia

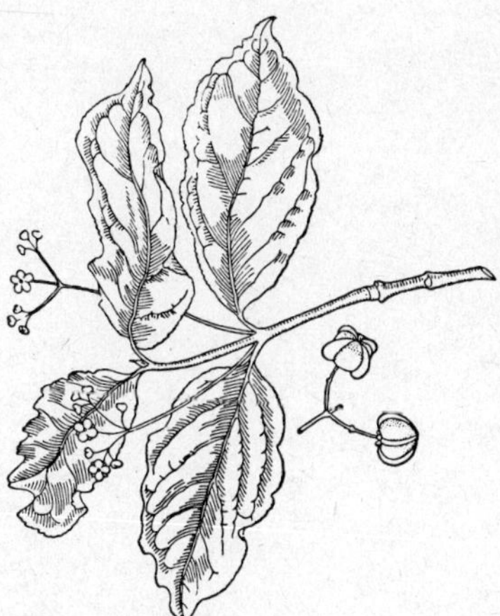

Alpen-Spindelbaum

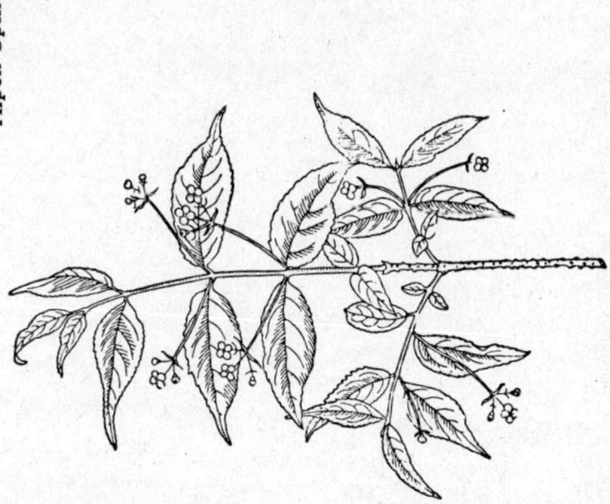

Warzen-Spindelbaum

Blatt	Besonderes	Stamm	Blüte, Frucht	Sonstiges	Name
Teils büschelig, gegenst. u. wechselst., elliptisch oder lanzettlich, kaum 3 cm lang, 1,5 cm breit. B.st. kaum länger als die Nebenb.	B. klein-gesägt, h'grün, mit 2—4 Seitennervenpaaren, fast kahl, fiedernervig	Sehr ästig, dornig. Zw. gegenständig, junge Zw. meist etwas behaart	Blkr. **grün**, unscheinbar, Krb. schuppenf., 4zählig. Fr. schwarz. Mai, Juni	Niedergestreckter od. aufsteigend. Strauch. H. 0,3—1 m. Felsige Stellen in Süddeutschland. Sommergrün, selten immergrün	**Felsen-Kreuzdorn** **Rhámnus saxátilis** (42)
Gekreuzt-gegenst., eilanzettlich, B.st. kaum 1 cm lang. Nebenb. pfriemlich	B. scharf doppelt-gesägt, oben d'grün, kahl, unten heller, anfangs seidenha., fiedernervig	Zw. kahl, olivbräunlich	Bl. einzeln, am Ende der Zw., Blkr. 4zählig. Außenkelchb. lanzettlich. Kb. eif., borstig gewimpert, Blb. breit-oval, kurz genagelt, **weiß.** Staubb. 50—60. 4 nußartige Fr.-chen, fast kugelig, glänzend, **schwarz.** Mai	Winterharter, aufrechter Strauch. H. 1—2,5 m Japan. Sommergrün	**Kaimastrauch** Scheinkerrie **Rhodotýpus scandens** (R. kerrioídes) (26)
Gekreuzt-gegenständig, aus keilf. Grunde ei-lanzettl., lang zugespitzt, 3—7 cm lang. Kn.schuppen schlank, zugespitzt	B. scharf-gesägt, grün, obers. behaart, unters. schwach behaart, fiedernervig	Zw. gekreuzt-gegenständig, schlank, einjährige etwas kantig, bräunlich, ältere nach Ablösung der R. grau	Bl. in einfachen, aufrechten Rispen, **weiß**, oft gefüllt. Kb. 5, Zipfel 3eckig. Krb. 5, verkehrt-eilängl., weiß od. rötlich. Staubb. 10, Kapselfr. eirundlich, mit bleibendem K. Mai, Juni	Buschiger Strauch. H. kaum 1 m. Japan. Sommergrün	**Niedrige Deutzie** **Deūtzia grácilis** (23)
Eif. bis lanzettlich, zugespitzt, 8—12 cm lang	B. gekerbt, d'grün, unters. reicher mit Sternhaaren besetzt als obers., fiedernervig	Zw. dicker als bei D. gracilis, rutig, aufgerichtet, junge sternhaarig. R. rotbraun, später abblätternd	Bl. in einfachen, aufrechten, sternhaarigen Rispen, **weiß** oder **rötlich,** oft gefüllt. Kelchzipfel 5, eif., spitz, außen sternhaarig. Fr. meist ohne K. Juni, Juli	Raschwüchs. Strauch. H. bis 2,5 m. Japan. Sommergrün	**Rauhblättrige Deutzie** **Deūtzia scábra** (23)
Ei-elliptisch, kurz zugespitzt, 6—20 cm lang. Blattstiel 2—8 cm lang	B. grob-gesägt, hellgrün, unters. kahl, fiedernervig	Junge Zw. schwach behaart	Bl.stand schirmf., im Durchm. 10—18 cm breit, unbeblättert, **weiß** oder **grünlich-weiß,** fast alle unfruchtbar. Randbl. bis 1,5 cm breit. Fr.knoten unterst. Kapselfr. Juli bis Oktober	Strauch. H. bis 2 m. Nordamerika. Sommergrün	**Baumartige Hortensie** **Hydrangéa arboréscens** (23)

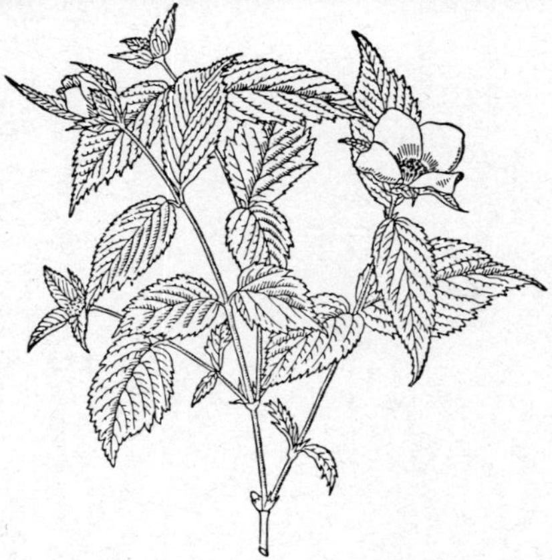
Kaimastrauch

Felsen-Kreuzdorn

Rauhblättrige Deutzie

Niedrige Deutzie

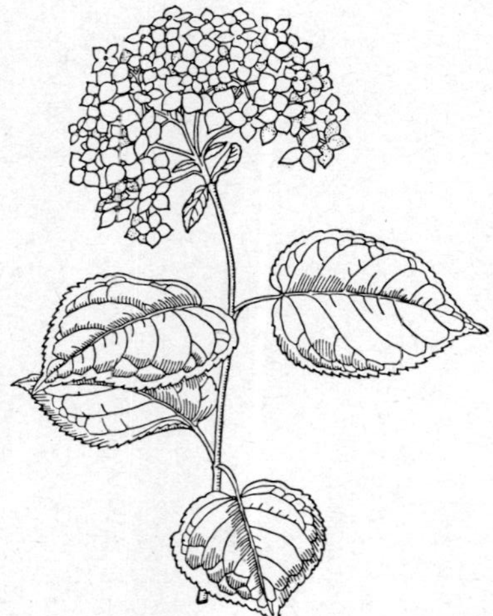
Baumartige Hortensie

Blätter einfach gegenständig gesägt gezähnt gekerbt

Blatt	Besonderes	Stamm	Blüte, Frucht	Sonstiges	Name
Ei- oder längl.-lanzettlich, am Grunde abgerundet oder verschmälert, 12—20 cm lang, 5—8 cm breit	B. gezähnt, obers. glänzend, grün, unters. h'grün, spärlich behaart, fiedernervig	Zw. aufrecht, dick, einjährige kahl	Bl. in ± gewölbten bis kugeligen Scheindolden. Blb. eilänglich, **rosa** oder **h'blau.** Staubb. 8—10, Staubfäden rosa oder violett. Staubbeutel gelb. Kapselfr. mit dem K.-zipfel gekrönt. Juli, Aug.	Strauch. H. etwas über 1 m. Sehr veränderlich. Japan und China. Sommergrün	**Echte Hortensie** Garten-Hortensie **Hydrangéa macrophýlla** (H.opuloídes) (H.-horténsis) **(23)**
Einfach, oft zu drei. Ei- oder länglich-lanzettlich. 5-12cm lang. Blattstiel 0,25—2,5 cm lang	B. gesägt, oben fast kahl, unten steif behaart, fiedernervig	Zw. behaart	Bl.rispen eikegelf., bis über 30 cm lang, am Grunde bis 25 cm breit. Randbl. bis 3,5 cm breit, **gelblich-weiß, reinweiß,** später rötlich, oft fast alle unfruchtbar. Fr.knoten halboberständ. Juli bis September	Winterhart. Strauch. H. 1—4 m. Häufig als Bäumchen veredelt. Japan. Sommergrün	**Rispige Hortensie** **Hydrangéa paniculáta** **(23)**
Oval, zugespitzt, 6—9 cm lang, 4—5 cm breit	B. gesägt-gezähnelt, obers. d'grün, kahl, unters. heller, nur auf den Nerven behaart, fiedernervig	Zw. rutenf., aufstrebend, leicht knickend, weichmarkig, R. d'braun, frühzeitig abblätternd	Bl.trauben 5—11bl., Krb. 4—5, übereinander greifend, groß, **weiß.** K.saum 4—5teilig, Staubb. 20 bis 40. Gr. tief 4spaltig, Kapselfr. meist 4lappig. Mai, Juni	Reichbl. Strauch. H. 1,25—3 m. * Bl. von betäub. Wohlgeruch! Südeuropa In Gärten u. Anlag. Bisweilen verwildert (Steiermark). Sommergrün	**Pfeifenstrauch** Falscher Jasmin **Philadélphus coronárius** **(55)**
Länglich bis verk.-eif., zugespitzt, 6—8 cm lang, 3—4 cm breit. B.st. kurz	B. gesägt, obers. lebhaft grün, kahl, unters. auf den Nerven dicht weichha., am Grunde gewimpert, fiedernervig	Junge Zw. 2streifig, behaart	Bl. achselst., rispig-gehäuft, K. 5zipflig, unterhalb verwachsen. Blkr. **rosa** bis **weiß,** etwa 3 cm lang, aus röhrigem Grunde trichterglockig. Saum 5spaltig, Staubb. 5, Fr.kapsel 2fächerig. Mai bis August	Strauch. H. 1—2 m. Nordchina, Japan. Angepflanzt in verschiedenen Züchtungen. Sommergrün	**Schönblühende Weigelie** **Weigéla flórida** (Diervillea fl.) **(64)**

Echte Hortensie

Schönblühende Weigelie

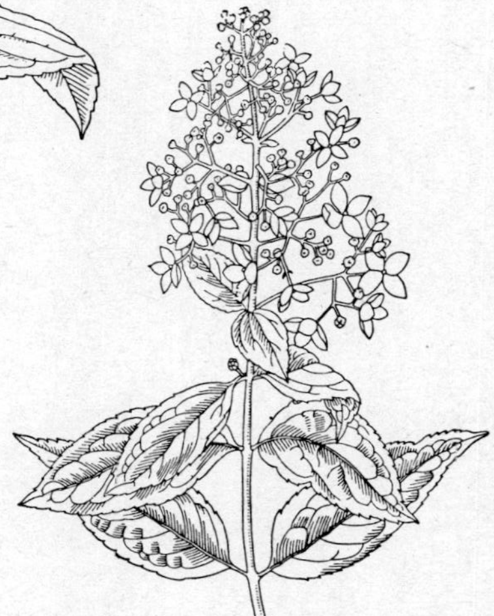

Rispige Hortensie

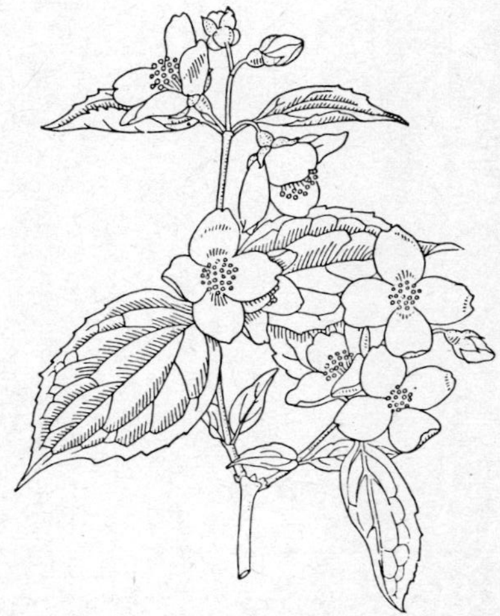

Pfeifenstrauch

Laubhölzer, Sträucher

Blätter einfach — gegenständig — gelappt

Blatt	Besonderes	Stamm	Blüte, Frucht	Sonstiges	Name
Ahornähnlich, 3—5lappig, langgest., bis 12 cm lang. B.st. kahl, mit Drüs. Nebenb. borstenf.	B. Lappen buchtig-gezähnt, zugespitzt, beiders. grün, obers. kahl, unters. weichhaarig, fiedernervig	Zw. biegsam, kahl. R. h'grau	Bl. in endst., schirmf. Dolden, kahl. Randbl. unfruchtb., radf., 5zipflig, **weiß,** viel größer als die übrigen. Inn. Bl. fruchtb., kurzglockig, weiß od. rötlichweiß. Beere kugelig, **scharlachrot,** mit rotem Stein, hängt im Winter am Strauch. Mai, Juni	Ästiger Strauch. H. 1,75—3,75 m. Wälder, feuchte Gebüsche, Flußufer, häufig angepflanzt mit Dolden, die **nur** aus Randblüten bestehen. Sommergrün	**Schneeball** **Vibúrnum ópulus** **(64)**
Lanzettlich, zugespitzt, am Grunde breiter, 3—6 cm lang	B. zuweilen leicht 3lappig, frischgrün, fiedernervig	Zw. aufrecht, überhängend, ± kantig	*Bl. wohlriechend, 1 cm lang, in langen, lockeren Rispen. Kr. **blau-lila** oder **weiß.** Saum etwas vertieft. Mai, Juni	Strauch. H. 1—3 m. Angebl. aus Persien, angepflanzt. Sommergrün	**Persischer Flieder** **Syrínga pérsica** **(65)** S. 52
Blätter einfach	**wechselständig**	ganzrandig			
Linealisch, stumpflich oder spitz 5—8 cm lang, in einen kurzen St. verschmälert	B. obers. graugrün, kahl, unters. silberweiß-schülferig. Seitenadern wenig auffällig. Kn. mit schülferigen Schuppen	St. aufrecht, sehr ästig. Ä. scharf dornspitzig, d'grau	Bl. 2häusig, vor den B., kurze Ähren bildend. Kb. **rostrot.** Bl. klein, oft büschelig, Scheinfr. (Beere) klein, **orangefarben,** säuerlich, eßbar April, Mai	Sparriger Strauch, selten kleiner Baum H. 1—3,5 m. Auf den Dünen der Nord- u. Ostseeküste, Flußufer der Alpenflüsse, auch als Zierstrauch angepfl. Sommergrün	**Sanddorn** Seedorn **Hippóphaë rhamnoídes** **(51)** S. 18, 130
B. langgestielt, länglich-eif., am Grunde oft herzf.; oberste B. spießf. oder geöhrt, 3zählig	B. kahl	St. strauchartig, am Boden liegend oder kletternd	Doldentraube, K. 5spaltig, Blkr. radf., Saum 5zipflig, **violett,** am Grunde grünfleckig, selten weiß. Beerenfr. eif., **rot,** Geschmack süßlichbitter. Juni bis August	Halbstrauch, bis 3 m hoch kletternd. *B. u. R. von unangenehmem Geruch. Pflanze u. Beeren † Giftig! Ufer, feuchte Gebüsche, häufig. Sommergrün	**Bittersüß** Bittersüßer Nachtschatten **Solánum dulcamára** **(61)**

Bittersüß

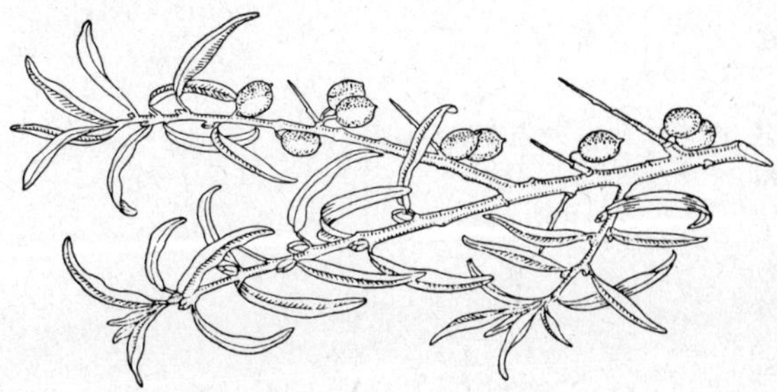

Sanddorn

Persischer Flieder

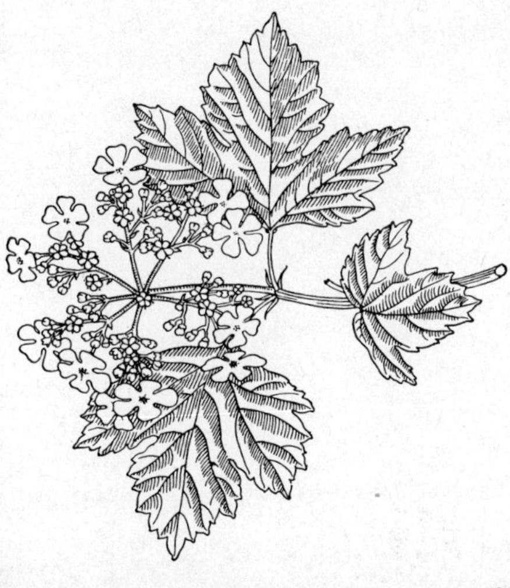

Schneeball

Blatt	Besonderes	Stamm	Blüte, Frucht	Sonstiges	Name
Länglich-verkehrt-eif.	B. lederartig, glänzend, obers. eingedrückt-netzadrig, unters. blaßgrün, nicht punktiert (kahl)	Zw. wurzelnd, bis 50 cm lang, kahl oder schwach filzig	Bl. klein, in endst. überhängenden 3—10blütigen Trauben. Blkr. krugf., 5zipflig, wachsartig, **weiß** oder **rosenrot.** Steinfr. kugelig, **dunkelrot,** glänzend-glatt. April, Mai	Nied.lieg. ästiger Str. 0,3—1 m lang. Heiden, Nadelwäld., trock. Gräb., zuweil. ganze Strecken überziehend. Immergrün	**Gemeine Bärentraube** **Arctostáphylos úva-úrsi** (56)
Lineal-lanzettlich bis breit-lanzettl., etwa 3 mm breit, am Rande umgerollt, kurz gestielt	B. rosmarinähnlich, glänzend, obers. meist kahl, unters. dicht rostrot-filzig, nicht schuppig, fiedernervig	St. quirlig verzweigt, Zw. aufr. abstehend, junge rostrot, filzig	Bl. langgestielt, in reichbl., endst. Dolden, später überhängd., Kr. 5blättr., **weiß** oder **rosenrot,** zottig behaart. K. 5spaltig. Staubb. 10. Fr.kapsel eif., dünnfilzig, hängend. Mai bis Juli	Str. H. 0,5 bis 1,25 m. *Pflanze gewürzhaft riech., i. Alt. widr. betäub. Sumpf. torf. Ort., bes. im östl. Deutschland. Immergrün. Giftig †!	**Porst** Sumpfporst **Lédum palústre** (56)
Schmal-lanzettlich, 1—3 mm breit, am Rande umgerollt	B. obers. glänzend, dunkelgrün, unters. matt-bläulich-weißl.	St. aufrecht oder nur am Grunde liegend	Bl. in endst. Traubendolden, 1—4bl., nickend, langgestielt; Blkr. eif., 5sp., **rosenrot.** K. rosenrot. Fr. Kapsel Mai, Juli, Oktober	Strauch, 15—50 cm. Torfmoore, nasse Heiden, zerstreut. *Pflanze streng duft. Immergrün	**Gränke,** Pólei-Gränke Rosmarinheide **Andrómeda polifólia** (56)

Die Alpenrosen sind gekennzeichnet durch einfache und meist ganzrandige oder gewimperte, wechselständige, immer- oder sommergrüne Blätter, endständige, doldenähnliche (!), traubige Blütenstände. Die Blumenkrone ist meist glocken-, trichter- oder radförmig, die Staubblätter sind meist abwärts gekrümmt. Die Alpenrosen unserer Gärten sind fast durchweg Kreuzungen.

Blatt	Besonderes	Stamm	Blüte, Frucht	Sonstiges	Name
Länglich-lanzettlich, bis 6 cm lang, Rand kahl, etwas umgerollt	B. lederartig, obers. glänzend, d'grün, mit vertieftem Adernetz, unters. dicht punktiert, anfangs gelbl., später rostrot	Ä. unterwärts auf lange Strecken blattlos	Bl. gestielt in Doldentraub., K.zähne kurz, eiförmig, Blkr. schiefglock., 5zipflig, **d'purpurrot,** inn. behaart, auß. drüsigpunktiert, Röhre kurz, Staubblätter 10, Kapselfr. Juni bis August	Strauch. H. bis 1,50 m. Alpen, auf kieshaltig. Boden, in d. Tälern auf Moorboden. Immergrün	**Rostrote Alpenrose** **Rhododéndron ferrugíneum** (56)

Rostrote Alpenrose

Gränke

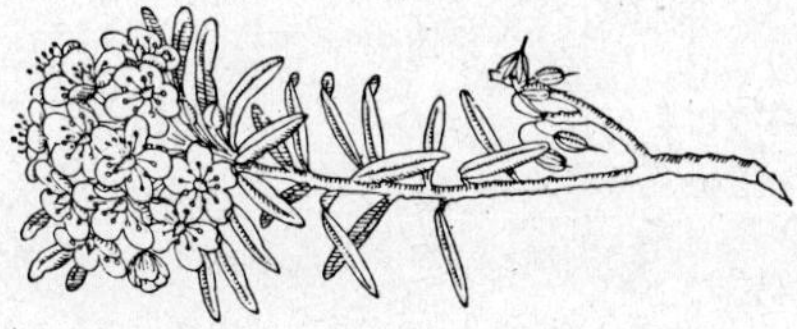

Porst

Gemeine Bärentraube

Blatt	Besonderes	Stamm	Blüte, Frucht	Sonstiges	Name
Elliptisch oder länglich-verkehrt-eif., bis 3,5 cm lang, nicht umgerollt	B. lederartig, am Rande borst. gewimpert, obers. frischgrün, eng netzadrig, unters. heller, mit wenigen, anfangs gelben, später rostbraunen Punkten	Ä. kurz, dicht verzweigt	Bl. gestielt in Doldentrauben. K.zähne längl.-lanzettl. Blkr.schiefglock., 5zipfelig, **rosarot,** selten **weiß,** Kr.röhre innen behaart, auß. drüsig punkt., Kapselfrucht. Juni, Juli	Reichbeblätterter, immergrün. Strauch. H. bis 1 m. Nur in d. Alpen, besonders auf Kalkboden, bisweilen in die Täler absteigend. Immergrün	**Grüne Alpenrose** Rauhhaarige Alpenrose Almenrausch **Rhododéndron hirsútum** **(56)**
Verkehrt-eif. bis lanzettlich, 9—20 cm lang, lederartig, 4—7 cm breit, Blattstiel 2—3 cm lang	B. obers. tief d'grün, unters. grauweißlich oder leicht gebräunt	Junge Triebe mit rostroten Drüsenhaaren	Bl.stand vielbl. Bl. **rosa** bis **weißlich** mit ± gelben Tupfen, glockig, etwa 2,5 cm lang und 3,5 bis 5 cm breit. Bl.stiele behaart, 2—5 cm lang. 10 Staubgefäße. Fruchtknoten dicht drüsenhaar. Juni bis Juli	Strauch. H. 1—4 m. Nordamerika. Immergrün	**Größte Alpenrose** **Rhododéndron máximum** **(56)**
Spitz-elliptisch bis verkehrt-eilänglich, 3—6 cm lang	B. gewimpert, oben grün, kahl fiedernervig	Zw. leicht behaart oder kahl	Bl. **weiß** oder **rosa,** kurz vor den B. erscheinend, duftlos. Bl.stiele und K. nicht drüsig behaart. Gr. bis zur Mitte behaart. Fr. drüsenlos. April bis Mai	Aufrechter Strauch. H. 1—2 m. Nordamerika. Sommergrün	**Nacktblütige Alpenrose** **Rhododéndron nudiflórum** **(56)** vgl. auch S. 18

Es sind heute weit über 100 Arten aus Nordamerika und Ostasien bei uns in Kultur, dazu Neuzüchtungen und Kreuzungen, deren Stammeltern nicht sicher bekannt sind. Neuerdings treten vor allem die Catawbiense-Hybriden in den Vordergrund, auch die niedrigen großblütigen Obtusum-Züchtungen. Eine sichere Unterscheidung ist kaum noch dem gewiegten Spezialisten möglich. (Vgl. S. 16)

Blatt	Besonderes	Stamm	Blüte, Frucht	Sonstiges	Name
Eilängl., zugespitzt, am Rande umgerollt, 3—10 mm lang	B. obers. glänzend, dunkelgrün, unters. aschgrau, undeutlich netzadrig	St. kriechend, mit fadenf., liegenden Ä. bis 30 cm lang	Bl. nickend, langgestielt, zu 1—4 in endst. Dolden. Kr. radf., tief, 4teilig, Zipfel zurückgeschlagen, **h'purpurn.** Beeren groß, langgestielt, **rot,** nach Durchfrieren genießbar. Mai bis Juli	Kleiner Strauch. Torfsümpfe, sehr zerstreut. Immergrün	**Moosbeere** **Vaccínium oxycóccus** **(56)**

Grüne Alpenrose

Moosbeere

Größte Alpenrose

Nacktblütige Alpenrose

Blatt	Besonderes	Stamm	Blüte, Frucht	Sonstiges	Name
Verkehrt-eif., stumpf, am Rande etwas umgerollt, fast sitzend	B. derb, obers. mattgrün, unters. blaugrün, stark netzadrig, ohne Punkte, im Herbst abfallend	Zw. aufsteigend, stielrund, meist bräunlich, jung behaart, bald kahl	Bl. zu 1—4 in endst. Dolden. Kr. kugel- oder krugförmig, 4—5 zählig, **weiß** oder **rötlich.** Beeren **schwarz,** blau bereift, nicht färbend, Geschmack fade. Mai, Juni	Kleiner Halbstrauch H. 0,3—1 m. Moorbrüche, torf. Heidegegenden, stellenweise. Sommergrün	**Trunkelbeere** Rauschbeere Moorbeere **Vaccínium uliginósum (56)**
Verkehrt-eif. oder elliptisch, stumpf, od. undeutl. gekerbt. am Rande etwas zurückgerollt	B. lederartig, glänzend, obers. d'grün, unters. hellgrün, braun-drüsig-punkt., fiedernervig	St. aufrecht oder aufsteigend, stielrund, spärlich verzweigt. Zw. grünrindig, kurzfilzig	Bl. nickend, in kleinen zweigendst. Trauben. Blkr. glockig, 4—5 zählig, **weiß** bis **rosa.** Gr. länger als die Kr. K. 4- bis 5zählig. Beerenfr. kugelig, **scharlachrot,** herbsüß. Mai, Juni, Aug. bis Okt.	Kleiner Halbstrauch. H. 10—15 cm Besond. in Kiefernwäldern, auf Sandboden. Immergrün	**Preißelbeere** Krons-Beere Grantl **Vaccínium vítis-idāea (56)**
Lanzettlich od. elliptisch, plötzlich in eine Stachelspitze auslaufend; untere B. kleiner, verkehrt-eif.	B. lederartig immergrün	St. holzig	Endst. Traube, 1—3bl., Kr. unregelmäßig, **gelb** oder **braunrot.** Vordere Krb. 4lappig, K. 5b., davon die 2 seitlichen Kb. flügelf. und wie Blkr. gefärbt. Fr.kapsel zsm.gedrückt. Mai bis Juli	Kleiner Halbstrauch. H. 5—15 cm. Auf Kalkboden. Wälder, Gehölze, Heiden, besond. der Kalkalpen, stellenweise häufig. Immergrün	**Buchsblättrige Kreuzblume** Zwergbuchs **Polýgala chamaebúxus** (Chamaebúxus alpéstris) **(31)**
Lanzettl. bis schmal-elliptisch, spitz, keilförm., in den St. verschmälert, rosettig stehend	B. graugrün, flach, fiedernervig	Zw. rutenf., teils aufrecht, teils überhängend, oft dornig	*Bl. wohlriechend, zu 1 bis 5 in den B.achseln. Bl.stiele kürzer als die B., K. glockig, 2lippig, Blkr. **lila-purpurn,** trichterf., Staubb. 5. Beere ei-länglich, **scharlachrot.** Juni bis September	Strauch. H. 1—3 m. Zierstrauch aus dem Mittelmeergebiet, zu Hecken, zur Befestigung von Dämmen u. Abhängen angepfl. † Giftig! Sommergrün	**Bocksdorn** Meldenblättriger Teufelszwirn **Lýcium halimifólium (61)**

Trunkelbeere

Zwergbuchs

Preißelbeere

Bocksdorn

Blatt	Besonderes	Stamm	Blüte, Frucht	Sonstiges	Name
Elliptisch-länglich, spitzlich, 1—2 cm lang	B. grasgrün, am Rande nebst den Ä., Bl.st., Kelch und Hülsen rauhhaarig, fiedernervig	St. aufsteigend oder aufrecht, oberwärts ästig, unterw. meist stark dornig, rauhha. Blattriebe dornenlos	Bl.stand traubig, endst., Schmetterlingsbl., lebhaft **gelb**, Deckb. pfriemlich, halb so lang wie das Bl.-stielchen, Hülsen oval-länglich, rauhhaarig, 6 bis 9 mm lang. Mai, Juni	Strauch. H. 30—60 cm. Trockene Wälder, Hügel, sand. Wiesen, nicht selten. Sommergrün	**Deutscher Ginster** **Genísta germánica** (27)
Lineal-länglich an d. unfruchtbaren Ä., an den blütentragenden oval, 6—8 mm lang	B. blaugrün, fiedernervig	St. ästig, niederlieg., aufsteigend oder aufrecht, unterwärts dornästig, ungeflügelt	Bl.stand traubig, endst., Schmetterlingsbl., **goldgelb**, Deckb. laubblattartig, oval, länger als der Bl.stiel. Hülsen länglich. Mai, Juni	Strauch. H. 10—80 cm. Pflanze ganz kahl! Heiden, lichte Wälder, sonst zerstreut. Sommergrün	**Englischer Ginster** **Genísta ánglica** (27)
Länglich-lanzettlich, stumpf, 6—15 mm lang	B. oben d'grün, kahl, unters. nebst Ä., Bl. stielen, K., Fahne, Schiffchen u. Hülsen seidenhaarig, fiedernervig	St. dornenlos, niederliegend oder aufsteigend. Zw. stielrund oder kantig, nicht geflügelt	Schmetterlingsbl., **goldgelb**, zu 1—3, blattachselst., an den Zw.enden oft traubenartig gehäuft. Hülsen länglich-lineal, 16 bis 28 mm, angedrückt behaart. April bis Juni, oft nochmals im Herbst	Strauch. H. 10—30 cm. Nadelwälder, Heiden, sonnige Hügel. Sommergrün	**Behaarter Ginster** **Genísta pilósa** (27)
Länglich-elliptisch, fast sitzend, 1—2,5 cm lang	B. kahl, obers. dunkelgrün, am Rande fiedernervig, gewimpert	St. dornenlos, niederliegend oder aufsteigend, oft besenartig verzweigt Zw. gefurcht, nicht geflügelt	Traube dicht ährenf., endst., vielbl. Schmetterlingsbl., **goldgelb**, Fahne zurückgeschlagen, Kiel u. Flügel abwärtsgerichtet. K., Kr. und Hülsen kahl, Hülsen lineallängl., 25 bis 30 mm lang. Juni, Juli	Strauch. H. 0,30—1 m. Trockene Wiesen, Triften, Wälder, oft massenh. auftretend. Sommergrün	**Färber-Ginster** **Genísta tinctória** (27)
Länglich-verkehrt-eif., fast sitzend, oder 3zählig, gestielt, **ganzrandig**	Alle B. weichbehaart, fiedernervig	St. aufrecht, nebst d. grünen, rutenf. Ä. scharfkantig, gefurcht	Schmetterlingsbl., einzeln oder zu zweien, blattwinkelst., sehr groß, **gelb**, selten **weiß**. Gr. uhrfederartig eingerollt, aus dem Schiffchen heraustretend. Hülsen an den Nähten abstehend behaart. Mai, Juni	Strauch. H. 1—2 m. Wälder, sandige Heiden, auf kalkarmem Boden, häufig. Sommergrün	**Besen-Ginster** Besenstrauch, Brahm **Cýtisus scopárius** (Sarothámnus sc.) (27)

Besenginster

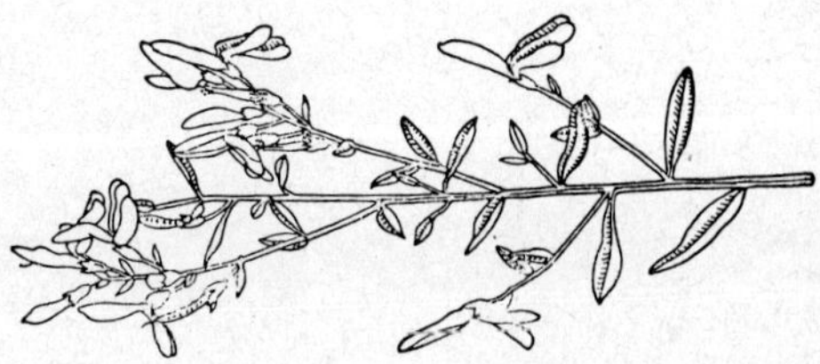
Färber-Ginster

Englischer Ginster

Behaarter Ginster

Deutscher Ginster

Blatt	Besonderes	Stamm	Blüte, Frucht	Sonstiges	Name
Rundlich-eif., kurz zugespitzt, 3—5 cm lang	B. obers. kahl, unters. dicht weiß- bis graufilzig, sattgrün, mit deutlichem Adernetz, fiedernerv.	Dichtzweigig, breitwachsend, Zw. zuweilen filzig, später kahl, glänzend, R. dunkel	Bl. sehr klein, glockig, **blaßrot,** in achselst., 1 bis 3bl., überhängenden Bl.ständen. Fr. erbsengroß, meist 2—3kernig, kahl, **blutrot,** hängend. April, Mai	Aufrechter Strauch. H. 1—2 m. Steinige Hügel, stellenweise in Mittel- u. Süddeutschl., bisweilen angepfl. Sommer- oder immergrün	**Echte Zwerg-Mispel** **Cotoneáster integérrima** (C. vulgáris) (26)
Breit-eif. oder fast rundlich, kurz zugespitzt, bis 1,5 cm lang. Blattstiel bis 1 cm lang	B. lederig, obers. glänzend d'grün, unters. heller, mit gelblichen Borstenhaaren, später kahl, fiedernervig	Zw. an den Ä. zweizeilig angeordnet. Zw. horizontal ausgebreitet, fast ganz am Boden liegend	Bl. 1—2, zahlreich, klein. K.zähne 3eckig, Blb. 5, aufrecht, **rosa.** Staubb. 10, Staubbeutel gelb. Fr. mit 3 Steinen erbsengroß, **korallenrot.** Fr.kelch aufrecht. Mai, Juni	Buschiger Zwergstrauch, kaum über $^3/_4$ m hoch. China. Sommer- oder immergrün	**Niedrige Zwerg-Mispel** **Cotoneáster horizontális** (26)
Oval, stumpf-abgerundet, Nebenb. vorhanden	B. obers. schwach behaart, unters. weißfilzig	Ä. behaart, dornenlos	Doldentrauben 2—8bl., K. und Bl.stiele wolligweißfilzig, Krb. **weißrötlich,** aufrecht, Kb. kürzer als die Krb. Apfelfr. erbsengroß, reif **rot,** aufrecht. April bis Juni	Strauch, $^1/_2$—2 m. Besonders auf Kalkboden, zerstreut in Felsgeröll der Alpen. Sommergrün	**Filzige Zwerg-Mispel** **Cotoneáster tomentósa** (26)
Oval bis lineallanzettlich, mit scharfer, meist zurückgekrümmter Spitze, am Rande flach oder umgerollt, bis 6,5 cm lang, 2,2 cm breit Nebenb. lanzettlich	B. meist ganzrandig oder fein gezähnt, obers. sattgrün, kahl, beim Verw. schwarz werdend, unters. blaugrau, seidenha., fiedernervig	Hauptstamm unterirdisch kriechend. Ä. schlank, dünn, junge behaart oder filzig, ältere kahl, braun oder gelb	Kätzchen vor den B. erschein., bis 1,5 cm lang. Kätzchenschuppen am Rande lg. behaart. Spitze **d'braun** oder **purpurn.** Frkn. behaart, seltener kahl, der St. 3—4mal so lang wie die Drüs.Gr. kurz Narben gelb oder rötlich. April, Mai	Strauch, mitunter ausgedehnte Polster bildend. H. bis 1 m. Moore, Sumpfränder, auch an Wegen. Nicht selten. Sommergrün	**Kriech-Weide** **Sálix répens** (5) S. 24

Echte Zwergmispel

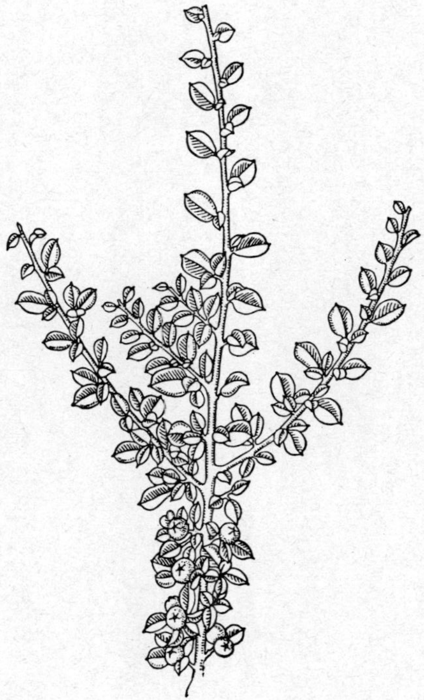
Niedrige Zwergmispel

Filzige Zwergmispel

Kriech-Weide

Blatt	Besonderes	Stamm	Blüte, Frucht	Sonstiges	Name
Grund keilf., lineal-lanzettlich, lang zugespitzt, bis 1,5 cm breit und 13 cm lang, Rand umgerollt. Nebenb. lanzettlich-linealisch, kürzer als der Blattstiel	B. fast ganzrandig, am Rande undeutlich ausgeschweift, obers. trübgrün, zerstreut behaart, unters. dicht weißseidig behaart, schimmernd, Adernetz hervortretend, fiedernervig	Zw. schlankrutig, dichtbeblätt., grünlich, grau od. braun, anfangs dicht grau behaart, später ± kahl	Männl. Kätzchen längl., weibl. später zylindrisch, dichtbl., fast sitzend. Kätzchenschuppen schwarzbraun mit **silberweißen** Ha. Frkn. eikegelf., filzig. März, April	Strauch, sehr selten baumartig, H. bis 4 m, Ufer, Gebüsche, häufig; oft angepfl. Sommergrün	**Korb-Weide** **Sálix viminális** (5)
Gestielt, lanzettlich bis verkehrt-eif.	B. beiders. seidig-zottig, h'grau-weiß-filzig, später kahl und obers. glänz.-grün, Nebenb. eif.-spitz	Zw. aufrecht, gelbbräunlich, glänzend	Kätzchen langgestielt, aufrecht, **mit** den B. erscheinend, dichtbl., zylindrisch, seitlich an vorjährigen Trieben; Kätzchenschuppen **hellgelb,** Spitze **rötlich.** 2 Staubb. Juni bis Juli	Aufrechter, verästelter Str., H. bis 1 m. Schweiz, Tirol, fehlt i. Bay.; gern an feucht. Ort., a. Gletsch.bäch. nicht auf Kalkbod.! Sommergrün	**Seegrüne Weide** Filz-Weide **Sálix glaūca** (5)
Sehr kurz gestielt, klein, verkehrt-eif. oder längl.-keilf., vorn meist stumpf od. etw. ausgerandet	B. kahl, ganzrandig, beiders. d'grün, im Herbst goldgelb verfärbt	Ä. stark knorrig	Kätzchen 5—10bl., endständig (!) an den beb. Zw., Kätzchenschuppen **gelb,** Frkn. kurz gestielt, kahl, walzenförmig. Juli bis August	**Zwergstr.,** kriech.! Stein. Stell., Schutthald., mag. Weiden, gern auf Kalkboden! Sommergrün	**Stutz-Weide** Stumpfblättrige Gletscherweide **Sálix retúsa** (5)
Langgestielt, breit-elliptisch, 2—4 cm lang, Rand umgerollt	B. unters. seidig-behaart (später kahl), bläulich-grün, netzaderig mit rötlichen Adern, die deutlich hervortr., obers. d'grün, lederig; Nebenb. fehlend	B.st. ohne Drüsen, St. kriechend und wurzelnd	Kätzchen langgestielt, endst. an den beb. Zw., Kätzchenschuppen **rötlich,** 2 Staubb., Frkn. rötlich-filzig. Juli bis August	**Zwergstrauch,** kriechend! Steinige Stellen, Schutthalden (Geröll der Moränen) der Alpen. Sommergrün	**Netz-Weide** Netzadrige Gletscherweide **Sálix reticuláta** (5)
An den Zweigenden, büschelig, lineal-keilf., bis 1 cm breit, 1—4 cm lang	B. hellgrün, hautart., beiders. mit angedrückten Haaren, fiedernervig	Zw. behaart	*Bl. sitzend, einzeln an den Zw.enden gedrängt, **weiß,** duftend. Krb. fehlend, Kb. 4, zugespitzt. Frkn. dicht behaart. Beere rötlich. Juni	Strauch. H. bis 20 cm. Südliche Alpen. † Giftig! Sommergrün	**Alpen-Seidelbast** **Dáphne alpína** (50)

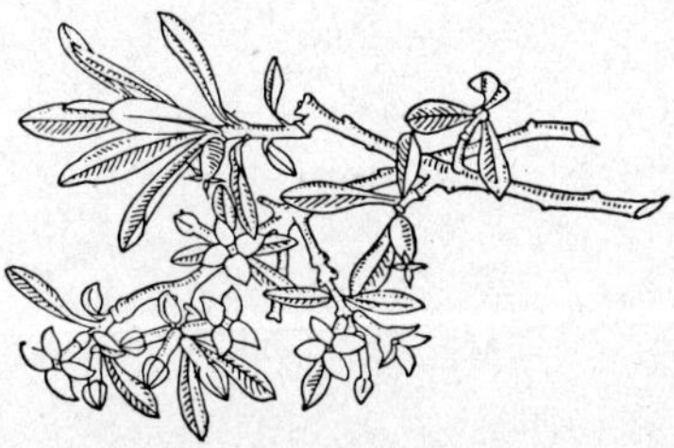

Alpen-Seidelbast

Stutz-Weide

Korb-Weide

Seegrüne Weide

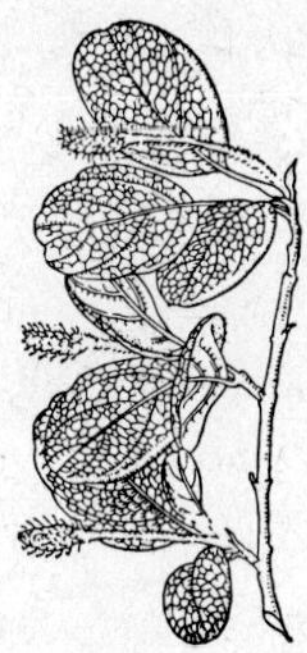

Netz-Weide

Laubhölzer, Sträucher

Blätter einfach · wechselständig · ganzrandig

Blatt	Besonderes	Stamm	Blüte, Frucht	Sonstiges	Name
Mehr gleichmäßig verteilt, linealisch-keilf., etwa 1,5 cm lang, 3 mm breit	B. kahl, oben d'grün, glänzend, unten blaugrün, stachelspitzig, fiedernervig	Zw. kurz-filzhaarig	6—10 Bl. endst., büschelig, kurzgestielt, **rosenrot.** Deckbl. und Bl.-achse flaumig. Beere zuletzt braun, trocken. Mai, Juni	Strauch. H. 10 bis 30 cm. Pflanze meist liegend, *Bl. wohlriechend. Trockene Wälder. Selten. † Giftig! Immergrün	**Heideröschen** Wohlriechender Seidelbast Steinrösl **Dáphne cneórum** (50)
Fast büschelig, lanzettlich, am Grunde keilf.-verschmälert, sitzend, im Herbst abfallend	B. obers. h'grün, unters. graugrün, kahl, fiedernervig, weich	St. aufr., verzweigt. R. runzlig, gelblichgrau mit braunen Wärzchen. Bast seidenartig	Bl. vor den B. erschein., seitenst., sitzend, meist zu 3 in den B.achseln, eine unterbrochene Ähre bildend. Bl. **rosenrot,** röhrig, 4zipfelig. K. fehlt. Steinfr. erbsengroß, erst grün, dann **rot,** saftig. März, April	Strauch. H. bis 1,25 m. * Bl. wohlriechend, Pfl. zerrieben widerlich † Giftig! Laubwälder, sehr zerstreut. Sommergrün	**Gemeiner Seidelbast** Kellerhals **Dáphne mezéreum** (50) S. 16
An den Zweigenden rosettig gehäuft, lineal-keilf., 16—18 mm lang, nicht über 5 mm br.	B. sitzend, bläulichgrün, kahl, fiedernervig, dünn, lederig	Stamm 3zähligverästelt, aufrecht. Zw. kahl	8—12 Bl. endst., büschelig, sitzend, Krb. **4, h'purpurn,** fein längsstreifig, außen kahl. Kelch fehlt! Beere gelb, zuletzt braun. Juli	Strauch. H. 10—20 cm. Im gesamten Alpengeb., besond. in der Krummholzregion. Immergrün. * Stark duftend!	**Gestreifter Seidelbast** Steinröschen Alpenflieder **Dáphne striáta** (50)

Blätter einfach · wechselständig · gesägt · gezähnt · gekerbt

Blatt	Besonderes	Stamm	Blüte, Frucht	Sonstiges	Name
Kurz gestielt, verkehrt-eif., an Kurztrieben büschelständig	B. dornig-gesägt, grün, Langtriebe mit 3teiligen Dornen B. fiedernervig	Ä. gertenf., rötlich. R. h'grau, bitter Holz gelb, äußerst hart	*Bl. in seitenst., vielbl. hängenden Trauben. Blb. 5—6, **gelb,** Staubf. reizbar. Kb. meist 6, grünlich-gelb. Beeren länglich-rund, **gelb oder scharlachrot,** sauer. Mai, Juni	Str. H. 1,25—2 m. Sonnige Hügel, lichte Wälder, Hecken, häufig angepflanzt. Sommergrün. Beeren i. d. Küche verwendbar	**Berberitze** Sauerdorn **Bérberis vulgáris** (17)

Heideröschen

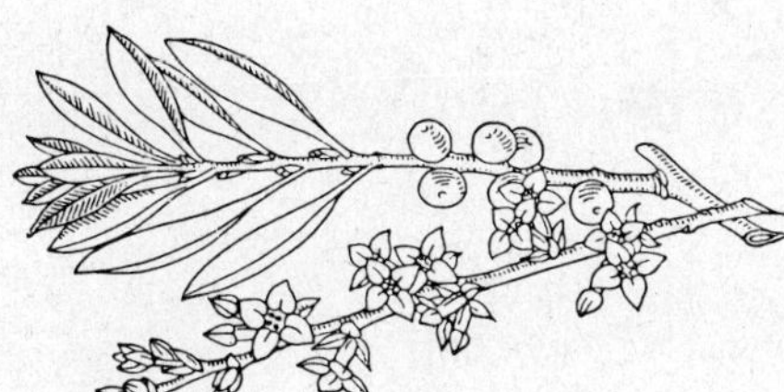
Seidelbast

Gestreifter Seidelbast

Berberitze

Blatt	Besonderes	Stamm	Blüte, Frucht	Sonstiges	Name
Breit- bis rundlich-eif., spitzlich, 3—4 cm lang, 2,5—3,5 cm breit	B. scharf und dicht doppelt-gesägt, jung klebrig, beiders. grün, kahl, nur unters. in den Adern bärtig, fiedernervig, Kn. sitzend, spitz	Junge Zw. behaart, später graubraun, Mark im Querschnitt dreieckig	Männl. Kätzchen überwinternd, im ersten Alpenfrühling aufbrechend, ungestielt. Nüßchen breit geflügelt. Mai bis Juni	Strauch. H. 1 bis 2,5 m. Alpen, Karpaten (bis 2000 m emporsteigend), feuchte, schattige Nordhänge, sehr zerstreut. Angepflanzt. Sommergrün	**Grün-Erle** **Alnus víridis** (8)
Rundlich-eiförmig, deutlich länger als breit, im Mittel 1 bis 3 cm lang	B. ungleich gesägt, stumpf, beiders. grün, anfangs behaart, mit 4—5 Nervenpaaren, Adernetz hervortretend	Zw. jung behaart, ± dicht mit Harzdrüsen besetzt, R. graubraun	Fruchtkätzchen wie die männlichen aufrecht, sehr kurz gestielt. Fr.flügel viel schmäler als die Nuß. April, Mai	Strauch. H. 0,5—3 m. Torfmoore, sehr zerstreut. Sommergrün	**Niedrige Birke** **Bétula húmilis** (8)
Breiter als lang oder kreisrund, 6—12 mm lang	B. stumpf-gekerbt, unterseits mit hervortretendem Adernetz, fiedernervig	Zw. oft niedergestreckt, junge behaart, ohne Harzdrüsen. R. graubraun	Weibliche Kätzchen sitzend, vor den B. erscheinend. Kätzchenschuppen ungeteilt oder 3sp., Flügel mehrmals schmäler als die Nuß. Mai	Strauch. H. 0,3—0,6 m. Torfmoore im Norden; selten Sommergrün	**Zwerg-Birke** **Bétula nána** (8) S. 28
Länglich-eif., spitz, ganz kurz gestielt. 1,5—2,5 cm lang	B. fein gesägt, krautig, beiders. grün, kahl, im Herbst abfallend, fiedernervig	St. aufrecht od. aufsteigend, scharfkant., stark verzweigt	Bl. einzeln, achselst. kurzgestielt, hängend, krugf. oder kugelig, mit 4—5 zurückgebogenen Zähnen, **grün, rötlich** überlaufen. Beeren **schwarzblau,** bereift, saftig, stark rotfärbend. April bis Mai, zum 2.mal im Sommer	Halbstrauch. H. 15—30 cm. Lichte Wälder, auf Waldwiesen u. Heiden. Sommergrün. Heidelbeere, eßbar	**Heidelbeere** Bickbeere Blau-Beere **Vaccínium myrtíllus** (56)
Länglich-verkehrt-eiförmig	B. krautig, dünn, beiders. netzaderig, klein-gesägt, schwach bewimpert, sommergrün, im Herbst leucht. rot	St. hingestreckt, Endtriebe kurz	Bl. in kurzen, endst., 2—6bl. Trauben, Blkr. krugf., 5zipfelig, Gipfel zurückgeschlagen, **weiß** mit **grüner Spitze.** Steinfr. (Beere) kugelf., zuerst rot, später **blauschwarz,** saftig. Mai bis Juni	Zwergstr., niedlieg., 30—60 cm lang, an trockenen, felsigen Orten, im Krummholz u. Lärchenwald der Alpen, auf Kalkboden. Sommergrün	**Alpen-Bärentraube** **Arctóus alpínus** (Arctostáphylos a.) (56)

Grün-Erle

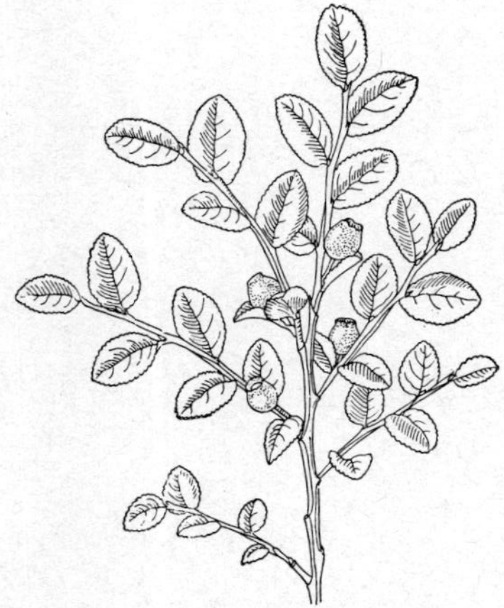

Heidelbeere

Niedrige Birke

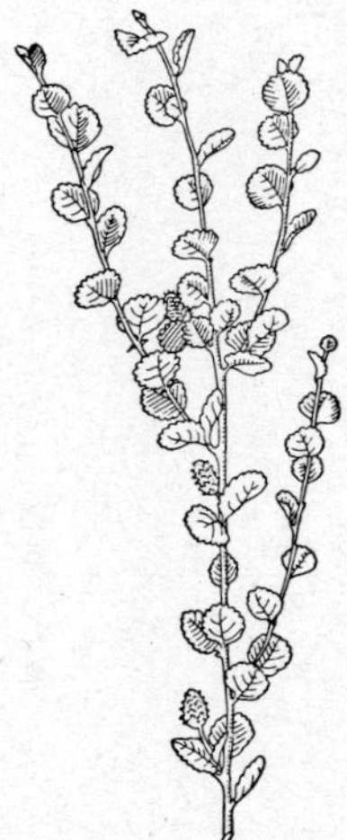

Zwerg-Birke

Alpen-Bärentraube

Blatt	Besonderes	Stamm	Blüte, Frucht	Sonstiges	Name
Länglich-herzf., stumpf, Rand umgerollt	B. gestielt, gekerbt, obers. glänzend-d'grün, kahl (kaum behaart), unters. weiß-filzig.	St. kräftig, Ä. leicht wurzelnd, niederliegend und mehrfach verzweigt	Bl. einzeln, langgestielt, groß, teils zwittrig, teils nur männlich. K. 8—9b., Blkr. 8—9b., **weiß.** Fr. bilden mit Gr. silbergraue Pinselchen. Mai bis August	Zwergstrauch, niederliegend, Rasen bild., H. 6—12 cm. In Alpen und Voralpen häufig an steinigen Orten, Schutthalden. Immergrün	**Silberwurz** **Drýas octopétala** (26)
Verkehrt-eif. bis lanzettlich in kurzen St. verschmälert, 5 cm lang, bis 1,5 cm breit	B. oberw. entfernt-gesägt, unterh. ganzrandig, derb, glanzlos, obers. d'grün, unters. blasser, dünnfilzig, fiedernervig	Zw. rutenf., d'braun, dicht beblättert, mit goldglänzend. Harzpünktchen besetzt	Bl. 2häusig, männliche Ähren zylindrisch, weibl. kurz, Gr. kurz, Narben fadenf., **purpurn.** Steinfr. 3spitzig, mit Harzpünktchen. April, Mai	Buschiger Strauch. H. 0,5—1,5 m. Torfmoore, Sümpfe in Norddeutschland. *Pfl. aromatisch. Sommergrün	**Gagel** Heide-Myrte („Porst" bei H. Löns) **Myríca gále** (6)
Eif. bis elliptisch. 4—10 cm lang und 2—6 cm breit	B. gesägt, obers. mattgrün, unters. ±behaart, graugrün, am Grunde 3nervig	Aufrecht u. schlankzweigig. Zw. rötlich oder grünlich, junge behaart	Bl. klein, in langgestielten traubenf., end- u. achselständ. Rispen, fliederartig. Kb 5, Krb. 5, **weiß, blau, violett** und **rosa,** löffelf. Spaltfr. mit 3—4 Nüßchen. Juni bis Herbst	Buschiger Strauch. H. etwa 1 m. Die meisten Pfl. unserer Gärten sind Bastarde. Nordamerika. Meist sommergrün	**Amerikanische Säckelblume** **Ceanóthus americánus** (42)
Teils büschelig, elliptisch, fast stumpf od. zugespitzt, 2—5 cm lang	B. klein-gesägt, oben d'grün, unten heller, Mittelnerv mit 3—8 gebogenen Seitennerven	Junge Zw. fein grau behaart, nicht dornig	Bl. 2häusig, Kr. klein, meist 4zählig, **weißlich.** Steinfr. klein, **schwarz.** Juni	Niederliegender, knorriger Strauch. H. 20—100 cm. Nur an Felswänden der Alpen. Sommergrün	**Zwerg-Kreuzdorn** **Rhámnus púmila** (42)
Eif., spitz oder fein zugespitzt. Stiele 1,5—2,5 cm lang	B. scharf gesägt, obers. lebhaft grün, unters. graugrün, weichha., später kahl, beim Austrieb ± gerötet, fiedernervig	Zw. überhängend, junge locker behaart, bald kahlend	Bl.stand bis 10 cm lang, meist nickend. Krb. keilig-verkehrt-eif. bis lineal-lanzettl., **weiß.** Bl. mit 5 bis zu $^2/_3$ verwachsenen kahlen Gr. Fr. anf. rot, zuletzt **blauschwarz,** süß, mit zurückgeschlagenen K.zipfeln Mai	Strauch. H. bis 10 m. Angepflanzt, zuweilen verwildert. Sommergrün	**Kanadische Felsen-Birne** **Amelánchier canadénsis** (26)

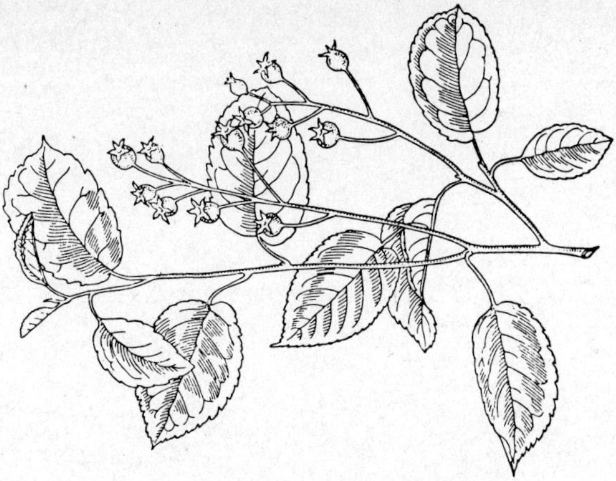

Kanadische Felsen-Birne

Zwerg-Kreuzdorn

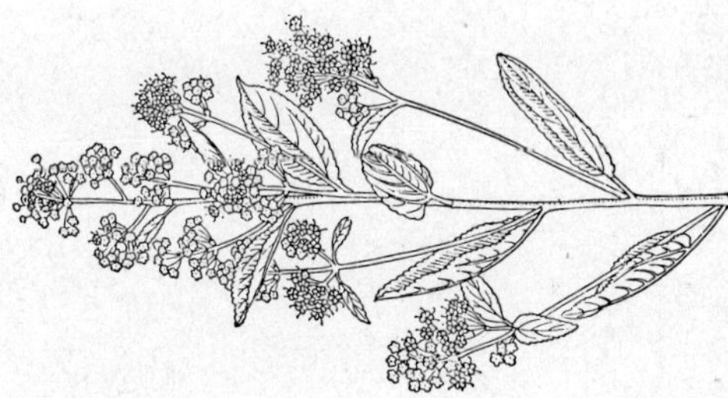

Amerikanische Säckelblume

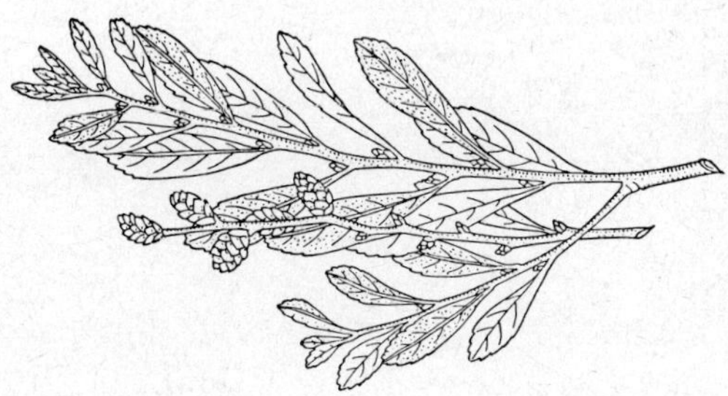

Gagel

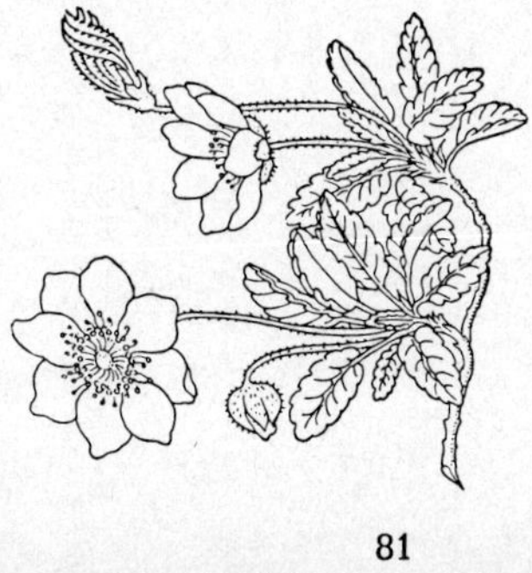

Silberwurz

Blatt	Besonderes	Stamm	Blüte, Frucht	Sonstiges	Name
Oval, 2—4 cm lang, gestielt, in der Kn.lage gefaltet	B. kerbig-gesägt, d'grün, anfangs unters. filzig, später kahl, fiedernervig	Zw. ohne Dornen, schlank, aufgerichtet	Bl. mit weißfilz. St., in wenigbl., am Ende eines beblätt. Zw. steh. Trauben. 5 Krb. **weiß**, lanzettlich-keilig. Gr. 5, getrennt. Fr. erbsengroß, kugelig, **blauschwarz**, mit zurückgeschlagenen K.-zipfeln. Eßbar. April, Mai	Strauch. H. 1,25—2 m. Bergabhänge, Felsspalten, selten. Als Zierstrauch angepflanzt. Sommergrün	**Felsen-Birne** **Amelánchier ovális** (A. vulgáris) **(26)**
Eif., stumpf oder zugespitzt, etwa 3—5 cm lang. Nebenb. kurz gestielt, nieren- od. halbherzf.	B. fein spitzig gesägt, etwas lederig, obers. glänzend, d'grün, unters. h'grün, fiedernervig	Einjährige Zw. glatt und kahl, dornig	Bl. zu 2—6 in doldenähnl. Traub. Kb. 5, dreieckig, stumpf, rötl., Krb. meist **scharlachrot**. Gr. am Grunde verwachsen. Apfelfr. 3,5—4 cm dick, kugelig, beiders. leicht vertieft, grün bis rot, sehr sauer. Ende März, April	Winterharter, dorniger Strauch. H. 0,80—2 m. Japan. Sommergrün	**Japanische Scheinquitte** **Chaenómeles japónica** (Ch. lagenária) (Cydónia japónica) **(26)**
Aus keilf. Grunde längl.-oval od. breitlanzettlich, mit aufgesetztem Stachelspitzchen, 4—8 cm lang, B.st. 1 cm lang	B. in der ob. Hälfte kerbig-gesägt, sonst ganzrandig, oben h'grün, unters. h'grau, fiedernervig	Zw. rund, aufrecht, kahl, wuchssperrig	Bl.trauben endst., gestielt, hängend. Blb. 5, verkehrt-eirund, kurz genagelt, **reinweiß**. Kb. 5 wimperig-gezähnt. Staubb. 10 bis 15, kürzer als die Blb. Fr. 5strahlig. Mai	Winterhart. Strauch. H. 3 m. Ostchina. Sommergrün	**Großblütige Blumenspiere** **Exochórda grandiflóra** (E. racemósa) **(26)**
Länglich-eif., lang zugespitzt, 8—10 cm lang, 2,5—3 cm breit. Nebenb. pfriemenf.	B. ungleich doppelt-, gesägt, fast eingeschnitten, lebhaft grün, fiedernervig	Zw. rutig, fein gestreift, glatt, glänzend, jüngere mit grüner Rinde	Bl. einzeln, endst., an kurzen Seitenzw. Blkr. 5-zählig, ohne Außenk. Kb. eif., **gelblich-grün**, bleibend. Krb. verkehrt-eirund, dottergelb. Staubb. zahlreich. Nußfr. braunschwarz, trocken. Mai	Strauch. H. 0,5—1,5 m. Bl. bei uns meist gefüllt! Japan und China. Sommergrün	**Japanische Kerrie** **Kérria japónica** **(26)**

Felsen-Birne

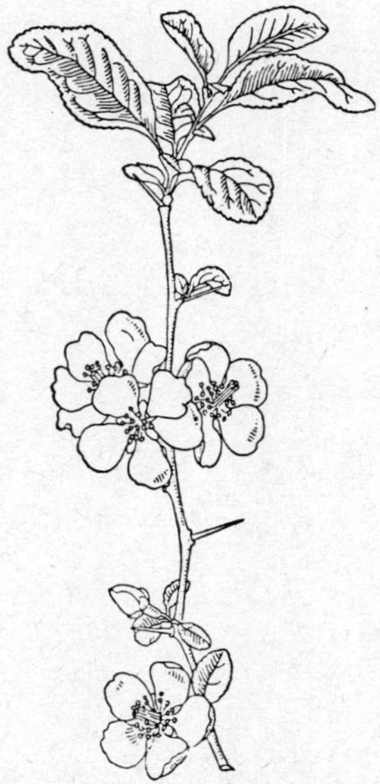

Japanische Scheinquitte

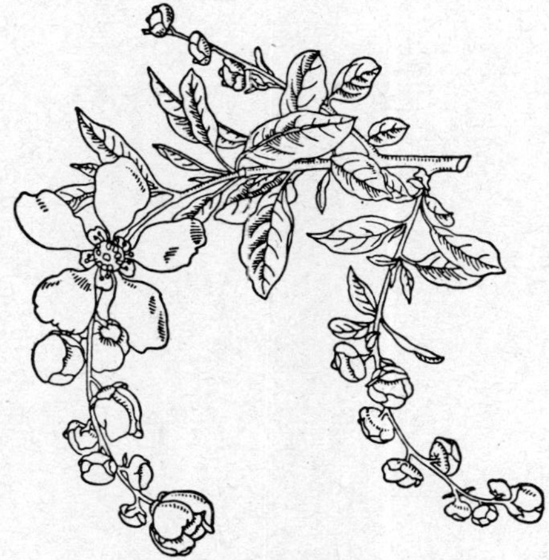

Großblütige Blumenspiere

Japanische Kerrie

Blätter einfach · wechselständig · gesägt · gezähnt · gekerbt

Blatt	Besonderes	Stamm	Blüte, Frucht	Sonstiges	Name
Länglich-verkehrt-eif., zugespitzt, 5—12 cm lang. B.st. an der Spitze mit 1—2 Drüsen	B. fast doppelt-gekerbt-drüsig-gesägt, derb, kahl, d'grün, glänzend, fiedernerv. Kn. mit 1—2 kleinen Laubb.	Ä. und Zw. schlaff, dünn, überhängend	Bl. in sitzenden Dolden, Krbl. 5, rundlich, nicht ausgerandet. K.zipfel meist gezähnelt. Fr. klein, kugelig, Steinkern eif., ohne scharfe Kanten. April, Mai	Strauch. H. 1—2 m. Bosnien und Dalmatien, häufig angepfl. Sommergrün	**Strauchkirsche** Sauerkirsche **Prúnus cerásus** (26) S. 136
Lanzettlich, 3—7 cm lang, in den B.st. verschmälert, kurz zugespitzt	B. drüsenlos-gesägt, kahl, glänzend, grün, fiedernervig	Zw. dünn, kahl, rutenförmig	Bl. vor den B. ersch., zu 1—3, fast sitzend. Krb. **rosarot.** Fr. klein, eif., gelbgrau, zottig, saftarmer Steinkern ohne Löcher. April, Mai	Strauch. H. 0,3—1,5 m. Orient. Zierstrauch. Sommergrün	**Zwerg-Mandel** **Prúnus tenélla** (P. nana) (26) S. 18
Etwa 4—5 cm lang, kurz gestielt, elliptisch, jung eingerollt und flaumha., später kahl	B. scharf-gesägt, mit 6 Paar stärk. Seitennerven, fiedernervig. Kn. klein, rundlich	Strauch dicht verzw. Zw. in spitze Dornen auslaufend, jüngere Zw. filzig behaart, zuletzt kahl. R. grau-schwarz	Bl. erschein. vor oder mit den B. meist einzeln in jeder Knospe. 5 Krb. verkehrt-eif., **weiß.** K. glokkig, 5sp. Steinfr. aufrecht, kugelig, **schwarz-blau,** bereift, nach Frost genießbar, herb. April, Mai	Dornstrauch. H. 2—2 m. Waldränder, steinige Orte, Hecken. Sommergrün	**Schwarzdorn** Schlehe **Prúnus spinósa** (26)
Elliptisch oder eif., geg. d. Grund keilig, bis 8 cm lang Stiel fast 1 cm lang.	B. unregelmäßig doppeltgezähnt, sehr derb, glänzend, obers. d'grün, unters. blaßgrün, kahl oder unten filzig. 4—7 Seitennerven; fiedernervig	Zw. anfangs behaart, später rotbraun	Bl. in aufrechten, schirmförm. Trugdolden, kleinen Apfelbl. ähnelnd, 5 Krb., **rosenrot,** aufgerichtet. Fr. etwa 1 cm groß, **scharlachrot,** wohlschmeckend. Mai—Juli	Strauch. H. 0,6—3 m. Vogesen, Baden, Bayrische Alpen, vorzugsweise auf Kalkboden. Sommergrün	**Zwerg-Eberesche** **Sórbus chamaeméspilus** (26)

Alle Spiersträucher sind sommergrün, haben wechselständige, gesägte, gezähnte, gekerbte oder gelappte Blätter ohne Nebenblätter. Die Blüten stehen immer in Trauben, Doldentrauben oder Rispen, stets endständig!

Blatt	Besonderes	Stamm	Blüte, Frucht	Sonstiges	Name
Verkehrt-eif., spitz, am Grunde lang keilf., 10—15 mm breit	B. im oberen Drittel scharf-gesägt, lebhaft grün, fiedernervig	Zw. überhängend, von oben bis unten gleichmäßig blumengeschmückt	Bl. **reinweiß,** bis 1 cm breit, in vielbl. Doldentrauben. Mai, Juni	Strauch. H. 1 m und mehr. (Züchtung) Sommergrün	**Spitzblättriger Spierstrauch** **Spiraea argúta** (26)

Strauchkirsche

Zwerg-Mandel

Schwarzdorn

Spitzblättriger
Spierstrauch

Zwerg-Eberesche

Blätter einfach wechselständig gesägt gezähnt gekerbt

Blatt	Besonderes	Stamm	Blüte, Frucht	Sonstiges	Name
Eif., spitz, bis 7 cm lang, kurz gestielt	B. fast doppelt-grob-gesägt, am Grunde ganzrandig, lebhaft grün, unten bläulich-grün, kahl, fiedernerv.	Zw. scharf-kantig, gelbbraun, hin und her gebogen	Bl. in reichbl., flachen Doldentrauben, an den Enden der kleinen Nebenä., Kb. eif., Blb. 4 bis 6 mm lang, **weiß**. kürzer als die Staubb. Mai, Juni	Strauch. H. bis 2 m. Südosteuropa und in Sibirien. Sommergrün	**Gamanderblättriger Spierstrauch** **Spiraea chamaedrifólia** (26)
Länglich od. ellipt., spitz, gestielt, 5 bis 10 cm lang, 2—3 cm breit	B. in der ober. Hälfte scharf doppelt-ges., unters. weiß-filzig, fiedernervig	Junge Zw. grauweißha., später kahl und rotbraun	Bl. in gedrängten, kegelf. Rispen. Kb. 5, abstehend oder zurückgeschlagen. Blb. 5, **purpurn** bis **rosenrot**, rundlich, halb so lang wie die zahlreichen Staubb. Balgfr. kahl, glänzend. Juni bis Aug.	Breitbusch. Strauch. H. 1—2 m. Nordamerika. Sommergrün	**Douglas-Spierstrauch** **Spiraea douglásii** (26)
Verkehrt-eif., spitz, bis 3,5 cm lang	B. ganzrandig oder am Ende m. winzigen Zähnen, beiders. laubgrün, kahl oder behaart, dreinervig	Zw. behaart, gestreift, bräunlich	Doldenbl. klein, sitzend, am oberen Teile der Zw. gehäuft. Kb. fast 3eckig, aufrecht. Blb. **weiß**, länger als die Staubb. April, Mai	Strauch. H. 0,5—2 m. Südrußland und Sibirien. Sommergrün	**Johanniskrautblättriger Spierstrauch** **Spiraea hypericifólia** (26)
Ellipt., schlank zugespitzt, am Grunde keilf. verschmälert, 6—10 cm lang, 2—4 cm breit	B. scharf doppelt-gesägt, nie ganzrandig, ± blaugrün, unters. kahl, Nerven beha., fiedernervig	Zw. stielrund, jung ± filzig, dann kahl und purpurbraun	Bl. in ziemlich flachen Schirmrispen an den Enden aufrechter Zw. Bl.-stiele behaart. Kb. zuletzt zurückgeschlagen. Blb. klein, **rosa**, 4—6 mm im Durchm. Balgfr. kahl, auseinanderspreizend. Juni bis August	Buschiger, aufrechter Strauch. H. bis 1,5 m. Japan. Sommergrün	**Japanischer Spierstrauch** **Spiraea japónica** (Sp. callósa) (26)
Eif.-ellipt., an beiden Enden zugespitzt, 3—4,5 cm lang	B. fein und scharf gesägt, kleinere nicht selten ganzrandig, oben lebhaft grün, unters. zartfilzig, mit 4—6 Nervenpaaren, fiedernervig	Zw. rutenf., dünn, schwach, zartfilzige R. bald abblätternd, dann bräunlich oder grau	Bl. **schneeweiß**, langgestielt, zu 3—6 an den büschelbl. Nebenästchen. Bl.st. etwas behaart. Krb. rundlich. Fr. Balgkapsel. April, Mai	Strauch. H. bis 2 m. Japan. Bei uns fast nur mit gefüllten Bl. Herbstfärbung leuchtend orange bis braunrot. Sommergrün	**Pflaumenblättriger Spierstrauch** **Spiraea prunifólia** (26)

Gamanderblättriger Spierstrauch

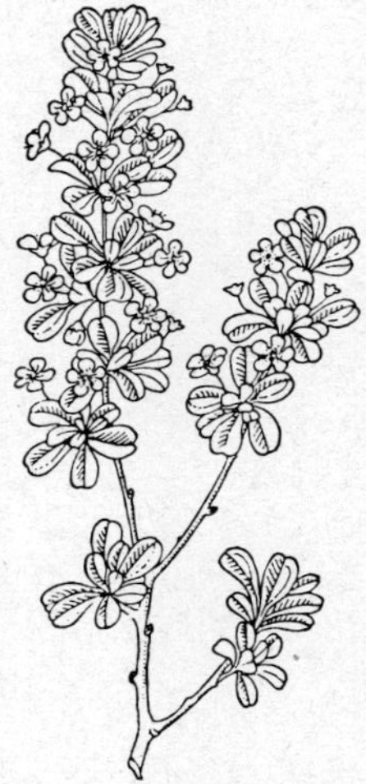

Johanniskrautblättriger Spierstrauch

Pflaumenblättriger Spierstrauch

Douglas-Spierstrauch

Japanischer Spierstrauch

Blatt	Besonderes	Stamm	Blüte, Frucht	Sonstiges	Name
Länglich-lanzettlich, stumpf oder spitz, kurzgestielt, bis 7 cm lang. Sehr kleine Nebenb.	B. ungleich gesägt, krautig, kahl, fiedernervig	Zw. dünn, R. bald bräunend oder ergrauend, frühzeitig abblätternd	Bl. in 10—12 cm langen, pyramidalen, endst. Rispen, Bl.stand weichha. Kb. 3eckig, später zurückgeschlagen. Bl. **rötlichweiß.** Juni, Juli	Aufrechter Strauch. H. 1—2 m. Ufer, Hecken, häufig angepflanzt. Sommergrün	**Weidenblättriger Spierstrauch** **Spiraea salicifólia** (26)
Lineal-lanzettlich, sehr spitz, fast sitzd., 3—4 cm lang, 4—6 mm breit	B. meist nur wenig bis üb. d. Mitte fein gesägt, selten ganzrandig, weidenähnl., beiders. glatt, lebhaft grün, mit 5—6 Nervenpaaren	Zw. rutenf. überhängend, zartfilzig	Bl. mit den B. erschein., in kleinen Dolden längs der Haupttriebe. Bl.st. kurz, kahl, Krb. groß, verkehrt-eilänglich, **weiß.** Fr. eine Balgkapsel. Ende April bis Mai	Dichtbusch. Strauch. H. kaum über 1 m. China, Japan. Sommergrün	**Thunbergs Spierstrauch** **Spiraea thunbérgii** (26)
Etwa 8 mm lang, elliptisch-lanzettlich, spitz	B. gesägt-gewimp., sonst kahl, ohne Schüppchen, derb	St. nach aufwärts gerichtet, gabelig verzweigt, oben dichter beblättert	Bl. in aufrechten Traub., 2—3 bl., Blkr. radf. ausgebreitet, fast bis zum Grunde 5teilig, **rosenrot (-bläulich),** Krb. abgerundet, Staubb. schwarzbraun, Bl.st. und Kelch mit Drüsenha. besetzt. Fr. Kapsel. Mai bis Juni	Zierlicher Strauch, H. 10—40 cm. In den Alpen als Begleiter von Rhododéndron hirsútum. Immergrün	**Zwergrösl** Zwerg-Alpenrose **Rhodothámnus chamaecístus** (56)

Die Weiden haben sämtlich stielrunde Zweige mit meistens wechselständigen, lanzettlichen, ganzrandigen oder fein gesägten oder gezähnten Blättern. Blüten sind immer Kätzchen, stets aufrecht am Zweig. Vielfach entscheidet die Zweigfarbe!

Blatt	Besonderes	Stamm	Blüte, Frucht	Sonstiges	Name
Länglich-lanzettlich. spitz oder zugespitzt, 5—8 cm lg., 1—2 cm breit, B.st. oberw. drüsig. Nebenb. halbherzf., gesägt	B. dicht drüsig-ges., derb, kahl, glänzend, obers. d'grün, unters. grün oder blaugrau, fiedernervig. Kn. braun	Zw. zäh, nicht brüchig, kahl, einjährige oliv od. rötlichbraun. R. alter Stämme oder Ä. abschuppend	Kätzchen dünn, zylindr., lockerbl., 3 Staubb. Kätzchenschuppen ganzrand., nicht vor der Fr.reife abfallend. Narben dick ausgerandet. Frkn. kahl, gestielt. Stielchen 2- oder 3mal so lang wie die Drüse. April, Mai	Strauch, selt. Baum. H. 1,5—4 m. Flußufer, feuchte Wiesen, Gräben, als Nutzweide gepflanzt. Sommergrün	**Mandel-Weide** **Sálix amygdálina** (5)

Thunbergs Spierstrauch

Mandel-Weide

Weidenblättriger Spierstrauch

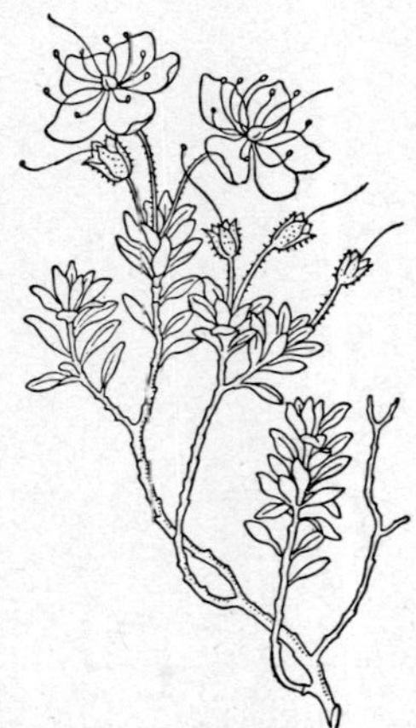

Zwergrösl

Blatt	Besonderes	Stamm	Blüte, Frucht	Sonstiges	Name
Verkehrt-eif. mit zurückgekrümmter Spitze, unterw. keilf., 2—5 cm lang, 1—3 cm breit, Nebenb. nierenf.	B. wellig-gesägt, obers. trübgrün, glanzlos, kurzha., unters. bläulichgrün, filzig, spät. verkahld. Adernetz stark hervortret., fiedernervig	Zw. dünn, junge dünnfilzig, ältere kahl, braun oder schwärzlich	Männl. Kätzchen klein, 1/2—2 1/2 cm lang, bis 1 cm dick. Gr. sehr kurz, Narben aufrecht abstehend. Frkn. filzig, Stielchen 3- bis 4mal so lang wie die Drüse. April, Mai	Strauch, aufr., meist. kurz- u. dünnästig. H. 0,5—3 m. Ändert mehrfach ab. Wegränder, Gräben, feuchte Wälder, häufig. Sommergrün	**Ohr-Weide** **Sálix auríta** (5)
Verkehrt-eif. oder elliptisch, kurz zugespitzt, 5—12 cm lang, 1,5—4 cm breit Nebenb. nierenf.	B. wellenf. gesägt, flach, glanzlos, obers. trübgrün u. aschgrau, weichha., unters. grau bis blaugrau, filzig-kurzha., fiedernervig. Kn. grauha.	Ä. dick. Zw. bräunlich oder graufilzig, später schwarzfilzig	Männl. Kätzch. bis 5 cm, weibl. bis 9 cm lang. Gr. kurz, Narbe aufrecht, 2spalt. Frkn. filzig, Stielchen 3mal so lang wie die Drüse. März, April	Strauch, aschgrau. H. 1—6 m. Feuchte Orte, Waldränder, Bergabhänge, häufig. Sommergrün	**Graue Weide** **Sálix cinérea** (5)
Linealisch-lanzettl., lang zugespitzt, bis 1 cm breit und 12 cm lg., am Rande umgerollt. B. beim Verwelken braun werdend	B. ungleich drüsiggesägt od. wellig geschweift, anf. beiders. weißgraufilzig, später obers. kahl, schmutzig-d'grün, mit vertieften Nerven; fiedernervig	Zw. aufrecht, schlankrutig, dünn u. brüchig, junge Zw. graufilzig, ältere verkahlend, gelb oder rotbraun, etwas glänzend	Kätzchen meist vor den Bl., gekrümmt, fast sitzend. Schuppen **gelb**, bei den Stempelbl. an der Spitze dunkler. Frkn. deutlich gestielt, kahl, sein St. doppelt so lang wie die Drüse. April, Mai	Aufrechter Strauch, selten Baum. H. 1 bis 6 m. Steinige Flußufer, feucht. Gebirgsstellen, zerstreut, oft angepflanzt. Sommergrün	**Ufer-Weide** Graue oder Lavendel-Weide **Sálix incána** (5) S. 26
Rundlich-eif., ellipt. oder lanzettl., kurz zugespitzt, bis 10 cm lang und 5 cm breit. Nebenb. kurz gestielt, nierenförmig	B. wellig-gesägt, obers. d'grün, unters. heller, grau od. blaugrün, meist mit grün. Spitze, fiedernervig, bei Verwelken schwarz werdend	Zw. anfangs dicht kurz behaart, später kahl, d'rotbraun oder gelblich-grün	Kätzchen kurz vor oder mit den B. erscheinend, männl. eif. od. zylindr., weibl. kurz, länglich Narben 2sp. Fr.knoten meist kahl, sein Stiel 2 bis 4mal so lang wie die Drüse. April, Mai	Meist strauchig. H. 1—4 m. Feuchte Wiesen, Waldsümpfe, Ufer, nicht selten. Sommergrün	**Schwarzwerdende Weide** **Sálix myrsinifolia** (S. nigricans) (5) S. 26

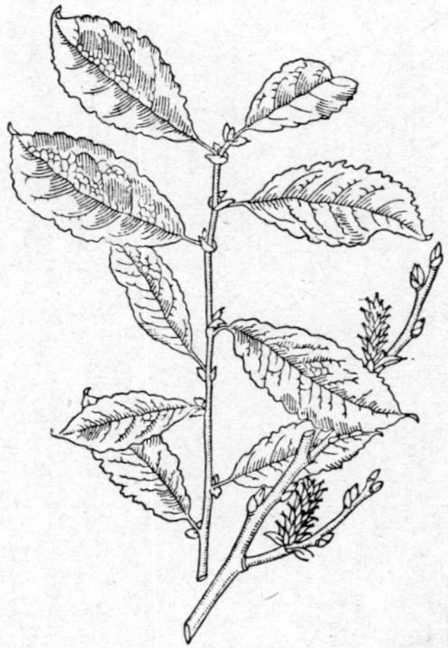

Ohr-Weide

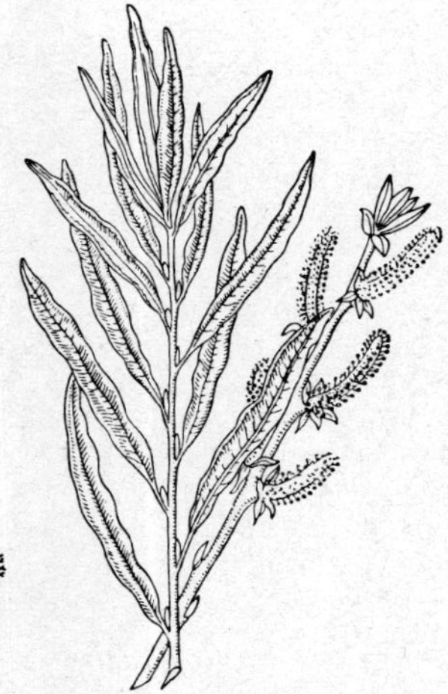

Ufer-Weide

Graue Weide

Schwarzwerdende Weide

Blätter einfach wechselständig gesägt gezähnt gekerbt

Blatt	Besonderes	Stamm	Blüte, Frucht	Sonstiges	Name
Eif.-elliptisch, 5—10 cm lang, 2 bis 3 cm breit, kurz zugespitzt, B.st. mit Drüsen. Nebenb. klein, eif. ungezähnt, bald abfallend	B. drüsig-gesägt, obers. d'grün, stark glänzend, unters. blaßgrün, kahl, derb, lorbeerartig, * junge B. gewürzig riechend, fiedernervig	Zw. grün, kahl, glatt, glänzend	Kätzchen **goldgelb,** endständig auf bis 6 cm langen Zw., aufrecht oder bogig hängend. Kätzchenschuppen fast kahl oder am Grunde zottig. Stb. 5. Frkn. kahl, kurz gestielt. St. doppelt so lang wie die Drüse. Mitte Mai bis Juni	Meist Strauch, seltener Baum. H. 1,5—10 m. Feuchte Wiesen, Moore, zerstreut. Sommergrün	**Lorbeer-Weide** **Sálix pentándra** (5)
Verkehrt-eif., bis 14 cm lang, 6 cm br. Nebenb. nierenherzf. Adernetz scharf hervortretend, engmaschig	B. wellenf. gesägt, blutrot austreibend, anf. seidig behaart, später kahl, beiders. d'grün, glatt u. glänzend, fiedernervig	Ä. bogig abstehend, 1- u. 2jähr. Zw. kahl oder schwach kurzha. Kn. rotbräunlich	Kätzchen am Grunde mit 1—3 Blättchen, kurz vor oder mit den B. ersch. Frkn. kahl od. seidenha., St. 3—4mal so lang wie die Drüse. Griffel kurz Mai, Juni	Strauch. H. 1—3 m. In Schlesien, Sudeten, feuchte Gebirgswäld., selten. Sommergrün	**Schlesische Weide** **Sálix appendiculáta** (S. silesíaca) (5) S. 26
Kreisrund bis breitoval, kurz gestielt	B. krautig, dünn, beiders. glänzend, h'grün, netzadrig, Rand fein gesägt	Stämmchen und Ä. im Boden versteckt, nur die Zw.spitzen mit einigen B. und meist einem endständigen Kätzchen sind sichtbar!	Kätzchen kurz, wenigbl., endst. an beb. Zw. Kätzchenschuppen kahl, **bleich, gelbgrün,** Staubb. 2, rot, später gelb, Frkn. kurzgestielt, kahl. Juli bis August	Kleinstes Holzgewächs. H. nur 1—5 **cm!** In alpinen Regionen, auf feuchtem Rasen, an steinig. Abhäng., in Moränenschutt, nicht auf Kalkboden. Sommergrün	**Kraut-Weide** Gletscher-Weide **Sálix herbácea** (5)

Blätter einfach wechselständig gelappt

Blatt	Besonderes	Stamm	Blüte, Frucht	Sonstiges	Name
Bei jungen Pfl. u bodenlagernden Sprossen aus herzf. Grunde 3—5eckig-lappig, an blüh. Zw. birnbaumblättr. eirautenf. bis lanzettl., lang zugespitzt, ganzrandig-gelappt	B. kahl, glänzend, lederartig, meist weiß geadert, handnervig	St. ästig, mit Haftwurzeln kletternd, an Mauern und Bäumen	Bl. halbkugelig, in kleinen Dolden, traubig angeordnet, 5zählig, **grünlich-gelb,** Doldenst. und Strahlen weichha. K. 5zähnig. Fr. erbsengroß, kugelig, **blauschwarze** Beere. August bis September	Kletterstrauch. H. bis 15 m.* Bl. nach Honig duftend. Wälder, Gebüsche, Felsen, Mauern, häufig angepfl. Immergrün	**Efeu** **Hédera hélix** (52) S. 32

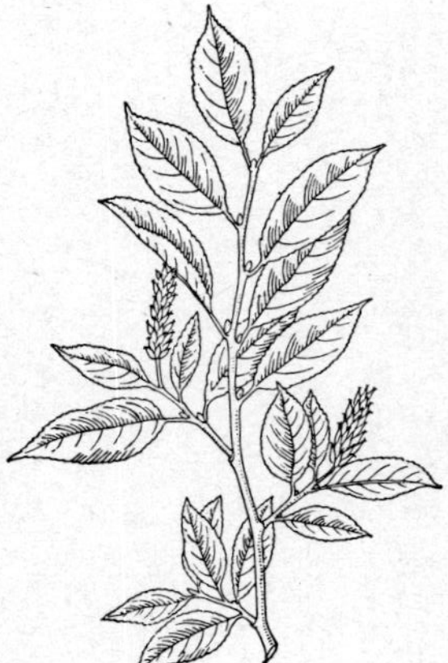

Lorbeerweide

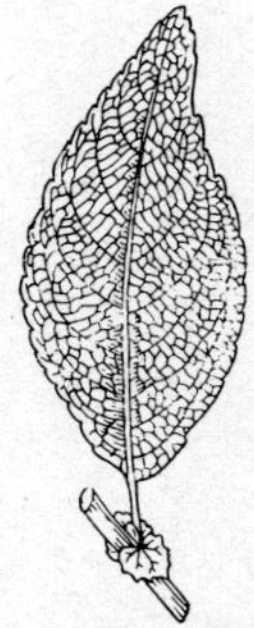

Schlesische Weide

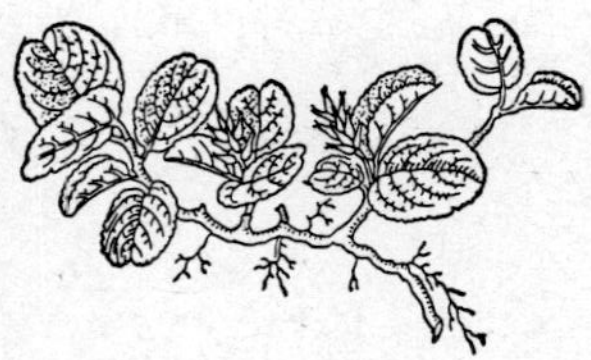

Kraut-Weide

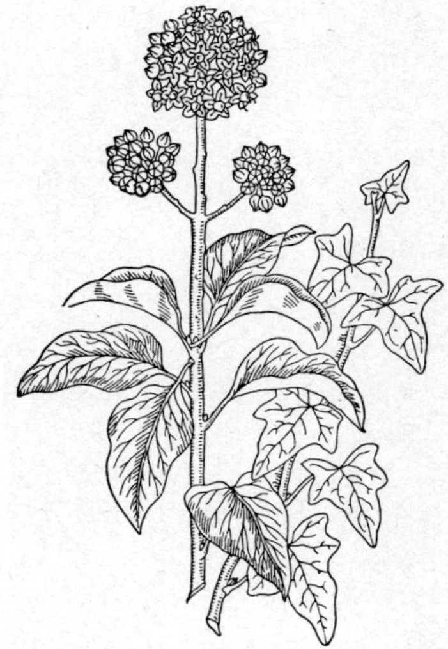

Efeu

Blatt	Besonderes	Stamm	Blüte, Frucht	Sonstiges	Name
Breit-elliptisch bis verkehrt-eif., lang zugespitzt, oft 3—5lapp. eingeschn., 5—10 cm lang, 2,5 bis 4 cm breit, Nebenb. fadenf., braun	B. scharf u. tief-gesägt, sattgrün, unters. heller und behaart, fiedernervig	Zw. aufrecht, lang, dünn, d'braun, samtha. oder kahl	Bl. meist einzeln, fast sitzend, vor den B. ersch. Bl.st. kahl. Kb. 5, eif., Krb. 5, verkehrt-eif., **h'rosa**, bis 30 Staubblätt., Fr. klein, langzottig, mit runzeligem Stein, gelb od. rot. April, Mai	Strauch. H. bis 5 m. China. Häufig als Hochstämmchen veredelt, Bl. oft gefüllt. Sommergrün	**Mandelbäumchen** Mandelröschen **Prúnus tríloba** (26) S. 16
Herzf., 3—5lappig, Mittellappen größer, alle spitz oder langgespitzt, 8—25 cm groß, B. u. Blattstiele drüsenborstig	B.lappen doppeltgesägt, B. obers. lebhaft grün, runzelig, unters. dicht weichha., handnervig	Zw. aufrecht, stachellos, klebrig-drüsenborstig. Rinde frühzeitig abblätternd	*Bl. in aufrechten, mehrbl. Rispen. Kb. 5, filzig, drüsenha. Krb. 5, 4 bis 5 cm breit, rundlich, am Rande wellig, **d'rot**, Staubb. zahlreich. Fr. rötlich, eßbar. Juni bis August	Ausläufertreibender Strauch. H. 1—3 m. *Bl. duftend. Nordamerika. Sommergrün	**Wohlriechende Himbeere** **Rúbus odorátus** (26)

Die Gattung Ribes schließt Stachelbeeren und Johannisbeeren ein: Ausschließlich Sträucher mit glatten, meist bewehrten Zweigen, deren Blätter immer einfach, meist mehrlappig sind. Die Früchte sind saftige Beeren, die im Innern harte Samen tragen.

Blatt	Besonderes	Stamm	Blüte, Frucht	Sonstiges	Name
Klein, rundlich, am Grunde herz- bis breit-keilf.	B. 3—5lappig, unters. kahl, etwas glänzend, handnervig	Zw. anfangs behaart, stachellos. R. häufig schon bis zum Herbst abgeblättert	Bl. 2häusig, **grünlichgelb**, Bl.trauben aufrecht, männl. 20—30, weiblich 2—5bl., K. flach, beckenförmig, kahl. Beere kugelig, **rot**, fade, schleimig. April bis Juni	Strauch. H. 1—3 m. Pfl. ohne Geruch. Felsen, Gebirge, zerstreut, oft angepfl. Sommergrün	**Alpen-Johannisbeere** **Ríbes alpínum** (23)
3lappig, tief gespalt., mit gerundetem bis keilf. Grunde, im Herbst schön rot gefärbt	B.lapp. grob-gekerbt, h'grün, B. in der Kn.lage zusammengerollt, handnervig	Junge Zw. kahl oder behaart	Bl. in Trauben aufrecht stehend. K. lang walzlich Bl. **goldgelb**, Krb. klein, zuletzt purpurn. Beeren zuletzt **schwarz**, kugelig, kahl, wohlschmeckend. April, Mai	Strauch. H. 2 m. Pfl. kahl. Nordamerika. Sommergrün	**Gelbblühende Johannisbeere** **Ríbes āureum** (23)
Rundlich, am Grunde herzf., 2—6 cm breit, büschelständig	B. 3—5lapp., Lappen eingeschnitt. gekerbt, grün, unters. weichhaarig, handnervig	Zw. lang, dünn, hart, stachelig. Stacheln einfach bis 5teilig, unter den B. oder Kn. stehend	Bl. zwittrig in 1—3 bl. Trauben, **grünlich-gelb** oder **schmutzig-purpurn**. K.röhre glockig. Beeren kugelig od. länglich, gestielt, steifha., **rot, gelb** oder **grün**, saftig. April, Mai.	Strauch. H. 0,6—1,5 m Felsen, Wälder, Zäune, häufig in Gärten. Sommergrün. Beeren eßbar	**Stachelbeere** **Ríbes uva-crispa** (R. grossulária) (23)

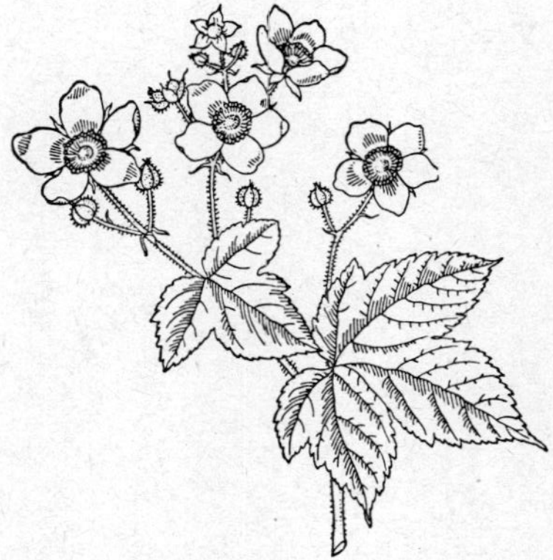

Wohlriechende Himbeere

Goldgelbe Johannisbeere

Mandelbäumchen

Alpen-Johannisbeere

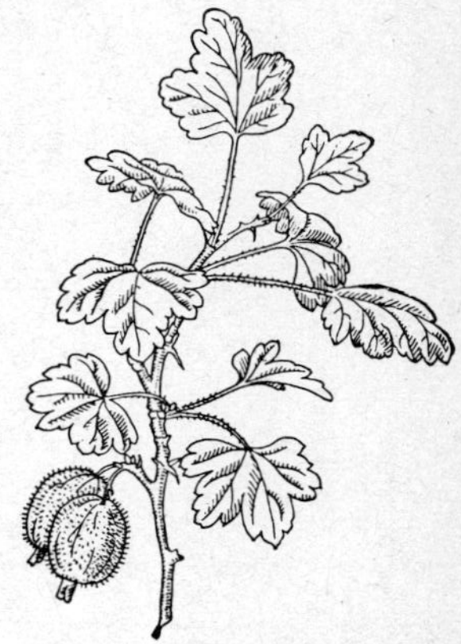

Stachelbeere

Blatt	Besonderes	Stamm	Blüte, Frucht	Sonstiges	Name
Rundlich, meist am Grunde herzf., 5 bis 10 cm breit. B.stiele weichhaarig	B. tief 3—5lappig, Mittellappen fast nie länger als die seitl., am Rande grobgezähnt, obers. kahl, unters. mit gelblichen Harzdrüsen besetzt, krautig, handnervig	Zw. kräftig, drüsig, junge behaart, stachellos	Bl. zwittrig. Bl.traube achselst., hängend, reichbl., K.röhre glockenf., weichh., Bl. **grünlich,** innen **blaßrötlich.** *Beeren größer als von R. rubrum, violett bis **schwarz,** kugelig, drüsig punktiert. Geruch widerlich, Geschmack süß. April, Mai	Strauch. H. 1,25 bis 1,5 m. Feuchte Wälder und Gebüsche, Erlenbrüche, Flachmoore u. Sümpfe. Angepflanzt. Sommergrün. Beeren eßbar	**Schwarze Johannisbeere** **Ríbes nígrum** **(23)**
Rundlich, 2—10 cm breit, Blattstiele so lang wie oder länger als die Spreite	B. 3—5lapp., Lappen spitz, 3eckig, oben d'grün, runzelig, unters. dicht weichhaarig, handnervig	Zw. dick, kahl, stachellos	Bl. zwittrig. Bl.trauben dicht, hängend, feinbehaart. K. glockenf. Kr. **grün,** dicht **rot punktiert,** Beeren klein, kugelig, **blutrot,** sehr sauer. April, Mai	Aufrechter Strauch. H. 1—1,25 m. Feuchte Gebirgsabhänge, besonders in den Sudeten, selten. Sommergrün	**Felsen-Johannisbeere** **Ríbes petrāeum** **(23)**
Rundl., am Grunde ± herzf., bis 10 cm breit	B. 3—5lappig, eingeschnitten-kerbiggesägt, stumpf, unters. weichhaarig, handnervig	Zw. stachellos, kahl	Bl. zwittrig. Bl.trauben locker, hängend, fast kahl, K. schüsself. vertieft. Kr. **gelblich-grün.** Beeren kugelig, **rot,** in Gärten auch gelblich-weiß, süßlich. April, Mai	Strauch. H. 1—2 m. Feuchte Wälder, Gebüsche, Hecken, häufig angepflanzt. Sommergrün. Beeren eßbar	**Rote Johannisbeere** Ribisel **Ríbes rúbrum** **(23)**
Rundlich, am Grunde herzf., 3—5lappig. B.stiele drüsig, weichha.	B.lappen doppeltkerbig-gezähnt, B. obers. d'grün, unters. filzig behaart, handnervig	Zw. rötlich, jüngere drüsig-weichhaarig	Bl. in ± hängenden, dichtbl. Trauben, drüsig behaart, K. röhrenf.-glockig, Kr. **blutrot, h'rot,** Beere **blauschw.,** weiß bereift. April, Mai	Strauch. H. 1,5—4 m. *Pfl. auffällig aromatisch. Nordamerika. Sommergrün	**Blut-Johannisbeere** **Ríbes sanguíneum** **(23)**

Blut-Johannisbeere

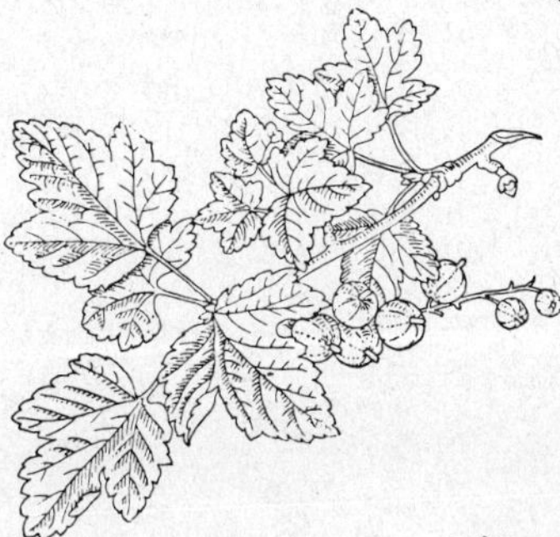

Rote Johannisbeere

Felsen-Johannisbeere

Schwarze Johannisbeere

Laubhölzer, Sträucher

Blätter zusammengesetzt — gegenständig — gesägt — gezähnt

Blatt	Besonderes	Stamm	Blüte, Frucht	Sonstiges	Name
Unpaarig gefiedert, meist nur 5 Tb., fast sitzend, kleiner als bei S. nigra	Tb. scharf gesägt, eif., zugespitzt	Junge Triebblättchen und B.st. behaart. Mark der älteren Zw. gelbbraun	*Bl. in aufrechten, eif. Rispen. Kr. radf., 4—5 t., zuerst **grünl.**, dann **gelbl.-weiß.** Beeren „Katelbeeren", klein, kugelig, **scharlachrot.** April, Mai	Strauch. H. 1,75—4 m. *Bl. stark riechend. Bergwälder, seltener in der Ebene. Sommergrün. Beeren verwendbar	**Roter Holunder** Trauben- oder Hirsch-Holunder **Sambúcus racemósa** **(64)**
Unpaarig gefiedert, 5—9 Fiederblättchen	Tb. ei-lanzettlich-zugespitzt, Rand scharf gesägt, Nebenb. blattartig, lanzettl., gesägt	**Krautartig,** nur ausnahmsweise verholzend, kleinwarzig-gefurcht, verästelt	Bl. flache Trugdolden, Kr. radförm. mit 5 Zipfeln **weiß-schwach-rosa,** Stb. rot, Fr. **schwarzglänzend,** 3samig Juni bis August	Staude, H. 0,6–1,5 m. Waldränder, Waldschläge, bisw. gepflanzt. Beeren stark abführ.!	**Zwerg-Holunder** Attich **Sambúcus ébulus** **(64)**
5—7zählig. Endblättchen gestielt Kn. meist kugelrund	Tb. fein-gezähnt, eilänglich, zugespitzt, fast sitzend, oben lebhaft grün, unten bläulich-grün, zerstreut behaart	Holz gelblichweiß, sehr hart	Bl. in 12 cm langen hängenden Trauben, **Kr.** glockig, 5bl., **weiß-rötlich.** Kapsel häutig aufgeblasen, grün, hängend. S. ölreich, eßbar. Mai, Juni	Aufrechter Strauch. H. bis 2—5 m. Häufig verwildert. Sommergrün	**Klappernuß** Pimpernuß **Staphyléa pinnáta** **(38)**

Blätter zusammengesetzt — wechselständig — ganzrandig

Blatt	Besonderes	Stamm	Blüte, Frucht	Sonstiges	Name
Unpaarig gefiedert, bis 25 cm lang, langgestielt Tb. 11—25, unterstes Paar weit vom St. entfernt	Tb. oval bis ellipt., 1,5—4 cm lang, durchscheinend punktiert, unters. h'graugrün	Langrutige Zw., dünn, absteh. behaart, später kahl, Holz unangenehm riechend	Schmetterlingsbl., klein, in 8—15 cm langen, end- und achselst. dichtblüt. Trauben. Nur 1 Krb., der Fahne, **purpurviolett,** eingerollt. Staubbeut. orangegelb. Fr.hülse 2samig Juni	Buschiger, sommergrüner Strauch. H. 1,5—6 m. Nordamerika. In Gärten und verwildert.	**Gemeiner Bastard-Indigo** **Amórpha fruticósa** **(27)**
Unpaarig-gefiedert, Tb. 7—11	Tb. verkehrt-eif., bis elliptisch, ausgerandet und stachelspitzig, häutig, grün, schwach beha. deutlich geadert	Zw. stielrund, grau, mit spinnweb. Mark, deshalb fast hohl. Borke abblätternd.	Schmetterlingsbl. in aufrechten, blattachselst. Trauben, 3—6bl. Krb. **hochgelb,** Fahne mit braunem Fleck. Höcker stumpf. Hülse (Knallschote) häutig, aufgeblasen, geschloss., etwa 6—7 cm lang. Juni, Juli	Strauch. H. bis 4 m. Südeuropa. In Süddeutschl. an buschig. Hügeln, häufig angepflanzt. Sommergrün	**Gelber Blasenstrauch** **Colútea arboréscens** **(27)**

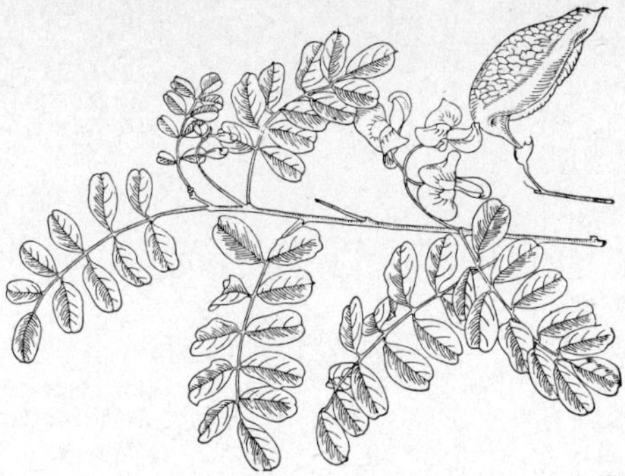

Blasenstrauch

Klappernuß

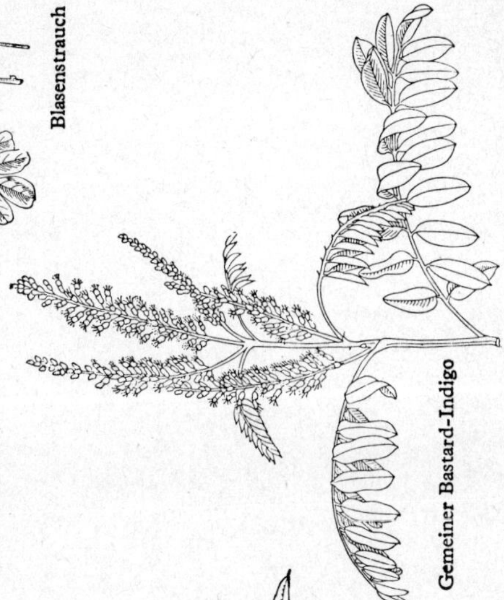

Gemeiner Bastard-Indigo

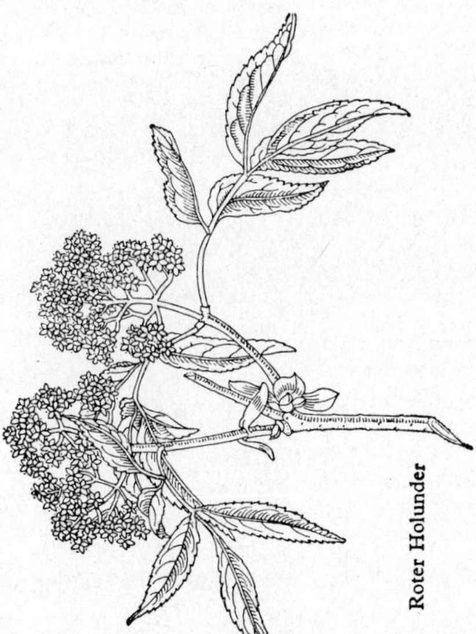

Roter Holunder

Zwerg-Holunder

Blätter zusammengesetzt wechselständig ganzrandig

Blatt	Besonderes	Stamm	Blüte, Frucht	Sonstiges	Name
Unpaarig-gefiedert, Tb. 7—11	Tb. eif.-elliptisch, ausgerandet, mit Stachelspitze, deutlich geadert	Zw. stielrund, markig-hohl, R. abblätternd	Schmetterlingsbl. in blattachselst. Trauben, **nicht** gestielt, Krb. **rotgelb.** Hülse oben mit Spalt, 3 cm lang, aufgeblasen. Juni bis Juli	Strauch. H. 3—5 m. Nur als Zierstrauch in Parks u. Gärten, daraus verwildert. Sommergrün	**Roter Blasenstrauch** **Colútea orientális** (27)
3zählig, kleeähnlich, 1—2,5 cm lang und 0,5—1 cm breit, alle B. gestielt	Tb. verkehrt-eif.-länglich, obers. d'grün, unters. blaßgrün, angedrückt behaart	Vom Grunde an ästig, Zw. stielrund, aufsteigend, rutenf., angedrückt behaart	Trauben aufrecht, endst. * Schmetterlingsbl., **goldgelb,** wohlriechend. K. glockig. Blütenst. und Hülsen angedrückt behaart. Juni bis August	Strauch. H. 0,5—1,25 m. Pfl. b. Trockn. schwärzl. werdend. Steinige, wald. Orte, nicht selten angepflanzt. Sommergrün	**Schwarzwerdender Geißklee** **Cýtisus nígricans** (27)
Meist doppelt-3zähl., ohne St. 15—25 cm lang. Blattstiel 5—10 cm lang	Tb. breiteif. bis eilänglich, gestielt, 3—5lappig, oben d'grün, unters. bläulich	St. aufrecht, dick, holzig, knorrig-verästelt	Bl. 20—30 cm breit, meist einzeln. Kb. 5, **grün,** Blb. 5 oder mehr, in allen Farbtönen, **weiß bis d'rot, meist gefüllt.** Teilfr. filzig behaart. Mai, Juni	Strauch. H. bis 2 m. Ostasien. Hier oft in Parks. Sommergrün	**Strauchige Pfingstrose** **Paeónia suffruticósa** (P. arbórea) (15)

Blätter zusammengesetzt wechselständig gesägt gezähnt gekerbt

Unpaarig-gefiedert, Tb. zu 5—9, Blattstiel 2—5 cm lang, obers. glänzend dunkelgrün, unters. h'grün	Tb. buchtig-stachelig-gezähnt, sitzend, das endständ. lang-gest., steif, lederart., wellenrandig, in der Jugend rötl., im Winter schwarzrot, fiedernervig	Ohne Ausläufer, Zw. grau, stachelfrei	Bl. kurz gestielt in rispig gehäuften, aufrechten Trauben, in den Achseln von Knospenschuppen Blb. 6, **goldgelb.** Kb. 6. Staubbeutel 6, reizbar. **Beeren** kugelig, **d'blau bereift,** Saft purpurrot. April, Mai	Strauch. H. 0,5—1 m. Nordamerika. Oft angepflanzt. Immergrün	**Mahonie** **Mahónia aquifólium** (17)

Strauch-Pfingstrose

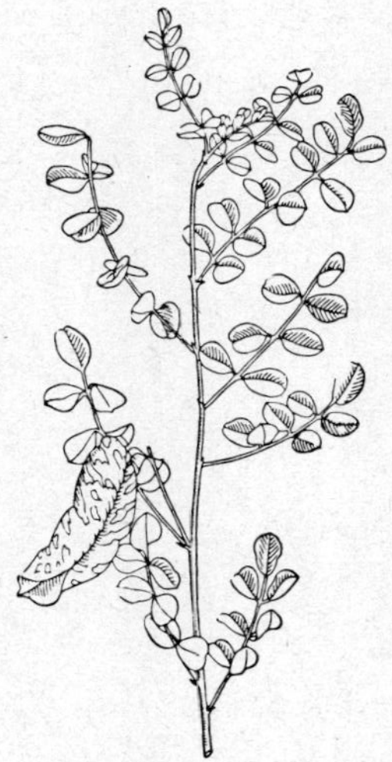

Roter Blasenstrauch

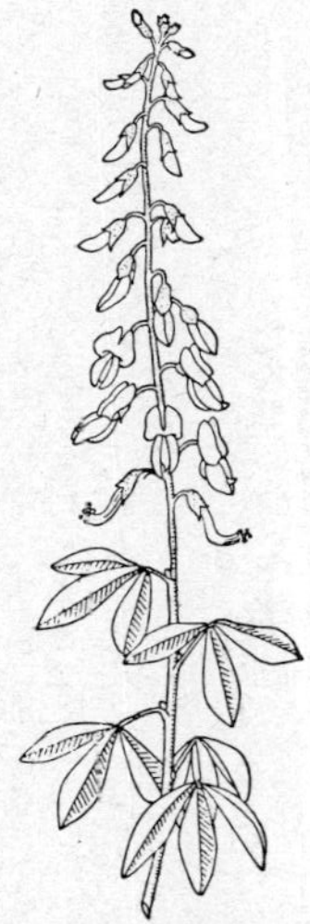

Schwarzwerdender
Geißklee

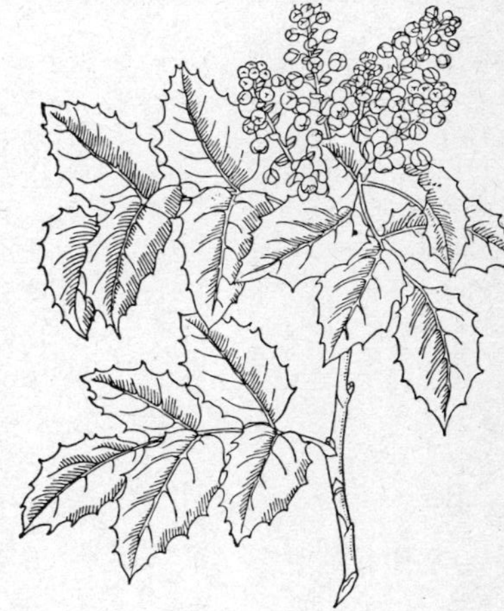

Mahonie

Blatt	Besonderes	Stamm	Blüte, Frucht	Sonstiges	Name
3zählig, kurzgestielt oder sitzend. Blattstiel mit angewachsenen flügelartig. Nebenb., gezähnelt	Tb. gezähnt, längl.-elliptisch, oft spitzlich, drüsig-behaart	St. aufrecht oder aufsteigend, dornenlos, ringsum zottig und drüsig, oft verholzend	Bl. blattwinkelständig, zu zweien an der Spitze der St. und Ä., traubig gehäuft. Schmetterlingsbl. **rosa**, Fahne stumpf, Hülse kürzer als der K. Juli, August	Kl. Strauch. H. 30 cm. * Pfl. von starkem, bocksartigen Geruch. Wiesen, Triften, Wegränder, im östl. Deutschl. nicht selt. Sommergrün	**Stinkende Hauhechel** **Onónis répens** (27)
3zählig, kurzgestielt oder sitzend. Blattstiel mit angewachsenen flügelartig. Nebenb., gezähnelt	Tb. gezähnelt, eiförm.-länglich, gestutzt, fast kahl	St. rötlich, aufrecht od. aufstehend, 1- od. 2reihig behaart, etwas drüsig. Äste dornig. Dornen oft zu zwei. Verholzend. Strauch	Bl.trauben blattwinkelst., einzeln oder zu zweien. Schmetterlingsbl. **rosenrot**, gestielt. K. glockig 5sp. Hülsen eif., aufrecht, so lang oder länger als der Kelch Juni bis September	H. 30 cm. * Pfl. von unangenehmem Geruch. Triften, an Weg- u. Waldrändern, Ödland, meist häufig. Sommergrün	**Dornige Hauhechel** **Onónis spinósa** (27)
3—7zählig-handförm., mit wechselnd. Behaarung. Blattstiel u. Mittelnerven stachelig. Nebenb. am Grunde mit dem Blattst. verbunden	Tb. ungleich scharfgesägt, das Endblättchen lang gestielt, länglich-eiförmig, zugespitzt, oberseit. d'grün, kahl, unters. heller, weiß-filzig behaart	St. verholzend, blüh. Schößlinge aufrecht, unfruchtb. bogig gekrümmt oder niederliegend, stumpfkant., mit zurückgebog., am Grunde zusammengedrückten Stacheln	Bl. in lockeren Trauben, St. wenig bestachelt. K. 5zipflig., 5 Blumenbl., eif., **weiß-blaßrötlich.** Fr. = Brombeere, rot, später **tiefschwarz,** glänzend, auch bläulich bereift. Juni, Juli	Strauch. H. bis 1,2 m. Oft am Boden rank., Wälder, Gebüsch, Abhänge, Heide. (R. fruticós. ist eine Sammelart, die in viele Varietäten gespalten ist) Sommergrün. Brombeere, eßbar	**Brombeere** **Rúbus fruticósus** (26) S. 38
3—7zählig gefiedert. Nebenb. am Grunde mit dem Blattstiel verbunden	Tb. ungleich scharfgesägt, eiförmig, zugespitzt, seitl. sitz., flach oder runzelig, unters. weißfilzig, selten beiders. grün	St. aufrecht, oben überhängend, stielrund, verholzend, unterw. mit kurzen Stachelborsten besetzt	Bl. traub.-rispig, nickend. Kr. 5b., Blumenbl. verkehrt-eif., klein, **weiß.** Fr. samtart., **rot,** aromatisch. Mai bis August	Strauch. H. 1—2 m. Wälder, Gebüsche, Hecken, häufig, in mehreren Sorten angebaut. Sommergrün. Himbeere, eßbar	**Himbeere** **Rúbus idaeus** (26)

Himbeere

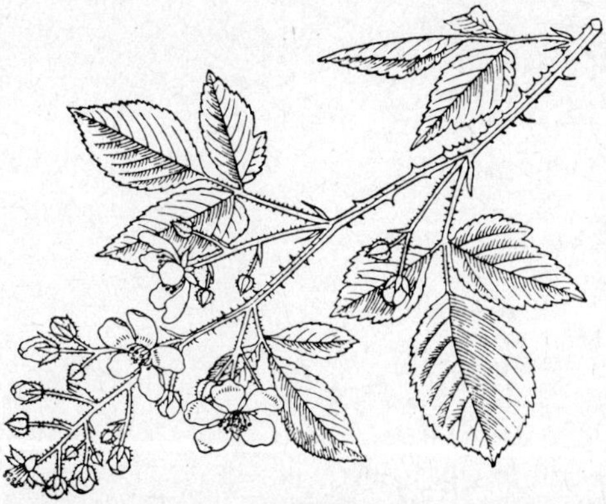

Brombeere

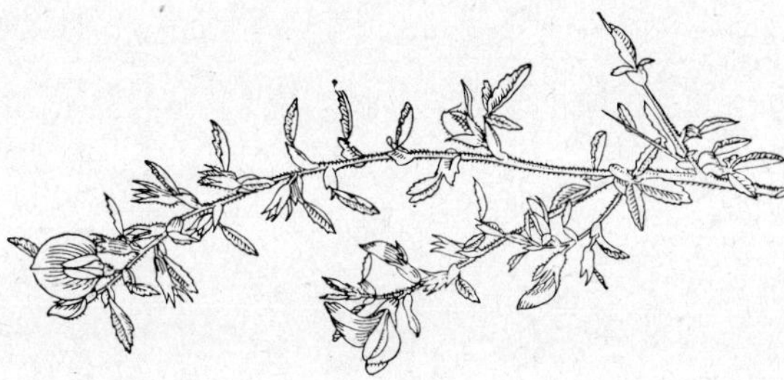

Dornige Hauhechel

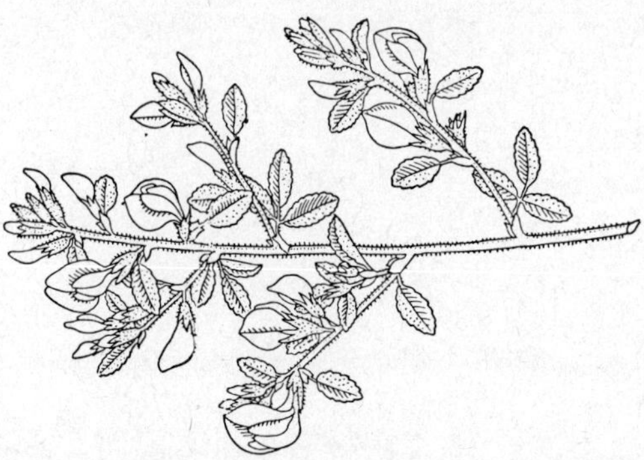

Stinkende Hauhechel

Laubhölzer, Sträucher

Blätter zusammengesetzt — wechselständig — gesägt — gezähnt — gekerbt

Blatt	Besonderes	Stamm	Blüte, Frucht	Sonstiges	Name
Unpaarig-gefiedert, Tb. 5—7, 2—4 cm lang, Blattstiel kahl, drüsig und bestachelt	Tb. scharf-gesägt, eif. oder elliptisch, kahl, unters. drüsenlos	Zw. bogig überhäng., Stacheln meist schlank, kräftig, am Grunde nicht auffallend verdickt	Bl. zu 1—3, meist **hellrosa** bis **weiß**, etwa 2 bis 2,5 cm lang. Kb. zurückgeschlagen, lange a. d. Fr. bleibend. Gr. etwas behaart. Fr. kugelig oder länglich, knorplig, orangefarben, später **scharlachrot,** 1,5—2 cm lang. Juni	Aufrechter Strauch. H. bis 3 m. Ohne Wohlgeruch! Überall in Gärten, Hecken, Gebüschen, an Wegen, häufig. Hagebutte! Sommergrün	**Hunds-Rose** **Rósa canína** (s. Seite 44 = Strauch- und Kletter-Rosen) **(26)**
Unpaarig-gefiedert. 15—30 cm lang, Tb. 13—23. Grund des B.st. verdickt. Nebenb. lanzettlich	Tb. doppelt gesägt, lanzettlich bis eilanzettlich, beiders. grün und kahl	Zw. dick, aufrecht, meist kahl, R. ± abblätternd	Bl. klein, in bis 30 cm langen, kegelf., behaarten Rispen. Blb. 5, oval, **gelblichweiß.** Kb. 5, spitzeif., Staubb. ungleich lang, etwa doppelt so lang wie die Blb. Balgfr. aufrecht. Juni. Juli	Strauch. H. bis 2 m. Sibirien. Sommergrün	**Ebereschenblättrige Fiederspiere** **Sorbária sorbifólia** (Spiraea s.) **(26)**

Laubhölzer, Strauch **oder** Baum

Blätter einfach — gegenständig — ganzrandig

Blatt	Besonderes	Stamm	Blüte, Frucht	Sonstiges	Name
Oval, an der Spitze stumpf oder eingebuchtet, bis 2 cm lang, sehr kurz gestielt, Blattstiel gewimpert	Bl. lederartig, obers. glänzend d'grün, unters. heller Seitennerven obers. deutl. vorspringend	Junge Zw. 4kantig, behaart Holz h'gelb, hornartig, feinfaserig, äußerst hart	*Bl. wohlriechend, klein, **gelblich-weiß,** in blattachselst. Bl.knäueln, mit endst. weibl. Bl. Fr. 3hörnige Kapsel, S. d'braun. März, April	Buschig. Strauch, kleiner Baum. H. 0,15—7 m. Mittelmeergebiet, in Deutschl. selten wild. In Park und Gärten häufig angepflanzt. Immergrün	**Buchsbaum** **Búxus sempervírens** **(33)**
Länglich-eif., zugespitzt, kurz gestielt, 4—8 cm lang	B. beiders. grün, kurzha., fiederbogennervig. Kn. lang kegelf., ohne Kn.schuppen	St. rund, aufrecht, Zw. im Herbst und Winter blutrot, junge ± glatt. Holz hart und zäh, Kern nicht gefärbt	Bl. 4b., **weiß,** dichte schirmf. Rispen, nach den B. erscheinend. Steinfr. kugelig, **schwarz,** weiß punktiert. Mai, Juni	Strauch oder Baum. H. 3—4 m. Blüht oft nochmals im Herbst. Wälder, Gebüsche; im Park angepflanzt. Sommergrün	**Roter Hartriegel** Hornstrauch **Córnus sanguínea** **(53)**

Hundsrose

Buchsbaum

Ebereschenblättrige Fliederspiere

Roter Hartriegel

Blatt	Besonderes	Stamm	Blüte, Frucht	Sonstiges	Name
Elliptisch od. ellipt.-eif., zugespitzt, 5—12 cm lang	B. oben d'grün, unters. graugrün, ± behaart. fiederbogennervig	St. rund, mehr ausgebreitet, verzweigt-niedergebeugt, wurzelnd, Zw. im Herbst purpurrot	Bl. **weiß,** in 3—5 cm breiten Trugdolden. Steinfr. kugelig, **schwärzlich,** weiß-punktiert. Mai, Juni	Strauch oder Baum. H. bis 3 m. (Nordamerika). Park, Gärten, angepflanzt. Sommergrün	**Weißer Hartriegel** **Córnus stolonífera** **(53)**
Länglich-eiförmig bis breit-lanzettlich, 10—12 cm lang, 3—5 cm breit, lang-gestielt	B. derb, kahl, oben d'grün, glänzend, unters. graugrün, im Herbst gelb. Adernetz unters. hervortretend, ± behaart	Zw. kahl	*Bl. duftend, in achselst., hängenden, lockeren, bis 20 cm langen Rispen. Blb. **4,** weiß, langlinealisch, bis 3 cm lang, am Grunde verwachsen, K. 4sp. Steinfr. klein, **d'blau,** pflaum.art. Juni	Strauch oder Baum. H. 3—5 m. Nordamerika. Sommergrün	**Virginischer Schneeflockenbaum** **Chionánthus virgínica** **(65)**
Breit-eif., langzugespitzt, am Grunde herzf., gestielt. 5—12 cm lang	B. kahl, beiders. gleichfarbig, Adernetz sehr fein, durchscheinend; fiedernervig. Kn. eif., grün	Zw.rundl.,jüng.graue od. braungrüne R., Zw.rötl.b. bunt.Blkr., grün bei weiß. Blkr., Holz sehr hart, Splint gelbl. od rötl., Kern rötlich-braun	* Bl.sträuße in endst. dichten Rispen. Kr. trichterf., 4—5zipflig, **blau, lila, rötlich** oder **weiß,** duftend. Fr.kapsel 2klappig, lederartig. S. geflügelt. Mai, Juni	Strauch, kl. Baum. H. 3—7 m. * Bl. stark duftend. Häufiger Zierstrauch aus Südungarn, zuweilen verwildert Sommergrün	**Gemeiner Flieder** **Syrínga vulgáris** (s. Seite 54 = Pers. Flieder!) **(65)**

Blätter einfach · gegenständig · gelappt

Blatt	Besonderes	Stamm	Blüte, Frucht	Sonstiges	Name
Spitzeiförmig, gesägt, zuweilen unregelmäßig eingeschnitten oder am Grund mit 1—2 seitl. Läppchen	Alle anderen Merkmale wie bei der Esche (vgl. Seite 30).				**Einblattesche** **Fráxinus excélsior var. monophýlla** (F. diversifólia) **(65)**
Handf., 3—5lappig, am Grunde herzf., 5—10 cm breit	B.-Lappen ganzrandig, stumpf. Buchten spitz, unters. weichha., beiders. gleichfarbig, handnervig. Kn. klein, braun, etwas abstehend	R. jung braun und glänzend, später netzartig aufgerissen, graubraun, korkig Blattstände u. junge Triebe stark milchend	Bl. in aufrechten Doldenrispen, **gelbgrün.** Fr.flügel waagerecht ausgespreizt. Mai	Strauch oder Baum. Kr. rundlich. H. 3 bis 20 m, häufig nur strauchartig. Wälder, Gebüsche, bes. auf Kalkboden, in Hekken angepflanzt. Sommergrün	**Feld-Ahorn** Maßholder **Ácer campéstre** **(39)**

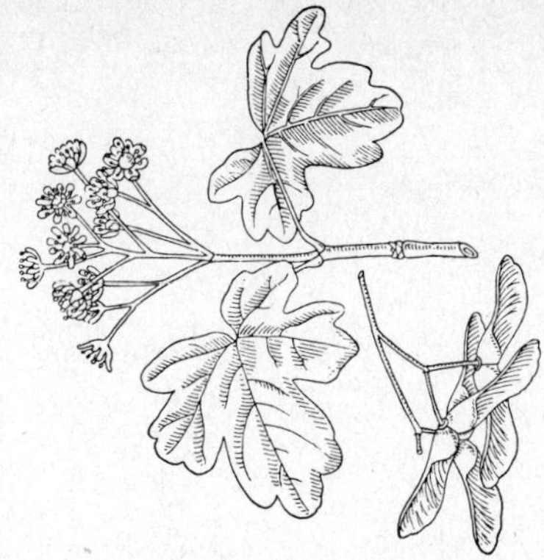

Feld-Ahorn

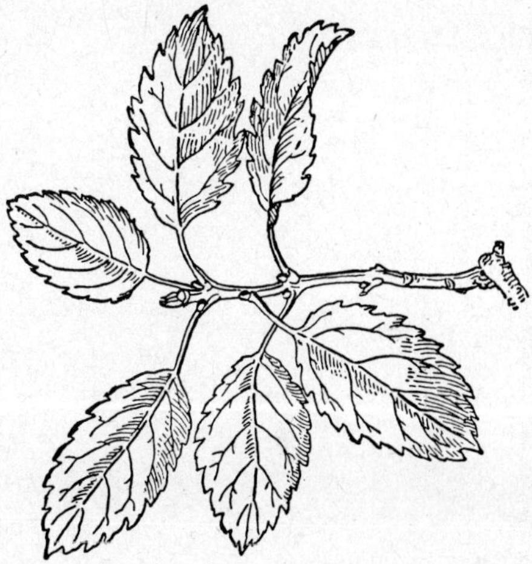

Einblattesche

Gemeiner Flieder

Virginischer Schneeflockenbaum

Weißer Hartriegel

Blatt	Besonderes	Stamm	Blüte, Frucht	Sonstiges	Name
Handf., 3lappig, bis 5 cm lang	B.-Lapp. ganzrandig od. etw. geschweift, stumpf, unters. graugrün, anf. weichha., spät. kahl, m. 3Hauptnerven, handnervig	Kr. rund, Zw. kahl, Pfl. **nicht** milchend	**Bl. gelbgrün,** in überhängenden, fast sitzenden Doldenrispen, Kr. **gelbgrün.** Fr.flügel parallel. April, Mai	Strauch oder Baum. H. 2,5—8 m. Sonnige Felsabhänge, auch angepflanzt. Sommergrün	**Felsen-Ahorn** **Ácer monspessulánum** (39)
B. handförmig, bis tief unter die Mitte gespalten, 5—10lappig, 5—10 cm br. Lappen eilanzettlich zugespitzt, doppelt gesägt	B. frischgrün, im Herbst schön karminrot. In den Winkeln der Hauptnerven gebartet	Zweige dünn, lebhaft rot, kahl, bei uns meist nur Strauch	Blüte klein, purpurn, in kleinen Doldenrispen. Fruchtflügel stumpfwinklig gespreizt. Juni	Bis 8 m hoch. Japan. Als Strauch sehr dekorativ u. in vielen Formen angepflanzt, mit mehr od. weniger tief eingeschnittenen Lappen, auch rotlaubig. Sommergrün	**Fächer-Ahorn** **Acer palmátum** (39)

Blätter einfach — wechselständig — ganzrandig

Blatt	Besonderes	Stamm	Blüte, Frucht	Sonstiges	Name
Oval oder verkehrt-eif., 3—8 cm lang. Blattstiel 1—4 cm lang, grün	*B. kahl, ob. d'grün, unten blaugrün, beim Reiben stark riechend	St. aufr., ästig, kahl, punktiert, R. glänzend, olivbraun, oft bläulich bereift. Holz orangegelb, R. dient zum Gelbfärben	Bl. klein, in endst. lockeren Rispen. Rispen zur Fr.zeit dichtwollig. Haare der später verläng. Bl.stiele **rötlich.** Blkr. **grünlich,** 5zählig Steinfr. klein, trocken. Juni, Juli	Strauch oder Baum. H. 2—5 m. Südeuropa. Häufig in Anlagen angepflanzt. Sommergrün	**Perückenbaum** **Cótinus coggygría** (Rhus cótinus) (35)
Bis 3 cm lang gestielt, verkehrt-eif., kurz bespitzt, in der Mitte am breitesten, kaum über 18 cm lg., 6—8 cm breit	B. unten h'grün mit 6—10 Seitennervenpaaren. Winterkn. mit 2 Schuppen	Junge Zw. behaart. Fr.zapfen werden bei uns nicht reif	*Bl. einzeln, endst., bis 12 cm Durchmesser, vor den B. erscheinend, Bl.-hüllbl. 9, alle gleich groß, verkehrt-eif., bespitzt, lederartig, **reinweiß,** duftend, anf. glock., spät. ausgebreit. Fr.zapfen 6—8cm lang, walzenf., bräunlichgrün. April	Strauch od. Baum. H. bis 15 m. China, Japan. Sommergrün	**Lilien-Magnolie** **Magnólia denudáta** (M. yúlan) (18) S. 30

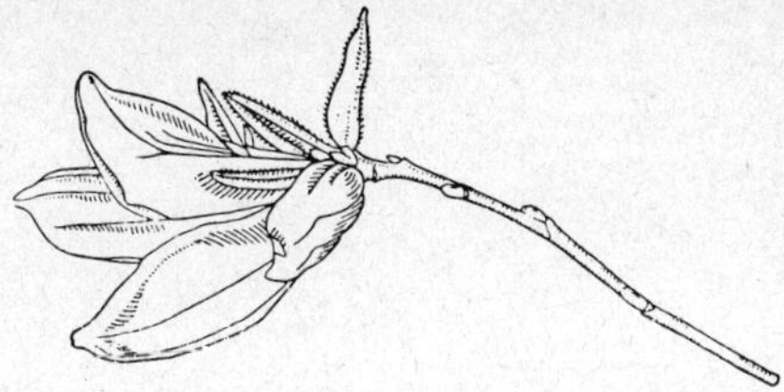

Lilien-Magnolie

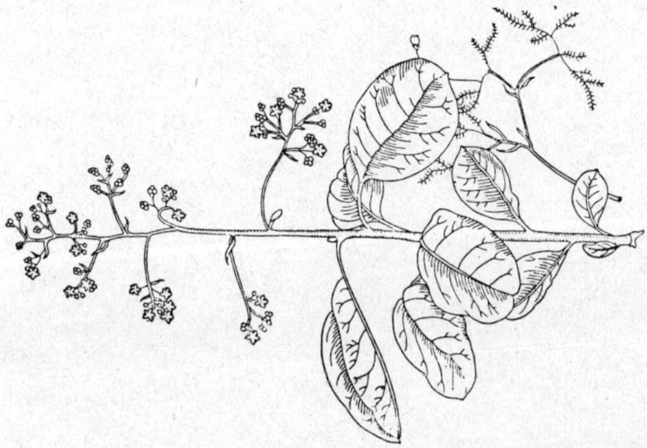

Perückenbaum

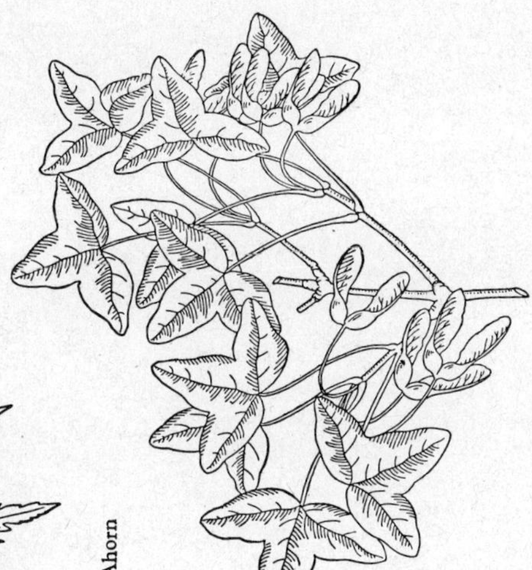

Felsen-Ahorn

Fächer-Ahorn

Laubhölzer, Strauch **oder** Baum — Blätter einfach, wechselständig, ganzrandig

Blatt	Besonderes	Stamm	Blüte, Frucht	Sonstiges	Name
Länglich-lanzettlich, spitz, mäßig lang gestielt, 5—7 cm lang, 1—2,5 cm breit	B. beiders. silberweiß-schülferig, wie die Kn. fiedernervig	Junge Zw. silberschülferig, dornig od. dornenlos	Bl. zwittrig, blattwinkelst., gestielt, aufrecht, glockenf. Krb. 4, innen **gelb**, außen silberschülferig, Staubb. 4—6. Gr. 1. Scheinfr. (Beere) h'gelb, trocken, genießbar. Juni	Strauch oder Baum. H. 3—6 m. *Bl. wohlriechend. In Südeuropa einheim. Sommergrün	**Ölweide** **Elaeágnus angustifólia** (51)
Herz-nierenf., Spitze abgerundet, 9—12 cm breit. Nebenb. unscheinbar	B. obers. sattgrün, unters. blaugrün, kahl oder nur in den Aderwinkeln behaart. handnervig	Zw. schlank-rutig, jüngere glänzend rotbraun, ältere grauschwarz	Bl. in büschelig stehenden 4—6bl. Trauben, vor den B. erscheinend. K. breitglockig, gefärbt. Schmetterlingsbl. **violettrosa.** Staubgefäße 10. Hülsen flach, braunrosa, bis Frühjahr hängend. April, Mai	Strauch oder Baum. H. 2—7 m. Südeuropa, Kleinasien, Südtirol. Sommergrün	**Gemeiner Judasbaum** **Cércis siliquástrum** (27) S. 18
Eif.-elliptisch, stumpf od. kurz zugespitzt, 4—7 cm lg. B.st. fein behaart	B. kahl, oben d'grün, unten h'grün, beiderseits mit 6—8 schrägen, parallelen Seitennerven. Kn. filzig, ohne Schuppen	Zw. wechselständig, abstehend, rutenf., dornenlos. R. violett oder d'blei-grau, inn. gelb, mit grauweißen Korkwarzen. Holz m. gelbl.-rotem Kern	Bl. zwittrig, klein, 2—6 in achselst. Trugdolden. Kr. 5blättr., **grünlichweiß,** Steinbeere erbsengroß, erst grün, dann rot, später **schwarz,** ungenießbar. Mai, Juni	Baumartiger Strauch. H. bis 6 m. Laubwälder, feuchte Gebüsche, Moore, in Parkanlagen. Sommergrün	**Faulbaum** Pulverholz **Frángula álnus** (Rhámnus frángula) (42)
Eif., kurzgestielt, etwa 4—8 cm breit und 6—10 cm lang Blattstiel filzig., Nebenb. blattartig, gezähnt	B. obers. zuletzt kahl, unters. nebst der Kr.röhre zottig-graufilzig, fiedernervig Kn. stumpf	Ä. abwärts geneigt, junge Zw. zottig behaart, dornenlos	Bl. endst., einzeln. Kr. 5b., Blumenbl. **rötlichweiß,** getrennt. K. drüsig-gesägt, Zipfel zurückgeschlagen, filzig. Staubblätter 20, Gr. 5, frei. Fr. apfel- oder birnenf., reif **goldgelb** mit abwischbarem Filz überzogen, aromatisch, säuerlich süß, zusamm.ziehend Mai bis Juni	Als Baum bis 6 m, als Strauch bis 4 m hoch. Orient. In mehreren Rassen kultiviert u. verwild. *Fr. von fein. Duft. Sommergrün	**Quitte** **Cydónia oblónga** (C. vulgáris) (26)

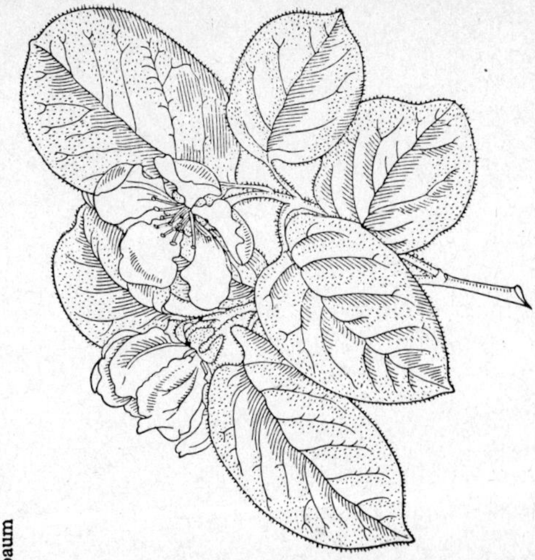
Quitte

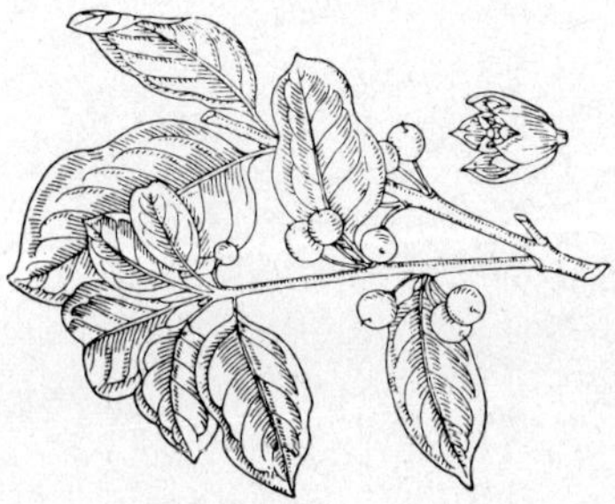
Faulbaum

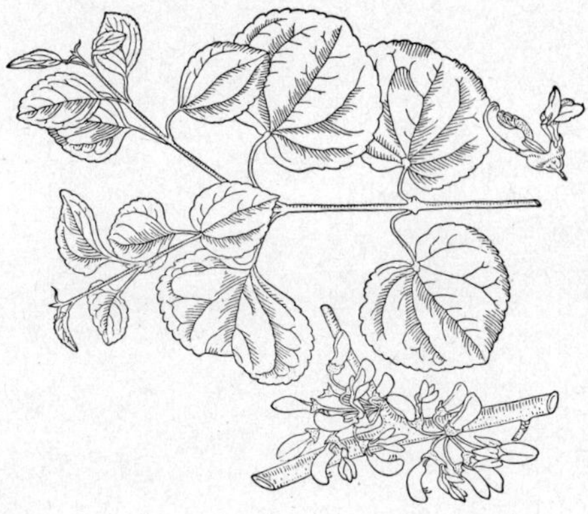
Gemeiner Judasbaum

Ölweide

Laubhölzer, Strauch **oder** Baum

Blätter einfach **wechselständig** ganzrandig

Blatt	Besonderes	Stamm	Blüte, Frucht	Sonstiges	Name
Länglich-lanzettlich, kurz zugespitzt. 6—12 cm lang, Blattstiel 5—7 mm lang	B. ganzrand. od. fein gezähnt, unters. grünfilzig, fiedernervig. Kn. klein, kegelf.	Zw. kräftig, junge filzig-behaart. Stammr. abschupp.	Bl. einzeln, **weiß,** 4—5 cm breit, kurzgestielt, endst. Fr. walnußgroß, mit breiter Scheibe und bleibenden K.zipfeln, reif **braun,** erst nach Durchfrieren eßbar. Mai, Juni	Als Baum ohne, als Strauch mit Dornen. H. 4—6 m, wild in Südungarn, s. selten in Süddeutschland, nicht angepflanzt. Sommergrün	**Mispel** **Méspilus germánica** (26)
Längl.- bis breitoval, 5—10 cm lang, 3—6 cm breit, mit kurzer zurückgekrümmter Spitze. Nebenb. nierenförm.	B. fast ganzrandig oder schwach wellig-gekerbt, jung seidenglänzend weiß-filzig, später kahl, obers. d'grün, unters. blaugrau, fiedernervig	Ä. biegsam und zähe. Junge Zw. rot- oder olivbraun, kurzhaar., ältere kahl, glänzendbraun oder graugrün. R. anfangs fein-, später breitrissig	Kätzchen vor den B. erscheinend, aufrecht, steif, fast sitz., von 4-7 Blättch. gestützt, vor dem Aufblühen sehr wollig, männliche **gelb,** weiblich **grünlich.** Frkn. filzig. St. 4—6mal so lang wie die Drüse. Narben aufrecht, zsm. neigend. März, April	Strauch oder Baum. H. 2—9 m. Kr. sparrig. Ufer, Wiesen, Wälder, Wegränder, häufig. Sommergrün	**Sal-Weide** Palm-Weide **Sálix cáprea** (5) S. 24

Blätter einfach wechselständig gesägt gezähnt gekerbt

Blatt	Besonderes	Stamm	Blüte, Frucht	Sonstiges	Name
Eif. bis elliptisch, 3—7 cm lang, kurz gestielt	B. buchtig-gezähnt, in einen Dorn endig., an den oberen Zw. oft ganzrandig, lederart., gewellt, sehr glänz., obers. d'grün, unters. h'grün, fiedernervig	Junge Zw. glatt. Holz gelblich bis grünlich-weiß, hart	*Bl. klein, kurzgestielt, in achselst. Büscheln. Krb. radf., tief 4sp., **weiß,** schwach wohlriechend. K. 4sp. Beeren **scharlachrot.** Mai, Juni	Strauch oder Baum. H. 1—7 m. Pfl. kahl. In zahlreichen Formen angepflanzt, in Westdeutschl. heimisch. Immergrün	**Stechpalme** **Hülse** **Ílex aquifólium** (36)
Länglich-eif., am Grunde abgerundet bis herzf. zugespitzt, 2zeilig, kurzgestielt, bis 12 cm l., 11—15 Seitennerven gerade, randl. seltenverzweigt	B. scharf doppelt-gesägt, fast kahl, faltig, hell- bis mittelgrün, Kn. klein, länglich-eif., angedrückt	Stamm auffall. längswulstig, oft wie aus schwächer. Stämmen verwachsen aussehend. R. aschgrau, glatt,	Kätzchen schlaff häng., 3—5 cm lang, weiblich. Bl. mit 2 **blaßroten** Narben. Fr. 1 sam. Nuß. Hülle 3lappig, der mittlere Abschnitt länger als die seitlichen. April, Mai	Strauch oder Baum. H. 7—24 m. Kr. unregelmäßig, dicht beblättert. Laubwälder, häufig, auch zu Hekken angepflanzt. Sommergrün	**Weiß-Buche** Hornbaum Hagebuche Hainbuche **Carpínus bétulus** (8)

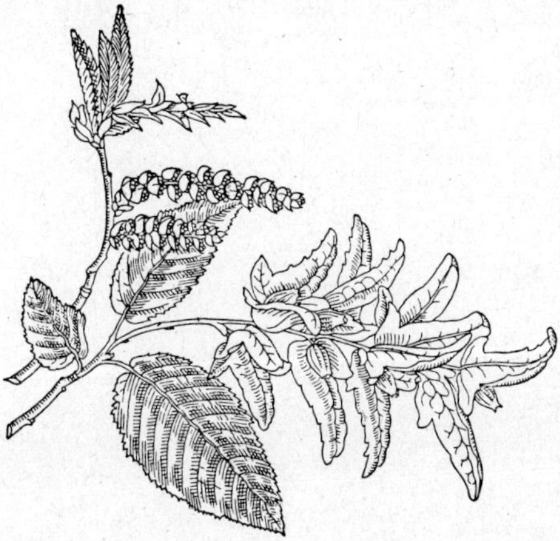

Weiß- oder Hainbuche

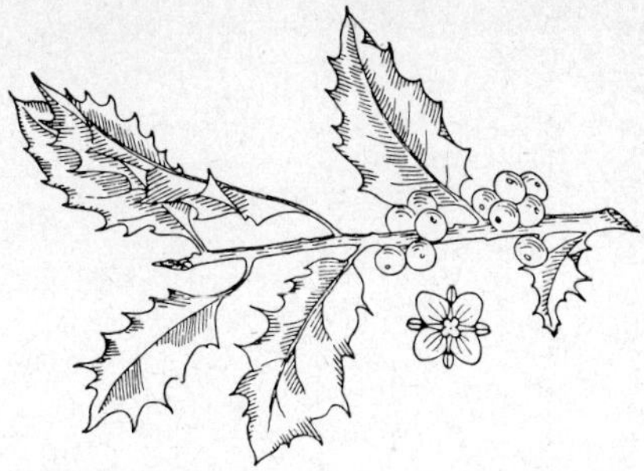

Stechpalme

Sal-Weide

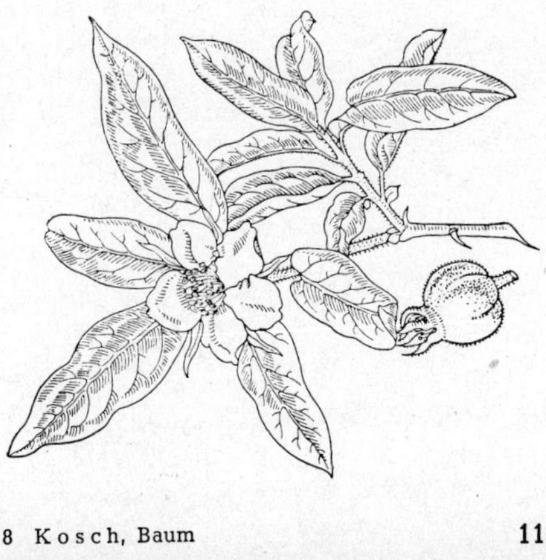

Mispel

Blatt	Besonderes	Stamm	Blüte, Frucht	Sonstiges	Name
B. breiteiförmig bis rautenförmig, mit seichten, scharf zugespitzten Lappen, anfangs behaart, besonders oben	Dornen 3—8 cm lang. Blattstiele mit dicken, schwarzen Drüsenhöckern	Strauch oder Baum	Bl.stände 7—12blütig, weiß, Fr. 12 mm dick, scharlachrot. Mai	Nordamerika. Vielfach angepflanzt. Sommergrün	**Scharlachdorn** **Crataegus coccínea** (Cr. rotundifólia) (26)
2zeilig, rundl.-herzf.-zugespitzt, kurz gestielt. St. und B. drüsig behaart. Nebenb. eiförmig, häutig, abfallend	B. scharf doppelt-gesägt, schwach eckig gelappt, behaart, unters. blaß-grün, fiedernervig. Kn. stumpf-eif., oft flach gedrückt	Zw. grau, drüsig-rauhha. Holz zähe, biegsam, Kern nicht gefärbt	Bl.stände seitenst., vor d. B. ersch., männl. häng., kätzchenf., weibl. mit hervorragenden **roter** Narb., einz. Fr.hülle glockenf., oben offen, in breite Zipfel zerschlitzt. Haselnuß, eßbar, ölreich. Februar bis April	Strauch oder Baum. H. 3—6 m, buschf. wachsend. Wälder, Gebüsche, häufig. Sommergrün	**Haselnuß-strauch** **Córylus avellána** (8) S. 26
Breit-eif., an der Basis herzf., fast gelappt, 7—15 cm lg., 5—10 cm breit, B.st. bis über 4 cm lg.	B. gekerbt-gesägt, d'grün, unters. Nerven behaart; fiedernervig	Durchgehend. Schaft. Junge Zw. drüsenha. Bereits 1jährige Zw. mit längsriss., ältere mit ± korkiger R. Holz hart, Splint rötl.-grau, Kern h'rot	Blüten getrennt-geschlechtl. auf derselben Pfl., männliche in länglichen Kätzchen, über 10 cm lang. Nuß rundlich. Fr.hülle tief geteilt. März, April	Hoher Strauch, meist Baum. Wuchs pyramidal. H. 5—15 m. Aus dem östl. Südeuropa. Sommergrün	**Baum-Hasel** **Córylus colúrna** (8)
Breit-eirundlich, schwach herzf., leicht gelappt. Blattstiel 1—3 cm lang	B. gekerbt-gesägt, grün oder rot, mit 7—9 Nervenpaaren; fiedernervig	Junge Zw. grau, drüsenborstig, 1jährige Zw. glatt, 2jährige nie korkig berindet	Kätzchen 5—7 cm lang. Staubbeutel meist **rot.** Fr.hülle röhrig, geschlossen oder einseitig eingerissen, meist doppelt so lang als die Fr. Nuß 3 cm groß, länglich-eif. S.haut rot. Februar bis April	Strauch, oft baumartig. H. 6—10 m. Südosteuropa. Als Fruchtstrauch vielfach angebaut. Sommergrün	**Lamberts-Haselstrauch** **Córylus máxima** (C. lambertiána) (8)

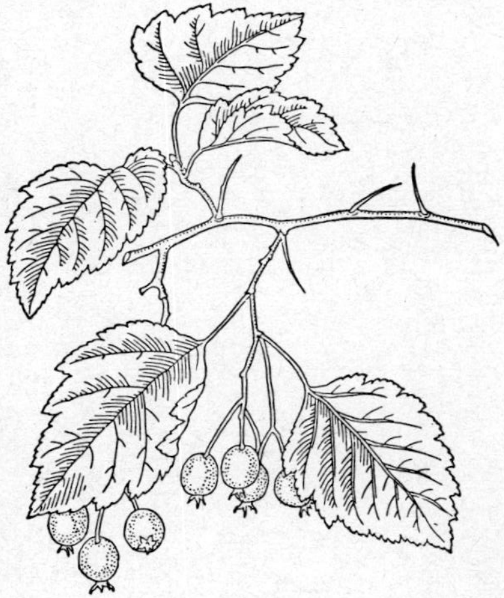

Scharlachdorn

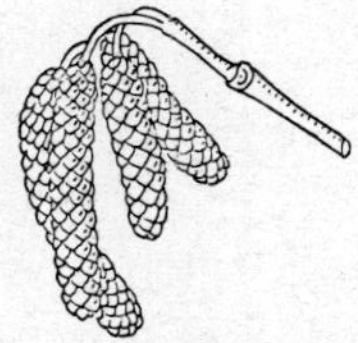

Kätzchen des
Haselnuß-Strauchs

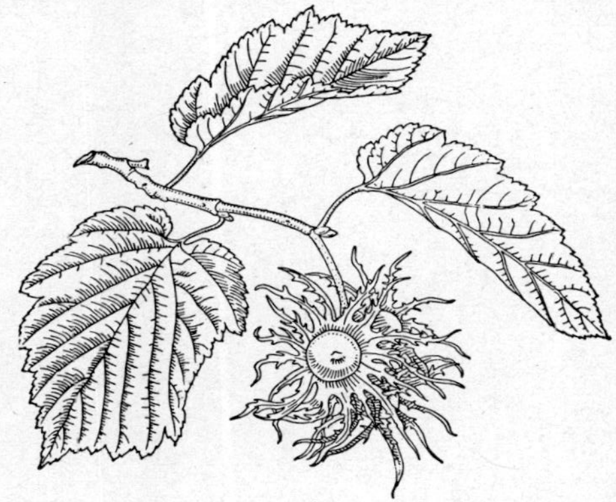

Baum-Hasel

Haselnuß-Strauch

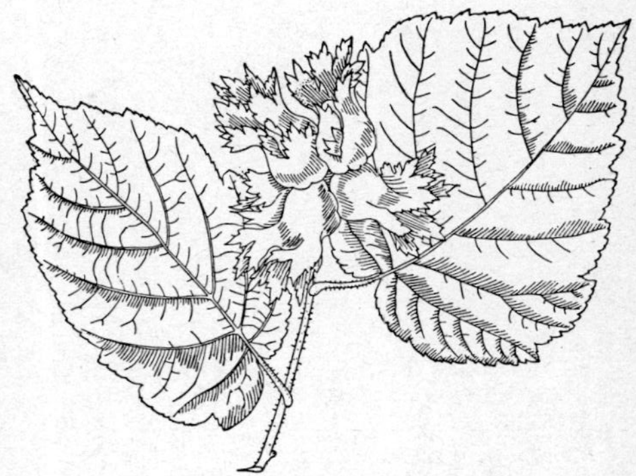

Lamberts-Hase

Blatt	Besonderes	Stamm	Blüte, Frucht	Sonstiges	Name
Klein, breit- bis länglich-elliptisch, zugespitzt, an Langtrieben ± gelappt. B.st. bis 2 cm lang	B. gezähnt, Zähne grannenspitzig, unters. behaart. Seitennerven bis in die B.zähne verlauf.	Zw. überhängend	Bl. in reichbl. Dolden mit überhängender Verzweigung, in der Kn. **tiefrot,** entfaltet **weiß-rosa** Bl.st. bis 4 cm lang, behaart oder kahl. Blb. 5. Kb. 5, nach dem Verblühen abfallend. **Apfel,** 6—12 mm dick, beiders. leicht vertieft, gelblich-grün und rotwangig, herb, säuerlich. Mai	Strauch oder Baum. H. 3—10 m. Kr. breit gewölbt. Japan. Viel angepflanzt mit verwandten Arten. Sommergrün	**Reichblühender Apfel** **Málus floribúnda** (26)

Die Gattung Prunus umfaßt Pflaumen, Kirschen, Mandeln, Pfirsiche. Kennzeichen: Blätter immer wechselständig, gesägt, selten ganzrandig, meist Nebenblätter. Blüten stehen einzeln, in Büscheln oder in Trauben, weiß bis rosa.

Blatt	Besonderes	Stamm	Blüte, Frucht	Sonstiges	Name
Breit-eif., plötzlich zugespitzt, 5—10 cm lang, bis 3 cm lang gestielt. B.st. oft 2drüsig (1—2 Höcker)	B. doppelt-gesägt, kahl, in der Kn.lage gerollt, fiedernervig	Zw. kahl, bräunlich, R. rötlich	*Bl. vor den B. seitenst., einzeln oder zu zweien, sehr kurz gestielt, Blb. rundlich, anfangs **rötlich** später **weiß,** etwas duftend. Steinfr. samtartig, **gelb** oder **rötlich.** Stein glatt, scharfkantig. April	Strauch oder Baum. H. bis 10 m. In mehreren Rassen gebaut, aus Südwest- und Mittelasien. Sommergrün	**Aprikose** **Prúnus armeníaca** (26)
Länglich-eif. bis längl.-verkehrt-eif., spitz, bis 6 cm lang, in der Kn. eingerollt. B.st. kahl	B. kerbig-gesägt, grün, spärlich beha., unters. kahl, nur am Mittelnerv filzig behaart; fiedernervig	Zw. grünrindig, später graubraun, zuweilen nicht dornig, kahl	Bl. meist einzeln, Bl.stiel kahl. Kr. **weiß.** Fr. kugelig, bis 3 cm dick, hängend, **hellrot** oder **gelblich,** fad-säuerlich. April, Mai	Strauch oder Baum. H. bis 8 m. Orient Sommergrün (Unterart = P. pissardi, mit rotbraunen Blättern, rötlichen Blüten und dunkelroten Früchten!)	**Kirschpflaume** **Prúnus cerasífera** (26)
Elliptisch bis eif., 4—8 cm lang, in der Kn. eingerollt	B. kerbig-gezähnt, meist beiders. zerstreut behaart; fiedernervig	Zw. wenig dornig, jüngere filzig behaart	Bl. meist zu 2 in einer Knospe, etwa 2½ cm breit. Krbl. fast rund, rein **weiß.** Bl.stiele beha. Fr. nickend, rundlich, **schwarzblau** od. **grünlich.** Fr.-fleisch süß, löst sich nicht vom Stein April, Mai	Strauch oder Baum. H. 3—6 m. In vielen Abarten (z. B. Mirabellen, Reineclauden) gezogen u. verwildert. Orient. Sommergrün	**Haferpflaume,** Kriechel **Prúnus insitítia** (26)

Reichblühender Apfel

Aprikose

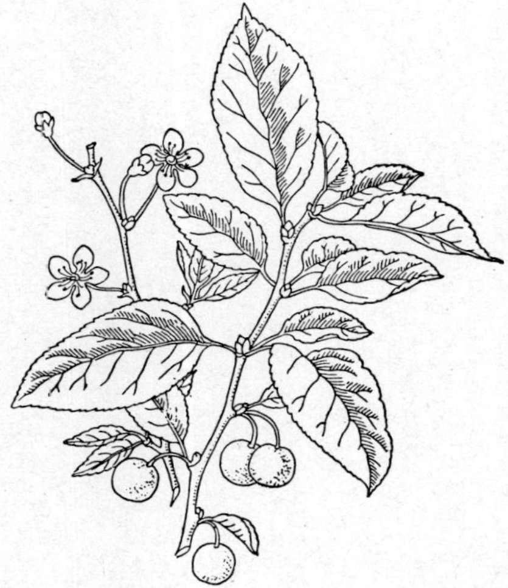

Kirschpflaume

Haferpflaume

Blatt	Besonderes	Stamm	Blüte, Frucht	Sonstiges	Name
Eif. oder rundlich, spitz oder stumpf, Blattstiele ohne Drüsen	B. gekerbt-gesägt, etwas lederig, kahl, glänzend, grün, mit zahlreichen Seitennerven, fiedernervig. Kn. eif., h'braun, fein behaart	Stamm kurz, *Zw. sparrig, überhängend, duftend R. längsrissig. Holz hart	*Bl. in aufrechten, 5—12 bl., gestielten Trauben. Bl.stand mit vorn eingeschnittenem Deckb. Kr. 5b., **weiß.** Fr. erbsengroß, erst gelblich, dann rot, zuletzt **schwarz,** sehr herb. Mai	Strauch oder kleiner Baum. H. 2—10 m. Liefert die Weichselrohre, nach Waldmeister duftend. Bergwälder, Rheingegend, häufig Zierstrauch. Sommergrün	**Weichselkirsche** **Prúnus máhaleb** (26)
Länglich-verkehrteif. oder elliptisch, zugespitzt, fast kahl Blattstiele meist 2drüsig	B. doppelt-gesägt, Sägezähne absteh., obers. etwas runzel., fiedernerv. Kn. spitz, kegelf., d'braun, glänzend	Junge Zw. fein behaart, später kahl R. schwarzgrau, bildet später eine flachrissige Borke. *Holz gelbbraun, frisch unangenehm riechend	Bl.trauben am Ende beblätt. Zw. hängend. *Bl. meist 5b., **weiß,** duftend. Steinfr. glänz., **schwarz,** bittersüß mit grubig gefurchten Steinen. April, Mai	Strauch oder Baum. H. bis 10 m. Kr. tief ansetzend, dicht belaubt, etwas überhängend. Feuchte Wälder, Gebüsche, vielfach angepflanzt. Sommergrün	**Traubenkirsche** Ahlkirsche **Prúnus pádus** (26)
Lanzettlich, allmähl. zugespitzt, 8—15 cm lang, kurz gestielt	B. drüsenlos-scharfgesägt, Sägezähne m. deutl. Stachelspitze; fiedernervig. B. in d. Kn. gefaltet	Zw. schlank, kahl, rutig	Bl. einzeln, fast sitzend, vor den B. erschein. Kr. **trüb-rosa.** K. außen wollig. Fr. ± kugelig, samtartig-filzig, fleischig, sehr saftig, **gelblich,** auf einer Seite rosa überlaufen. Stein gefurcht, hart. April	Strauch oder Baum. H. 3—10 m. Aus Asien stammend, in mehreren Abarten gezogen. Sommergrün	**Pfirsich** **Prúnus pérsica** (26)
Elliptisch bis länglich, stumpf oder leicht zugespitzt, Grund keilförmig, kurzgestielt, etwa 6 bis 12 cm lang, 5 bis 8 cm breit, jung gefaltet, nicht gerollt. Kn. groß, eif.	B. doppelt-gesägt od. Mitte schwach gelappt, Sägezähne und Läppchen von der Mitte des B. nach d. Grunde abnehm., ob. glänz., d'grün, unters. mehlweiß-filzig. 7 bis 10 Nerv.paare	Zw. nie dornig, anfangs grau-filzig, später olivbraun, weißmarkig, Holz hart	Bl. groß, 5b., **weiß,** in schirmf. Rispen, Bl.stiele, K. und Kb. weiß-filzig, Gr. 2. Mehlbeere kugeligeif., **rotorange,** Geschmack fade, mehlig. Mai	Strauch oder Baum. H. 3—9 m. Kr. kegelf., Gebirgswälder, besonders auf Kalkboden, zerstreut. Vielfach als Zierbaum angepfl. Sommergrün	**Mehlbeere,** Mehlbeerbaum Weiß- oder Silberbaum **Sórbus ária** (26)

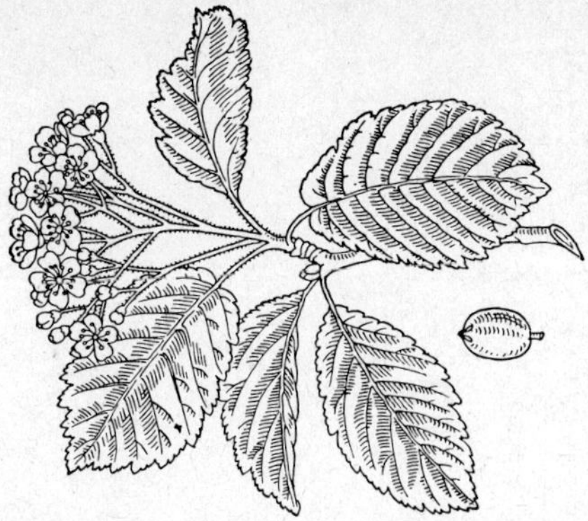
Mehlbeere

Pfirsich

Traubenkirsche

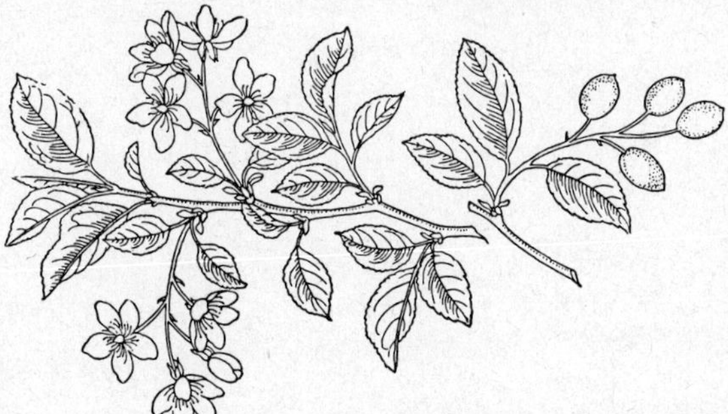
Weichselkirsche

Blätter einfach — wechselständig — gesägt — gezähnt — gekerbt

Blatt	Besonderes	Stamm	Blüte, Frucht	Sonstiges	Name
Lineal-lanzettlich, scharf zugespitzt, 6—12 cm lang, 1—3 cm breit Nebenb. lanzettlich, lang zugespitzt	B. lederartig, gesägt, kahl, obers. glänzend, unters. mattgrün oder bläulich fiedernervig	Zw. lang, dünn, zähe, biegs., rotbraun, mit abwischbarem bläulichem Reif überzog. Innere R. gelblich. Seitenwurzeln 10 bis 20 m weit streichend	Kätzchen vor den B. erschein., schmächtig, voneinander entfernt. Frkn. kahl, St. so lang wie oder kürzer als die Drüse. Gr. zieml. lang. Narben ungeteilt, aufrecht. März, April	Strauch oder Baum. H. 5—10 m, schlanker Wuchs. Ostrußl. Als Zier- und Nutzweide gepflanzt. Sommergrün	**Kaspische Weide** Spitzblättrige Weide **Sálix acutifólia** (5) S. 24
± eif. oder elliptisch, am Grunde abgerundet od. verschmälert, 5—10 cm lang. Blattstiele 1,5—2 cm lang, dünn	B. fein gesägt, oben d'grün, unters. h'grün, behaart, bald kahl	Zw. lang, dünn, überhängend, in der Jugend sternhaarig	Bl. hängend, zu je 2 oder 4, langgestielt, 1,5—2 cm groß, bauchig-glockig, 4lappig, **weiß.** K. 4zähn., Staubb. 8—16, am Grunde verwachsen, kürzer als die Blkr. Steinfr. 4flügelig. April, Mai	Baumartig. Strauch. H. 3—6 m. Nordamerika. Sommergrün	**Vierflügeliger Schneeglöckchenbaum** **Halésia carolína** (H. tetráptera) (58)

Blätter einfach — **wechselständig** — gelappt

Blatt	Besonderes	Stamm	Blüte, Frucht	Sonstiges	Name
Kurz 3lapp. mit größerem Mittellappen, oder ei-keilf., kurz gestielt. Nebenb. pfriemlich	B. grob-gezähnt	B. an älteren Trieben gebüschelt. Junge Zw. zottig behaart, später kahl	Bl. einzeln, in den B.-achseln, trichterf.-glockig, bis 6 cm breit, **reinweiß** oder **weiß,** am Grunde **purpurn.** Außenk. 7b. K. 5teilig. Kapselfr. meist 5fächerig. Juli bis Oktober	Strauch oder kleiner Baum. H. bis 3 m Aus Kleinasien Zahlreiche Gartenformen mit roten, blauen u. violett. Bl. Sommergrün	**Eibisch** **Hibíscus syríacus** (49)
Meist 3—5lappig, tief eingeschnitten bis fiederteilig	B.lappen vorn gesägt, spitz, mehr absteh. B. unters. bläulich oder weißlich-grün, fiedernervig	Ä. kahl, R. glatt, wenig Dornen	Bl.stiele behaart. K.zipfel lanzettlich, lang zugespitzt, bei der Fr. oft zurückgeschlagen. Krb. 5, **weiß.** Gr. meist 1. Staubbeutel rot. Beerenfr. fast kugelig, **rot,** 1steinig. Mai, Juni	Strauch oder Baum. H. 2—5 m. Bl. oft gefüllt, weiß oder rot **(Rotdorn)** Waldränder, Hecken, Anlagen. Sommergrün	**Eingriffeliger Weißdorn** **Cratāegus monógyna** (26)

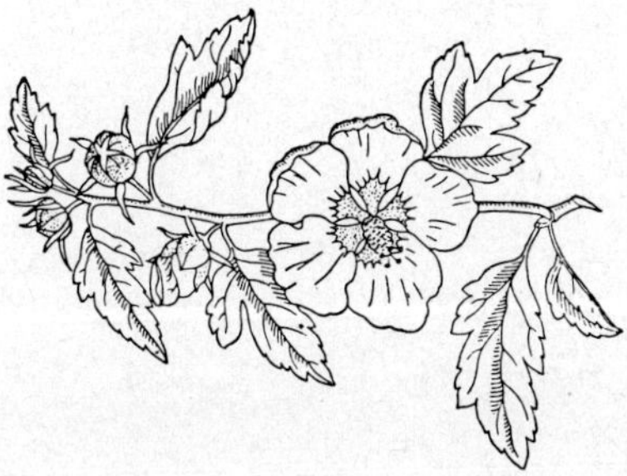

Eibisch

Eingriffeliger Weißdorn

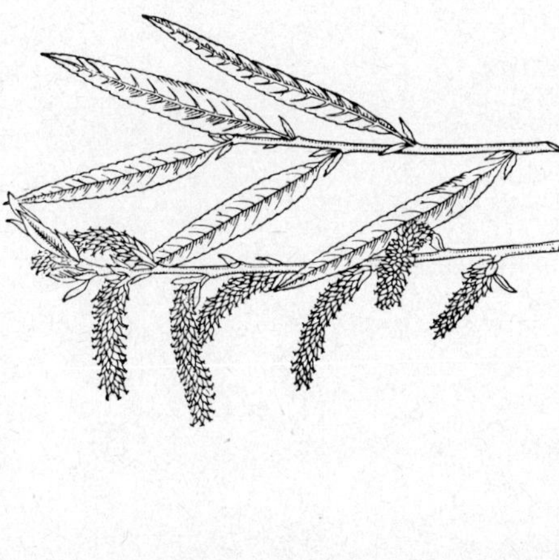

Kaspische Weide

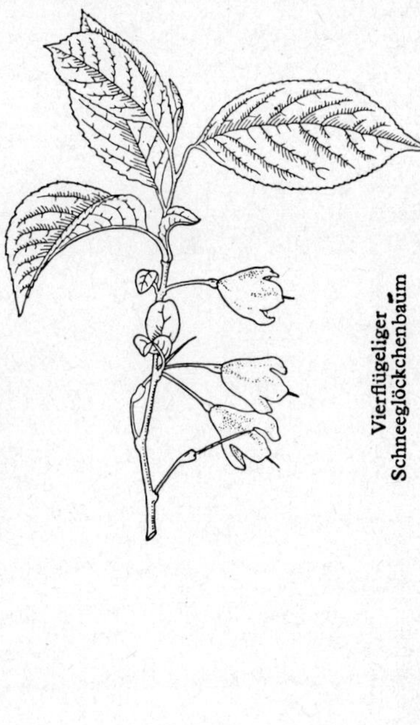

Vierflügeliger
Schneeglöckchenbaum

Laubhölzer, Strauch **oder** Baum

Blätter einfach — wechselständig — gelappt

Blatt	Besonderes	Stamm	Blüte, Frucht	Sonstiges	Name
Eif., am Grunde keilf., 3—5 lappig, auch ungeteilt, 2—5 cm lang. Nebenb. nierenf. zerschlitzt	B.lappen, kurz und stumpf, vorn ungl. gesägt. B. glänzend grün, unters. blasser, fiedernervig	Ä. kahl, Dornen spitz, 1,5 cm lang, häufig am Ende der Seitenzweige. 1jähr. Zw. h'oliv oder rotbraun. R. d'grau, glatt. Holz sehr hart	*Bl. in aufr. endständig. Doldenrisp. Blütenstiele kahl. K.zipf. eif. kurz zugespitzt, bei d. Fr. absteh. Krb. 5, **weiß-rötlich,** Griff. 2, Staubbeutel rot. Beerenfr., eif., meist 2stein., **rot,** mehlig, eßbar. Mai, Juni	Strauch oder kleiner Baum. H. 2—5 m. *Bl. unangenehm riechend, oft gefüllt, rosa od. rot. Hecken, Zäune, Wälder, auch angepfl. Sommergrün	**Zweigriffeliger Weißdorn** **Cratae̅gus oxyacántha** (26)
Breit-eif., am Grunde gestutzt oder etwas herzf., bis 10 cm lang Stiel 2—5 cm lang. Kn. zieml. groß, fast kugelig, grün, kahl	B. gelappt, Lappen spitz, ungl. gesägt, die unt. B. viel größ., tief einschneidend, abstehend. B. oben glänz. d'grün, unten h'grün, kahl, jung locker-filzig, fiedernervig	Borke vorwiegend längsrissig, klein geschuppt. Holz ziemlich hart, feinfaserig, Kern rotbraun	Bl. klein, 5b., **weiß,** in wenigbl. Doldenrispen. 2 Gr. Fr. Elsbeere, rundl. bis ellipt., 1¹/₂ cm dick, anfangs gelbrot, zuletzt **lederbraun.** Innenschicht knochenhart, später teigig und genießbar. Mai Juni	Strauch oder Baum H. bis 15 m. Kr. rund, dicht belaubt. In Bergwäldern, sonnig. Lagen, auf Kalkboden, zerstreut. Nicht selten gepflanzt. Sommergrün	**Elsbeere** Ruhrbirne Atlasbeere **Sórbus torminális** (26)

Blätter zusammengesetzt — gegenständig — gesägt — **gezähnt** — gekerbt

Blatt	Besonderes	Stamm	Blüte, Frucht	Sonstiges	Name
Unpaarig gefiedert, 3—7 Teilb. Nebenb. warzenf.	Tb. spitz-gesägt, eif., zugespitzt, d'grün, unten heller, etwas behaart. Holz hart, zäh, gelblich, Kern gelblich-grau	Ä. bogenf. abw. gekrümmt. R. jung warzig, unangenehm riechend, im Alter rissig, aschgrau Mark der Ä. schwammig, schneew.	*Bl. in aufrechtstehenden, flachen, endst. Trugdolden, mit 5 Hauptstrahlen, später hängend, zerstreut behaart. Kr. radf., 4—5t., **gelblichweiß.** Staubb. gelb! K. 5zähnig. Beeren **schwarz,** eif. bis kugelig, auf rotem St., Saft blutrot. Juni bis Juli	Strauch oder Baum. H. 3—10 m. *Geruch der Bl. stark aromatisch. Wälder, Hecken, Zäune, häufig in Gärten. Beeren verwendbar. Sommergrün	**Schwarzer Holunder** Flieder, Holler **Sambúcus nígra** (64)

Zweigriffeliger Weißdorn

Elsbeere

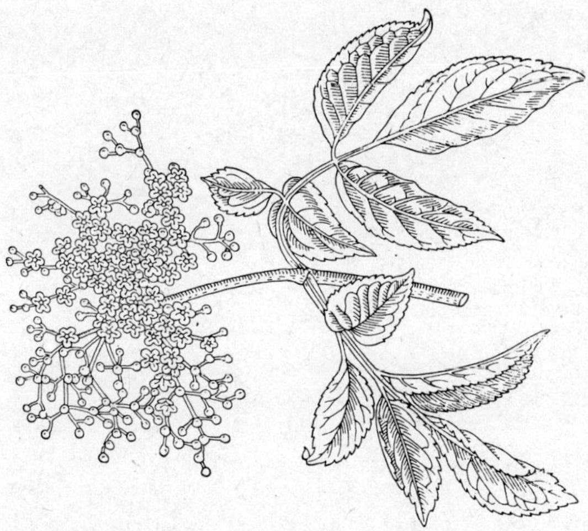

Schwarzer Holunder

Blätter zusammengesetzt — gegenständig — gesägt — gezähnt — gekerbt

Blatt	Besonderes	Stamm	Blüte, Frucht	Sonstiges	Name
5fingerig, Tb. 10—15 cm lang. Kn. nicht klebrig	Tb. gesägt, länglich, zugespitzt, gestielt, oben d'grün, unten gelbgrün, meist behaart		Bl. in 12—15 cm langen, aufrechten, lockeren, behaarten Rispen. Blb. 4, am Rand drüsig gewimpert, **gelb,** K. glockig, 5zähnig. Fr. länglichrund, rauh od. höckerig. Mai, Juni	Dichtästiger Strauch oder Baum. H. bis 30 m. Nordamerika. Sommergrün	**Gelbblühende Roßkastanie** **Æsculus lútea** (A. octándra) (40) S. 152
5fingerig, Tb. 10—15 cm lang. Kn. nicht klebrig	Tb. gesägt, länglich, zugesp., am Grunde keilf., kurz gestielt, meist kahl, nur in den Aderachseln bärtig		Bl. in 12—15 cm langen, aufrechten, rotstieligen, behaarten Rispen. Blb. 4, am Rande drüsig gewimpert, **blaß-rot** oder **schmutzig-purpurn.** K. röhrig, 5zähnig. Fr. verkehrt-eirund, glatt. Mai, Juni	Dichtästiger Strauch oder Baum. H. 6—16 m. Nordamerika. Sommergrün	**Rotblühende Roßkastanie** **Æsculus pávia** (Pávia rúbra) (40) S. 152

Die meisten rotblühenden Roßkastanien der Gärten sind Kreuzungen mit der Gem. Roßkastanie. (Æsculus rubicúnda)

Blatt	Besonderes	Stamm	Blüte, Frucht	Sonstiges	Name
Unpaarig-gefiedert, Tb. meist 7, das endständ. länger, gestielt, spitz elliptisch. Kn. graubraun-filzig	Tb. kerbig-gesägt, unters. am Mittelnerv bräunl. behaart	R.saft süß, „Manna" genannt	* Bl. klein, süßlich duftend, in achsel- u. endst. Rispen, bis 15 cm lang, Blb. 4, **weiß,** lineal, am Grunde paarig verbunden. K. 4sp., Staubb. 2. Nuß geflügelt. Mai bis Juni	Strauch oder Baum. H. bis 20 m. Kr. rundlich. Südeuropa, Orient. Sommergrün	**Blumen-Esche** **Fráxinus órnus** (65)

Blätter zusammengesetzt — wechselständig — ganzrandig

Blatt	Besonderes	Stamm	Blüte, Frucht	Sonstiges	Name
Paarig gefiedert, 8—12 Tb. Nebenb. selten stachelig	Tb. h'grün, elliptisch, stachelspitzig, dünnhäutig, anfangs anliegend behaart oder ganz kahl	Junge Zw. behaart	Schmetterlingsbl., groß, **goldgelb,** einzeln oder doldig. Traubenst. 3 bis 5 cm lang. K. becherf. Hülse ± stielrund. Mai	Baumartiger, aufrechter Strauch. H. 5 m. Zierstrauch aus Sibirien. Sommergrün	**Großer Erbsenstrauch** **Caragána arboréscens** (27)

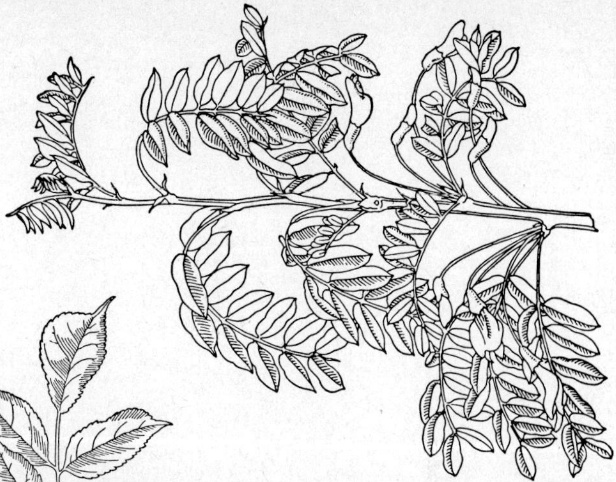

Großer Erbsenstrauch

Blumenesche

Rotblühende Roßkastanie

Gelbblühende Roßkastanie

Blatt	Besonderes	Stamm	Blüte, Frucht	Sonstiges	Name
Oft büschelig, 3zählig, kleeähnlich, 4—8 cm lang und 2—3,5 cm breit, langgestielt	Tb. spitz-elliptisch, oben d'grün, unters. graugrün, angedrückt seidenha.	Junge Zw., B.st. und Hülsen ± anliegend behaart. Mehrjähr. Zw. glatt und grün, rutenf.	Bl.trauben, reichbl., bis 25 cm lang, an kurzen Seitenzw. hängend. Schmetterlingsbl. **goldgelb.** K. glockig. Hülsen an der oberen Naht dick gekielt. Mai, Juni	Strauch oder Baum. H. bis 6 m. Aus den Alpen stammend. Überall in Anlagen angepflanzt und verwildert. † Giftig! Sommergrün	**Goldregen,** Bohnenbaum **Labúrnum anagyroides** (Cytisus labúrnum) (27)
Unpaarig-gefiedert. Tb. 11—13. Nebenb. fadenf., nicht verdornend	Tb. breit-elliptisch, tiefgrün, unten grau	Zw. braunrot-steifborstig, nicht klebrig	Schmetterlingsbl. in hängenden, fast kugeligen, lockeren borstig-behaarten Trauben, 3—5 bl. Krb. **rosa** bis **h'purpurn,** groß, geruchlos. Hülse borstig, braunrot Mai, Juni und Herbst	Strauch. H. 1,5—3 m. Nordamerika. (meist auf Hochstamm veredelt) Sommergrün	**Borstige Robinie** **Robínia híspida** (27)
3zählig, langgestielt	Tb. 7—10 cm lang, sitzend, eif. bis länglich, spitz, das mittlere größer, unterw. verschmälert, obers. d'grün, kahl, unters. blaßgrün, drüsig punktiert	Ä. mit kahlen, punktierten Zw. 1jährige Zw. bräunlich, stielrund. R. u. Mark junger Zw. unangenehm riechend. Mark weich und dick	*Bl. strahlig, in endst. Doldenrispen, locker behaart. Krb. 4—5, **grünlich-weiß,** wohlriechend. Kb. 4—5. Fr. 2—3fächrig, kreisrund, ähnlich der der Flatterulme. Juni	Strauch oder Baum. H. 3—8 m. Kr. rund. Nordamerika. Bisweilen verwildert. Sommergrün	**Kleeblatt-Lederstrauch** **Ptélea trifoliáta** (28)

Blätter zusammengesetzt ☘ wechselständig gesägt gezähnt gekerbt

Blatt	Besonderes	Stamm	Blüte, Frucht	Sonstiges	Name
Unpaarig-gefiedert, kurzgest., bis 40 cm lang. Blattspindel samtig behaart, Blätter oben glatt. Tb. 11—31	Tb. scharf-gesägt, sitzend, lanzettlich, zugespitzt, unterseit. weißlichgrün, fein behaart. Im Herbst purpurrot	St. aufrecht, ästig. Zw. braun-filzig. Holz weich. St. meist schon am Grunde geteilt	Bl. in bis 15 cm langen, endst., keulenf., dichtgedrängten Rispen, dichtborstig-behaart. Krb. **grünlichgelb.** Steinfr. **rot,** dichtzottig, säuerlich, nicht giftig. Juni, Juli	Strauch oder Baum. H. 3—5 m. Pfl. mit nichtgift. Milchsaft. Nordamerika. Sommergrün	**Essigbaum** Hirschkolben-Sumach **Rhús týphina** (35)

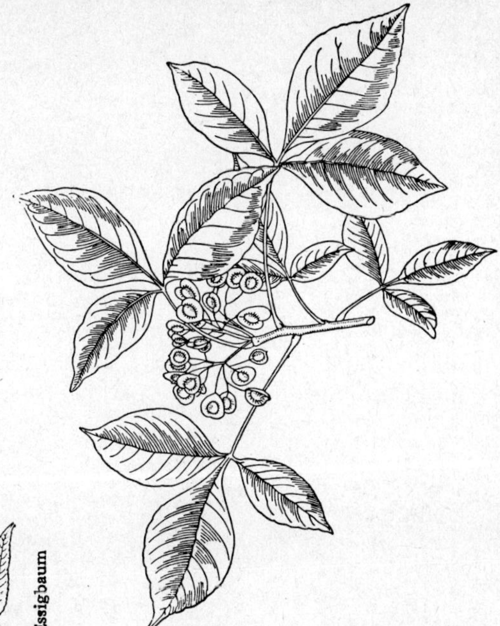

Kleeblatt-Lederstrauch

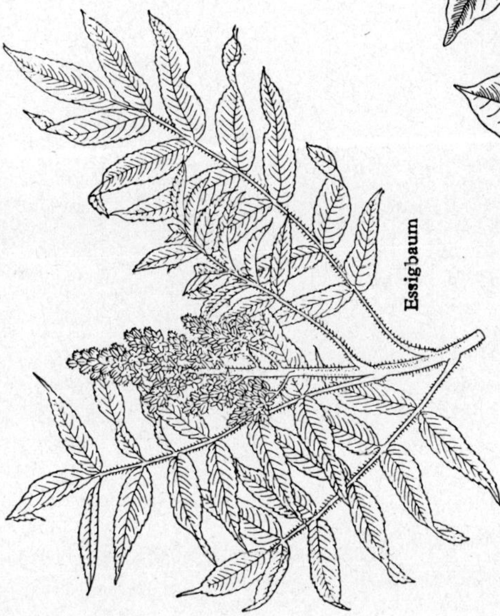

Essigbaum

Borstige Robinie

Goldregen

Blätter einfach gegenständig ganzrandig

Blatt	Besonderes	Stamm	Blüte, Frucht	Sonstiges	Name
Meist quirlig zu 3, herzf., manchmal am Grunde 2eckig gelappt, kurz zugespitzt, langgestielt, 25—30 cm lang	*B. oben h'grün, kahl, unten reichlich behaart, oft mit roten Drüsenflecken in den Nervenwinkeln, B. unangen. riechend	Ä. sparrig. Zw. durchgehend markerfüllt. R. dünn, h'braun	Bl. in bis 25 cm langen, kegelf., endst. Rispen. Blkr. **weiß**, mit **gelben Streifen** und **purpurnen Tüpfeln**, bauchig-glockig, ungleich 5-zipflig. Staubb. 2 (5) Fr.kapsel bis 25 cm lang, braun. Juni, Juli	Baum. H. 5—15 m. Kr. rundlich, auf kurzem Stamm. Nordamerika. Sommergrün	**Gemeiner Trompetenbaum** **Catálpa bignonioídes** (63)

Blätter einfach gegenständig gelappt

Blatt	Besonderes	Stamm	Blüte, Frucht	Sonstiges	Name
Handf., 5—7lappig, am Grunde herzf., scharf zugespitzt, 10—18 cm breit	B.lappen beiders. mit 1 od. 2 spitz. Zähnen, rundbuchtig, beiders. glänz., grün, kahl, in d. Aderwink. bärtig, mit 5 oder 7 Hauptnerven, handnervig	R. bald eine längsrissige, schwärzliche, nicht abblätternde Borke bildend	Bl. aufrecht in reichbl. Ebensträußen, mit den B. erscheinend, **gelbgrün**, groß. Fr.flügel waagerecht ausgespreizt. April, Mai	Baum. H. 20—25 m. Kr. breit, ei-rundl., Pfl. stark milchend. In Wäld. der niedrig. Gebirge und Ebene, auch angepflanzt. Sommergrün	**Spitz-Ahorn** **Ácer platanoídes** (39)
Handf., 5lappig, am Grunde herzf., langgestielt, 8—16 cm breit. B.st. oft drehrund	B.lappen ungleich-gekerbt-gesägt, zugespitzt, Buchten spitzwinkel., derb, obers. glänzend d'grün, unters. graugrün, in den Nervenwinkeln filzig-behaart, handnervig	Ä. sehr stark. R. grau, glatt, später in flachen Schuppen abblätternd	Endst. Traub., hängend. Bl. klein, 5b., **gelbgrün**, nach den B. erscheinend. Fr. öfter rot, 5flügelig, Flügel stumpfw. abstehend. Mai, Juni	Aufrechter Baum. H. 20—25 m. Kr. abgerundet. Pfl. ohne Milchsaft. Laubwälder, in Gebüschen. Zuweilen strauchart., häufig angepflanzt. Sommergrün	**Berg-Ahorn** Trauben-Ahorn **Ácer pseudoplátanus** (39)
Tief handf., 5lappig, mit spitzen Buchten, bis 12 cm lang, langgestielt	B.lappen tief eingeschnitten, ± lang zugespitzt, gesägt. B. kahl, obers. glänzend, d'grün, unters. silberweiß, handnerv., im Herbst rot-gelb gef.	Zw. überhängend, Stammborke abschuppend	Bl. fast sitzend, vor den B. ersch., in knäuelartigen Doldenrispen, abwärts hängend. Blb. fehlend. K. **grünlich-gelb**, 5 Staubb. weit hervorragend. Flügelfr. in spitzem Winkel abstehend. Februar, März	Raschwüchs. Baum. H. 30—40 m. Nordamerika. Sommergrün	**Silber-Ahorn** **Ácer saccharínum** (A. dasycárpum) (39) S. 20

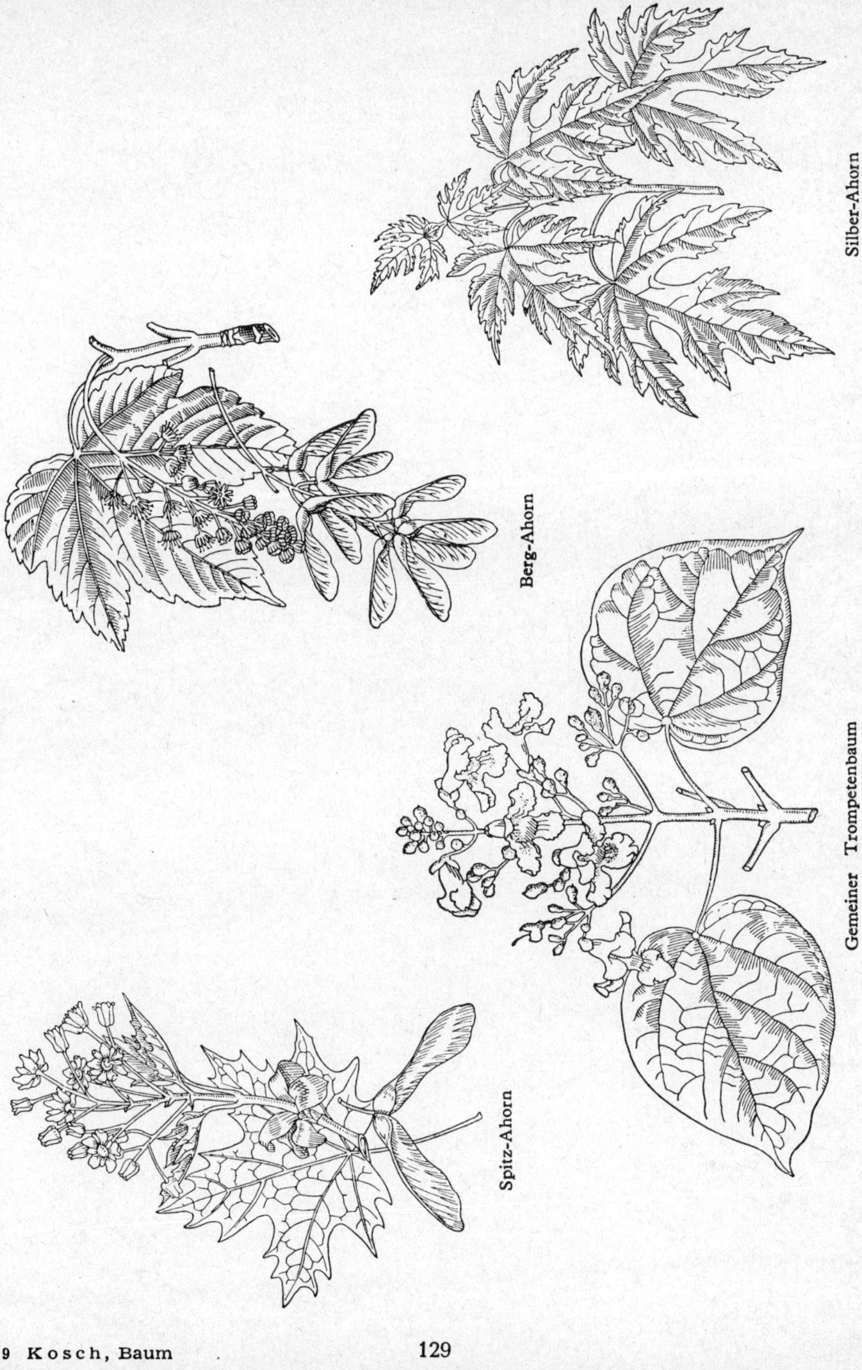
Silber-Ahorn
Berg-Ahorn
Gemeiner Trompetenbaum
Spitz-Ahorn

Blätter einfach – wechselständig – ganzrandig

Blatt	Besonderes	Stamm	Blüte, Frucht	Sonstiges	Name
Lineal-stumpflich oder spitz, 5—8 cm lang, in einen kurzen Stiel verschmälert	B. obers. graugrün, kahl, unters. silberweiß-schülfrig. Seitenadern wenig auffällig. Kn. mit schülfrigen Schuppen	St. aufrecht, sehr ästig. Ä. scharf dornspitzig, d'grau	Bl. 2häusig, kurze Ähren bildend, Kb. **rostrot** Bl. klein, oft büschelig. Scheinfr. (Beere), klein, **orangefarben;** säuerlich, eßbar. April, Mai	SparrigerStrauch,selten kleiner Baum. H. 1—3,5 m. Ufer der Alpenflüsse, in den Dünen der Nord- u. Ostsee; als Zierbaum angepfl. Sommergrün	**Sanddorn** Seedorn **Hippóphaë rhamnoídes** **(51)** S. 18, 62
Elliptisch bis eilänglich, zugespitzt, etwa in d. Mitte am breitesten, 12—20 cm lang, 6 cm breit. B.st. 2—3 cm lang	B. sattgrün, obers. bald kahl, unters. zerstreut behaart, oben d'grün, unten h'grün, gleichmäßig an den Zw. verteilt	Zw. anfangs behaart, später kahl, rotbraun, glänzend	Bl. einzeln, endst., glokkig, kurz u. dick gestielt, nach den B. erscheinend. Äußere B. der Bl.hülle eilänglich, zugespitzt, kürzer als die inneren, länglich-lanzettlichen, alle **gelblichgrün,** Fr.zapfen einer kleinen Gurke ähnlich, 5—8 cm lang, reif **dunkelrot.** Mai bis Juli	Baum. H. über 20 m. Wuchs pyramidal. Bl. nicht duftend! Nordamerika. Sommergrün	**Gurken-Magnolie** **Magnólia acumináta** **(18)**
3—5 lappig od. rundlich-eif., winkelig-gezähnt, etwa 4-10 cm lang u. 3-4 cm breit. B.st. von der Seite zusammengedrückt, weißfilzig	B. obers. d'grün, glänzend, unters. schneeweiß-filzig, handnervig. Kn. spitz, nicht klebrig	Ä. dick, kurz, junge Zw. grau- oder weißfilzig. R. weißgrau, lange glatt bleibend. Borke schwärzlichgrau, längsfurchig. Holz rötlich-gelb, Splint hell	Kätzchen hängend, vor d. B. ersch., Kätzchenschuppen nicht eingeschnitten, **weiß** mit **rostfarbenen Flecken,** schwach gewimpert. Narben d. weiblichen Bl. gelblichgrün, Staubb. 8, Frkn. länglich. März, April	Baum. H. 30 m. Wuchs lockerästig, dicht belaubt. In feuchten Wäldern, Süddeutschland, häufig angepflanzt. Sommergrün	**Silber-Pappel** **Pópulus álba** **(5)** S. 28, 140, 148

Blätter einfach – wechselständig – gesägt – gezähnt – gekerbt

Blatt	Besonderes	Stamm	Blüte, Frucht	Sonstiges	Name
Rundlich oder rundlich-verkehrt-eif.. sehr stumpf od. ausgerandet, Grund keilf. mit 5—8 Nervenpaaren, unters. hervorstehend	B. ungleich-gesägt oder ausgeschweift, gezähnelt, obers. d'grün, unters. blaugrün, achselbärtig, sonst kahl, fiedernervig. Kn. gestielt, klebrig	Junge Triebe kahl, klebrig, * aromatisch. R. schwarzbraunrissig. Holz orangerot, färbend. Mark rund. Durchgehender Schaft	Weibl. Kätzchen an vorjähr. Zw. überwinternd, männl. mit **violettbraunen** Deckschuppen, weibl. **rote** Narben. Seitliche Fr.zapfen dunkelbraun, gestielt, jung grün und klebrig. Nuß ungeflügelt. Februar, März	Baum. H. bis 25 m. Stamm mit waager. ausgreifend. dünnen Ä., locker belaubt. Feuchte Wälder, Ufer, Sümpfe. Sommergrün	**Schwarz-Erle** Rot-Erle **Álnus glutinósa** **(8)**

Schwarz-Erle

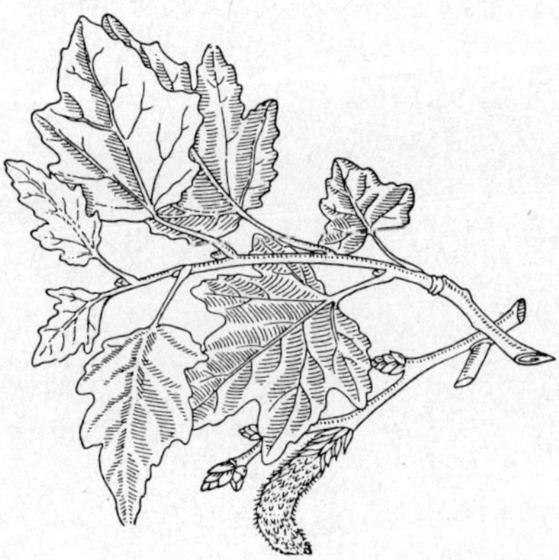

Silber-Pappel

Gurken-Magnolie

Sanddorn

Blatt	Besonderes	Stamm	Blüte, Frucht	Sonstiges	Name
Eif.-elliptisch, spitz, am Grunde meist abgerundet, jeders. 8—10 Seitennerven	B. doppelt-gesägt, klein gelappt, oben d'grün, unters. graugrün, meist behaart, nicht achselbärtig, fiedernervig. Kn. gestielt, behaart, nie klebrig	Ä. aufgerichtet. Einjähr. Zw. ha., grau. R. glatt, glänzend, silbergrau, später etwas rissig. Mark rund	Weibl. Kätzchen an vorjähr. Zw. überwinternd. Seitliche Fr.zapfen fast sitzend. Nuß ungeflügelt. März, April	Baum. H. bis 20 m. Moorige Wälder, sumpfige Flußufer, feuchte Gebirgsstellen; sehr zerstreut. Sommergrün	**Grau-Erle** Weiß-Erle **Álnus incána** (8)
Rautenf.-3eckig, spitzl. Seitenecken, lang zugespitzt, am Grunde keilf. Blattstiel 2—3 cm lang	B. doppelt-gesägt, dünn, jung behaart, klebrig, bald kahl, undeutlich netzadrig, oben lebhaft-, unten h'grün, * angenehm riechend, fiedernerv.	Zw. elastisch, meist hängend, junge kahl, harz-drüsig. R. weiß bis bräunlich, früh in schwarzrissige Borke übergehend	Kätzchen ungestielt, walzlich, dick, männliche **bräunlich**, schlaff hängend, weibl. **grün**, aufrecht. Flügelfr., Flügel doppelt so breit wie die ovale Nuß. April, Mai	Baum, selt. Strauch. H. 3—20 m. Wuchs schlank, Kr. locker. In Laub- und Nadelwäldern eingesprengt, trockene Orte, häufig. Sommergrün	**Weiß-Birke** Warzige Birke Hänge-Birke **Bétula verrucósa** (B. péndula) (8)
Eif. bis rautenf. mit abgerundeten Seitenecken, kurz zugespitzt. B.st. halb so lang wie die Blattfläche	B. grob- und meist doppelt-gesägt, kahl, unters. in den Aderwinkeln bleib. bärtig, ältere B. fast lederartig, fiedernervig	Zw. nicht oder wenig überhängend, junge weichha., R. weiß, querabblätternd, od. bräunlich, nicht abblätternd	Kätzchen aufrecht bis hängend, walzlich. Schuppen weichha. Flügelfr., Flügel so breit wie oder weniger breit als die verkehrt-eif. Nuß. April, Mai	Baum. H. bis 20 m. Wuchs oft sperrig, Moorbrüche, feuchte Heiden, selten auf trockenem Boden, ziemlich verbreitet. Sommergrün	**Moor-Birke** Weichhaarige Birke **Bétula pubéscens** (8)
Länglich-lanzettlich, zugespitzt, etwa 10 bis 18 cm lang. Kn. mit 2 äuß. Schuppen, die sich kapuzenartig decken	B. stachelspitzig-gesägt, etwas lederartig, kahl, glänzend, obers. d'grün, unters. blaßgrün, Seitennerven in die B.zähne verlaufd.	Ä. abstehend, R. rissig. Mark der 5kant. Zw. im Querschnitt gelappt, fest, holzig	Männliche Kätzchen aufrecht, weibl. meist zu 3 in einer Hülle. Fr.hülle stachelig. Fr. zu 1—3, braunschalig. Maronen, eßbar. Juni, Juli	Baum. H. 15—35 m. Kr. schön geformt, dicht beblättert. Im Süd. als Waldbaum, hin und wieder angepflanzt. Sommergrün	**Eß-Kastanie** Edel-Kastanie **Castánea satíva** (9)

Grau-Erle

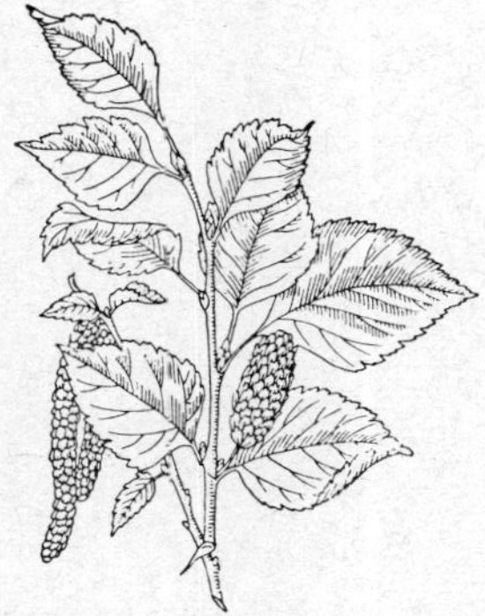

Moor-Birke

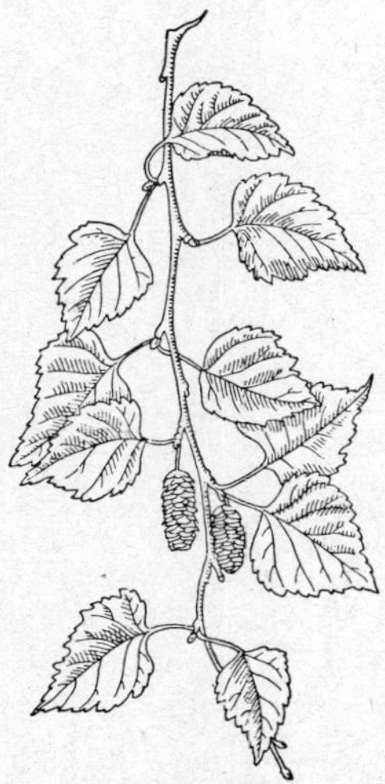

Weiß-Birke

Eß-Kastanie

Blatt	Besonderes	Stamm	Blüte, Frucht	Sonstiges	Name
2zeilig, eif., oder am Grunde keilig, spitzl., kurzgestielt. Nebenb. 2—3 cm lg., dünnhäutig. Kn. zimtbraun, fast stechend, weitabsteh.	B. entfernt gezähnt oder wellig gerandet, am Rande zottig gewimpert, alt fast kahl, obers. d'grün, glänzend, unters. blasser, Fiederadern fast randl., am Rande umgebog.	Stamm rund, Ä. dicht verzweigt, schief aufstrebend, R. glatt, weißgrau. Mark der Zw. hart, verholzend, im Querschnitt 3eckig. Holz rötlich	Bl. einhäusig. Männliche Bl.stände fast kugelig, langgestielt, hängend, weibl. aufrecht in den Achseln von Laubb., Fr.hülle stachelig, Fr. 3kantig, glatt, rotbraun. (Bucheckern). Mai Vor dem Roh-Genuß der Bucheckern muß gewarnt werden!	Baum. H. 25—30 m. Einzeln oder Wälder bildend, auch zsm. mit Nadelholz, bis gegen 1300 m hinaufsteigend. Sommergrün	**Rot-Buche** **Fágus silvática** (Ändert ab mit rotbraunen B., häufig als Parkbaum kultiv.: Blut-Buche). (Fágus silvática var. purpúrea) **(9)**
Herz-eif., ungleichseitig gefaltet, meist angespitzt oder 3—5lappig. B.st. nicht unter 2 cm lang. Nebenb. klein	B. ungleich gesägt, dünnhäutig, obers. glatt, fast kahl, unters. nur längs der Adern kurz behaart. Kn. kahl	Kr. rund, sparrig verästelt. Ä. graubraun, Milchsaft fast wässerig. Holz hart	Bl. 1- oder 2häusig, Bl.stände kätzchenähnlich, hängend, gestielt, achselständig. Narben feinhöckerig. * Scheinbeere **weiß,** eßbar, süßlich, fade schmeckend. Mai	Baum oder Strauch. H. 6—12 m. Orient. Häufig als Zier- oder Futterbaum für Seidenraupenzucht angepflanzt. Sommergrün	**Weißer Maulbeerbaum** **Mórus álba** **(11)** S. 150
Breit-eif., am Grunde tief-herzf., auch gelappt. B.st. nur 5 bis 15 mm lang	B. ungleich-gesägt, derb, obers. sehr rauh, unters. kurzha. Kn. kahl	Kr. rund, kurzzweigig, Ä. behaart, zuletzt hellrotbraun. Holz hart	Bl. 1- od. 2häusig. Bl.st. kätzchenähnlich, häng., gestielt, achselst. Narben rauhha. * Scheinbeere doppelt so groß wie bei M. álba, **schwarz-violett,** säuerl., süß, eßbar. Mai	Baum. H. 6—10 m. Orient. Als Zier-, seltener als Futterbaum f. Raupenzucht angepflanzt. Sommergrün	**Schwarzer Maulbeerbaum** **Mórus nígra** **(11)** S. 150
Breit-eif. oder breit-elliptisch, kurz**zugespitzt, doppelt so lang** wie ihr Stiel	B. gekerbt-klein-gesägt, oben etwas runzelig, unters. meist filzig, fiedernervig. Kn. behaart, fast rundlich	Stamm mit tief angesetzter, sperriger, unregelmäßiger Kr. Kurztriebe in eine spitze Endkn. oder Dorn auslaufend. R. grau, schuppig	Bl. 5b., **weiß,** außen **rötlich,** in kleinen Doldentrauben. Staubb. gelb. K. dünnfilzig. Fr. kugelig, am St. vertieft, oben mit 5 K.zipfeln, grün, gelblich, rot, glänzend oder matt, süß oder sauer, aromatisch. Mai	Baum- oder bäumchenartig. H. bis 15 m. In sehr vielen Züchtungen gezogen, selten wild (Holzapfel). Sommergrün	**Apfelbaum** **Málus púmila** (Pírus málus) **(26)**

Apfelbaum

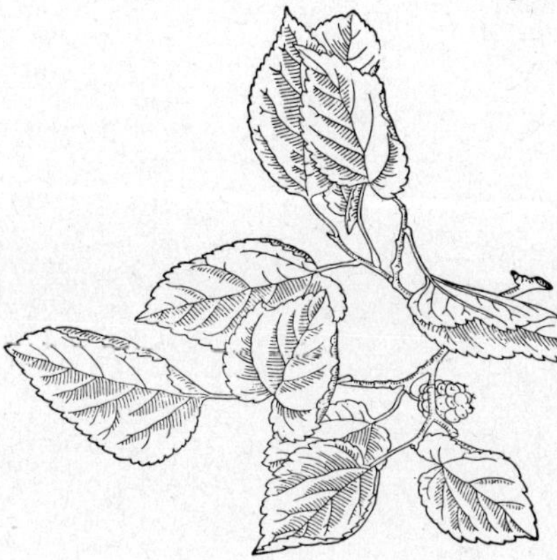

Schwarzer Maulbeerbaum

Weißer Maulbeerbaum

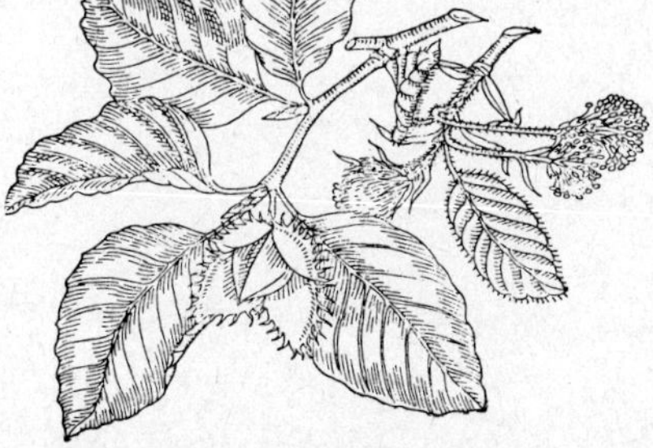

Buche

Blätter einfach — wechselständig — gesägt — gezähnt — gekerbt

Blatt	Besonderes	Stamm	Blüte, Frucht	Sonstiges	Name
Rundlich, bisweilen herzf., etwa so lang wie der Blattstiel. Seitliche Kn. kahl	B. dicht gesägt, lederig, obers. glänzend, d'grün, unters. heller, spinnwebig behaart, später kahl, fiedernervig	Ä. aufrecht, mit Dornen, welche sich in der Kultur verlieren. Junge Zw. behaart. R. tiefrissig, schwarzgrau	Bl. 5b., **weiß**, in wenigblüt. Doldentrauben, schwachha., Staubb. rot, K.zipfel klein, nicht b.-artig. Fr. birnf., oder kugelig, meist in den St. verschmälert, hart, erst nach Durchfrieren genießbar, herb. April, Mai	Baum- oder bäumchenart. H. 6—20 m. Kr. mäßig ausgebreitet. In Wäldern selten, Holzbirne häufig angebaut (An d. Entstehung der Kulturbirne ist besonders diese Art beteiligt). Sommergrün	**Birnbaum** **Pírus commúnis** (26)
Verkehrt-eif., zugespitzt, bis 15 cm lg. B.st. 1,5—5 cm lang, mit 1—2 großen (roten) Drüsen	B. grob-abstehend-stumpfzähnig, zieml. dünn, runzelig, unters. behaart, fiedernervig. Kn. ohne Laubb.!	Kr. locker verzweigt, mit aufstrebenden Ä. R. jung glatt, rotgrau, später sich ringf. ablösend	Bl. langgestielt, 5b., **weiß**, zu 2—4 in sitzenden Dolden. Krbl. eirundlich. Fr. der wilden Form schwarzrot, süß, bei Kulturformen dicker, schwarz-rot bis h'rosa, weich- (Herzkirsche) oder hartfleischig (Knorpelkirschen). April, Mai	Baum. H. bis 18 m. Wälder, auch verwildert, häufig in mehr. Abarten gezogen. Kirsche, eßbar. Sommergrün	**Süßkirsche** Vogelkirsche **Prúnus ávium** (26)
Länglich-verkehrteif. zugesp. B.st. über 1,2 cm lang, meist drüsenlos	B. fast dopp.-gesägt-gekerbt, wenig. derb, kahl, lebh. grün, fiedernerv. Kn. inn. mit 1—2 klein. Laubb., keg.-eif., rotbr. glänz.	Zw. stark, aufrecht-abstehend, später ± überhängend. R. glatt weiß-grau. Holz hart, rötlich	Bl. 5b., Blb. nicht ausgerandet, **weiß**, zu 4 in sitzender Dolde. Fr. niedergedrückt, kugelig, h'rot bis d'rot, saftig. Steine rundlich. April, Mai	Baum. H. 3—10 m. Kr. eif. Kleinasien, Kaukasus. In zahlr. Formen angepflanzt. Sommergrün. Sauerkirschen, eßbar	**Sauerkirsche** **Prúnus cérasus** (26) S. 84
Oval bis länglich-lanzettl., zugespitzt, lorbeerähnlich	B. entfernt bogig gezähnt, fast lederartig, obers. glänz., d'grün, unters. heller, auf der Mittelrippe rostrot behaart, fied.nervig	Zw. kahl, innere R. gewürzig riechend	Bl.trauben schmal, aufrecht, bis 10 cm lang, später nickend. Kb. 5, stumpf, 3eckig, Krb. 5, klein, verkehrt-eif., **weiß**, kaum 1 cm Durchmesser. Fr.stand traubig. Kirsche erbsengroß, schwarzrot, eßbar. Anfang Juni	Baum ohne Dornen. H. bis 35 m. Kr. länglich, schmal. Nordamerika. Im Wald angepflanzt. Sommergrün	**Spätblühende Traubenkirsche** Lorbeerkirsche **Prúnus serótina** (26)

Birnbaum

Sauerkirsche

Süßkirsche

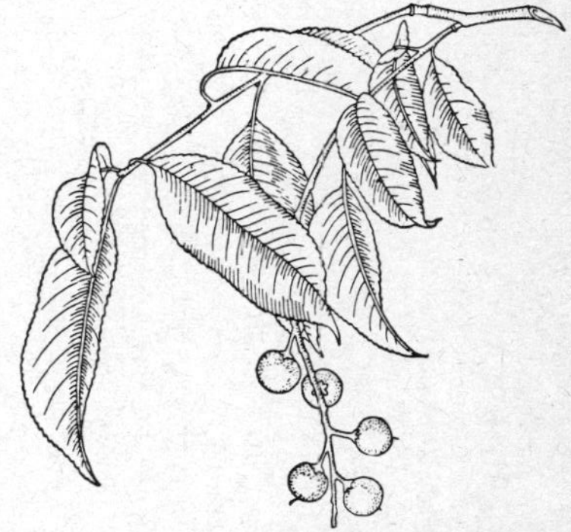
Spätblühende Traubenkirsche

Blatt	Besonderes	Stamm	Blüte, Frucht	Sonstiges	Name
Eif., lang zugespitzt, 6—12 cm lang. B.st. 1,5—2,5 cm lg.	B.zähne grannenspitzig obers. d'grün, unters. bläul., nur jg. behaart, fiedernervig	Zw. fast waagerecht abstehd., junge kahl, R. d'braun, glatt	Bl. zu 3—5, **weiß** oder **rosa,** nicht duftend, in wenigbl. Trauben. Kirsche schwarz. April, Mai	Baum. H. bis 25 m. Ostasien. Sommergrün	**Grannenzähnige Kirsche** „Hisakura" **Prúnus serruláta** (26)
Lanzettlich. B.st. bis 2,5 cm lang, meist länger als die halbe B.breite, oberwärts drüsig	B. drüsig gesägt, kahl, in der Kn. gefaltet fiedernervig	Zw. kahl	Bl.stand doldentraubig. Bl.achse glockig. Bl. meist zu 2, **rosa** oder **weiß,** fast sitzend, vor den B., Kb. am Rande behaart. Steinfr. eif., filzig, Fleisch saftlos, spät. aufspringend. Steinkern grubig, punktiert. März, April	Baum. H. bis 10 m. In Südeuropa einheimisch, in Gärten angepflanzt. Sommergrün	**Echte Mandel** **Prúnus amýgdalus** (26) S. 16
Elliptisch, meist zugespitzt, bis 10 cm lang, in der Kn. eingerollt	B. kerbig-gesägt, etwas runzelig, obers. zerstr. beha., unters. weichhaarig. Ä. kurz, waagerecht. R. d'braun, inn. aromat., jg. Triebe kahl	Zw. kahl, meist glänzend rötl., dornenlos. R. d'braun, rissig Holz rotbraun, hart	Bl. meist zu 2 in jeder Kn. Bl.st. weichha. Kr. 5b., **grünlich-weiß.** Fr. länglich oder rund, hängend, blaubereift oder goldgelb. Fr.fleisch vor d. Reife sich loslösend. Stein fast glatt. April, Mai	Baum, H. bis 10 m. In vielen Abarten gezogen. Orient. Sommergrün	**Zwetschge** **Prúnus doméstica** (26)
Oft büschelig, langgestielt, 3eckig, Grund gestutzt oder keilf., ca. 5—7 cm lang, 3—6 cm breit. Bst. seitlich zusammengedrückt. Kn. kegelf., gelb, klebrig, aromatisch	B. bogenf.-gesägt, kahl, etwas glänzend, obers. d'grün, unters. heller, am Rand durchscheinend, jg. beha. B.ripp. stark hervortret., fied.nerv.	Baumkr. eif., locker. Ä. schlank, ausgebreit. St. ält. Bäume zerrissene Borke. R. grauschwarz. Jüngere Ä. u. Zw. h'gelblich	Kätzchen vor den B., hängend, Schuppen zerschlitzt, schlaff, männliche **purpurrot,** weibliche mit 2 **gelben** Narben. Kapselfr. seidenhaarig. März und April	Baum. H. 15—35 m, bis über 2 m dick. Wälder, Wiesenränder, Ufer, zuweilen angepflanzt. Sommergrün (vgl. Seite 28)	**Schwarz-Pappel** **Pópulus nígra** (5) S. 28

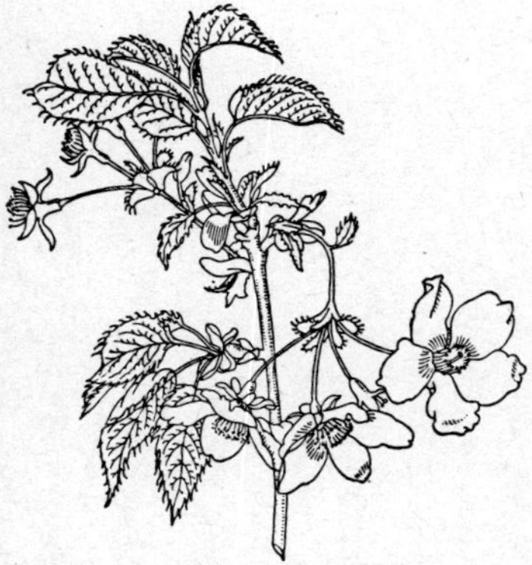

Grannenzähnige Kirsche

Zwetschge

Echte Mandel

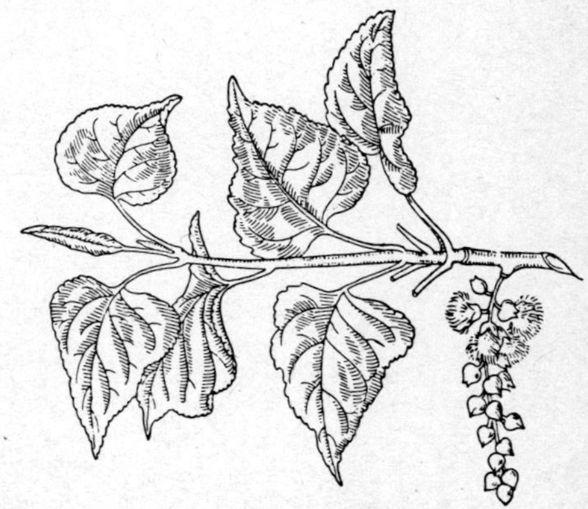

Schwarz-Pappel

Blätter einfach · wechselständig · gesägt · gezähnt · gekerbt

Blatt	Besonderes	Stamm	Blüte, Frucht	Sonstiges	Name
B. langgestielt, eifg. bis dreieckig, zugespitzt, 7—12 cm lang. Am Grund flach herzförmig bis keilig, mit Drüsen. Grob kerbig gesägt, mit gebogenen Zähnen, gewimpert	B. oben lebhaft grün, unten hellgrün, Blattstiel gerötet, seitlich zusammengedrückt. Knospe bräunlich-klebrig	Triebe fast rund, nur kräftige Langtriebe kantig gerippt. Zweige kahl. Borke alter Stämme eichenartig	Kätzchen vor dem Blatt. Früchtchen an langen Stielen (bis 30 cm lang), perlschnurartig gereiht, hängend	Schnellwüchsig, bis 30 m, breitkronig. Nordamerika. Seit langem bei uns angebaut. Sommergrün	**Rosenkranzpappel** **Pópulus deltoídes** (P. monilífera) (5)

Zahlreiche Formen dieser „kanadischen" Schwarzpappel sowie Züchtungen (Kreuzungen) aus dieser und anderen amerikanischen Arten und der europäischen Schwarzpappel werden heute unter dem Namen **Pópulus euramericána** zusammengefaßt (die alte Bezeichnung „P. canadénsis" ist aufgegeben). Sie werden ihrer Raschwüchsigkeit wegen in steigendem Umfang angebaut, vor allem außerhalb des Waldes, teils zur Holzerzeugung, teils zur Landespflege (Windschutz u. a.)

Blatt	Besonderes	Stamm	Blüte, Frucht	Sonstiges	Name
B. langgestielt, breit herzeiförmig zugespitzt, 12—16 cm lg., grob kerbig gesägt, oben dunkelgrün, unten weißlich behaart	Blattstiel rund, oben gerillt. Knospen groß, sehr klebrig, stark balsamisch duftend	Triebe olivrotbraun, stielrund bis schwach kantig	Blüte vor dem Blatt Fruchtkätzchen bis 16 cm lang	Baum bis 30 m. Nordamerika. Breitkronig. In Parkanlagen. Sommergrün	**Weiße Balsampappel** **Pópulus cándicans** (5)

Zur Gruppe der Balsampappeln zählen u. a. auch die haarfrüchtige Pappel (P. trichocárpa) und die chinesische Pappel (P. simóni), deren Blatt als Beispiel abgebildet ist. Sie werden ebenfalls nicht selten bei uns angebaut. Aus der Gruppe der Großblattpappeln (Nordamerika) trifft man in unseren Parkanlagen immer öfter die großfrüchtige Art (P. lasiocárpa), deren riesiges Blatt (bis 35 cm lang, mit rotem Stiel) die Beschauer in Staunen setzt.

Die als Kreuzung zwischen Silber- und Zitterpappel geltende Graupappel (P. canéscens) gewinnt als Ausgangsgrundlage für Kreuzungen immer mehr Bedeutung. Sie ist — wildwachsend — selten und bisher wenig beachtet worden

Blatt	Besonderes	Stamm	Blüte, Frucht	Sonstiges	Name
Oft büschelig, breitrundl., schwach oder nicht zugesp., ca. 3 bis 7 cm lang u. breit, sehr lang und dünn gestielt. Stiel seitlich zusammengedrückt	B. mit lappenf. nach ob. gericht. Zähnen, obers. dunkel-, unters. h'graugrün, nie filzig; fiedernervig Kn. klein, spitz, braun, schwach klebrig	R. weißgrau, lange glatt bleibend. Junge Ä. schwach kurzha. oder kahl	Kätzchen vor den B., langwalzig, hängend, Kätzch.schupp. **d'braun**, tief eingeschnitten, zottig gewimpert. Narben **purpurn**. Frkn. kegelf.-spitz. Staubb. 8 März, April	Baum. H. 30 m. Wälder, Gebüsche, Ufer; nicht selten. Sommergrün	**Zitter-Pappel** Espe **Pópulus trémula** (5) S. 28

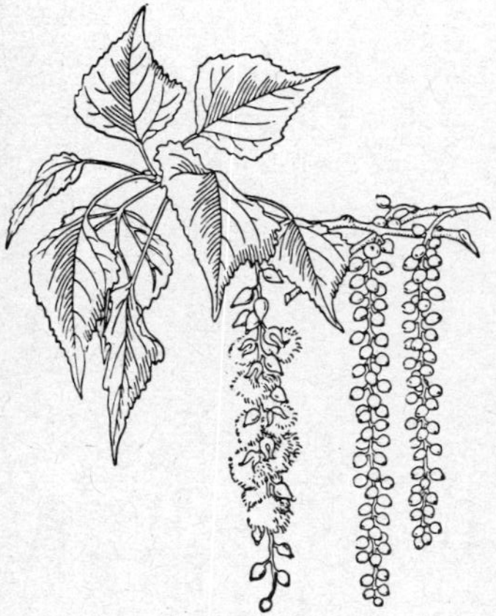

Rosenkranz-Pappel

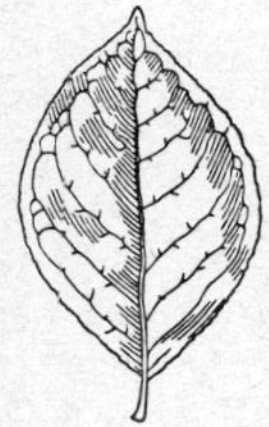

Chinesische Pappel

Weiße Balsampappel

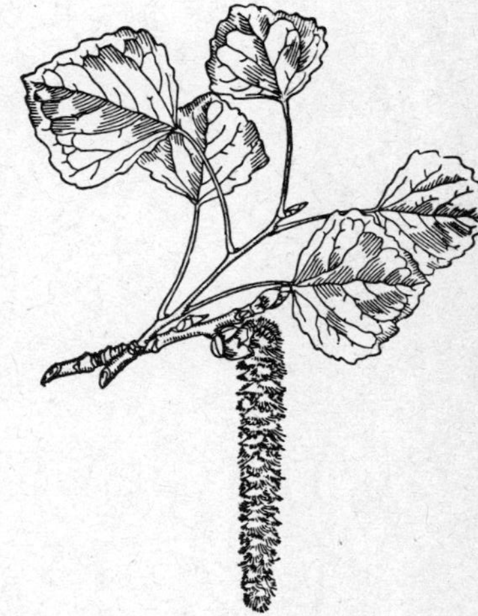

Zitter-Pappel

Graupappel

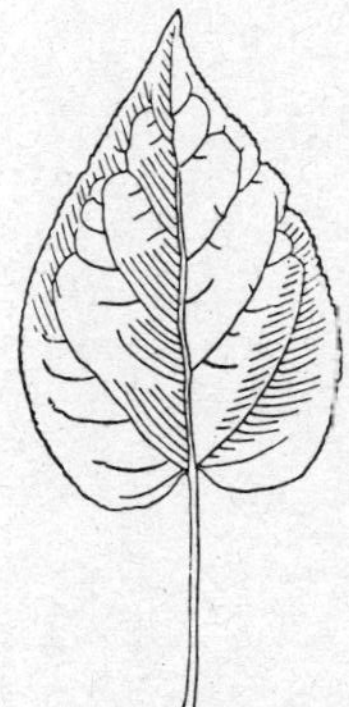

Großblattpappel

Haarfruchtige Pappel

Blatt	Besonderes	Stamm	Blüte, Frucht	Sonstiges	Name
Lanzettlich, 6—10 cm lang, 1—1,5 cm breit, Blattstiel ohn. Höcker. Nebenb. schmallanzettlich, hinfällig	B. fein-drüsig-gesägt, unten seidenha., silberweiß, obers. trübgrün, unters. blaugrün, fiedernerv.	Zw. braun oder gelb, kahl, biegsam, nicht abbrechend, 1jährige meist dauernd seidenha. R. glatt, Borke älterer Bäume bräunlich-grau, längs- u. tiefrissig	Männliche Kätzchen aufrecht oder bogig, dichtbl., zylindrisch, 6 cm lang, weibl. 5 cm lang, 2 Staubbeutel, Frkn. kahl, Stielchen kaum so lang wie die kurze Drüse. April, Mai	Meist Baum. H. 6 bis 25 m. Kr. vielästig u. fein verzweigt. Feuchte Wiesen, Ufer, Wege, oft gepflanzt. Sommergrün	**Silber-Weide** **Sálix álba** (5)
Lanzettl. od. lineallanzettl., am Grunde spitz, bis 17,5 cm lg., 2,5 cm br., zugespitzt. Blattstiele $1/_2$ cm lang. Nebenb. lanzettl. od. sichelförmig	B. scharf gesägt, anf. dünn seidenha., später kahl, glänzend, unten graugrün, deutl. geadert, beim Verwelken braun werdend, fiedernerv.	Zw. nur jung behaart, gelbgrün oder braun, sehr lang, schlank, überhängd.	Kätzchen dünn, zylindr., 2 Staubbeutel. Frkn. kahl. Narben dick, seitwärts gebogen. April, Mai	Baum. H. bis 10 m. Orient. Bei uns angepflanzt (nur der weibliche Baum). Sommergrün	**Trauer-Weide** **Sálix babylónica** (5)
Länglich-lanzettlich, zugespitzt, 7—15 cm lang, 2,5 cm breit, Blattstiele mit Drüs. Nebenb. halb-herz- oder nierenförmig, grob gesägt	B. Sägezähne einw. gebogen, anf. klebrig, kahl, glänzend, grün, unters. blau-bereift, mit feinstem Adernetz, fiedernervig	Zw. aufrecht, an alten Bäumen etwas häng., junge Zw. kahl, glänzend, gelb od. braun, leicht abbrechend, R. alter Stämme oder Ä. dickborkig	Männl. Kätzchen bis 5 cm lang, weibl. bis 7 cm, lockerbl., Kätzchenschuppen der Bl. zottig. 2 Staubb. Frkn. kahl, langgestielt. Stielchen 3—5mal solang wie die Drüsen. April, Mai	Meistens Baum. H. 6—15 m. Feuchte Wälder, Ufer; häufig, oft in Parkanlagen. Sommergrün	**Bruch-Weide** Knack-Weide **Sálix frágilis** (5)
Rundlich-herzf., plötzlich zugespitzt, etwa 6—12 cm breit. Kn. weißfilzig	B. spitz-gezähnt, d'grün, im Herbst goldgelb, obers. fast kahl, unters. anlieg. weißfilz., handnervig	Ä. steif, aufstrebend. Junge Zw. grün, weißfilzig	Bl. in achselst., gestielten Trugdolden, wenigbl. Kb. 5, abfallend. Blb. 5, **h'gelb.** Fr. eif. od. länglich, spitz, gerippt. Ende Juli	Baum. H. bis 30 m. Kr. regelmäßig, rundgebaut. * Bl. honigduftend, oft betäubend. Ungarn, Balkan. Sommergrün	**Silber-Linde** **Tília argéntea** (T. tomentósa) (48)

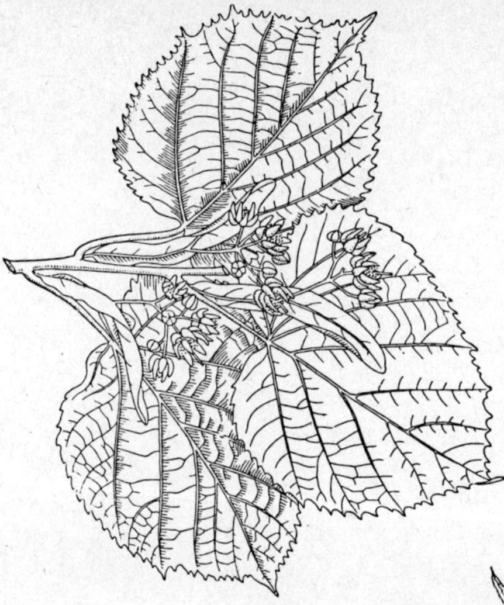

Silber-Linde

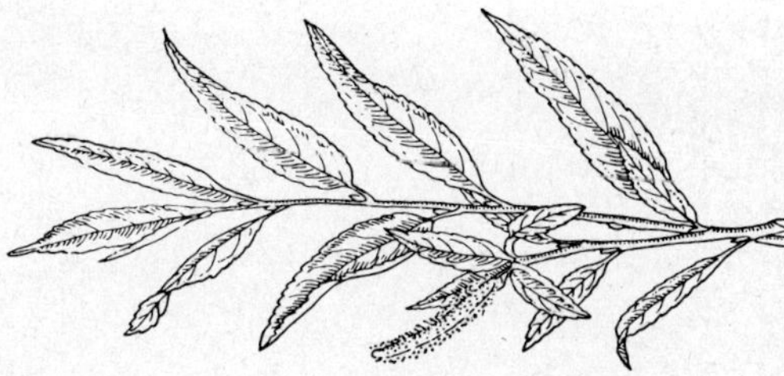

Bruch-Weide

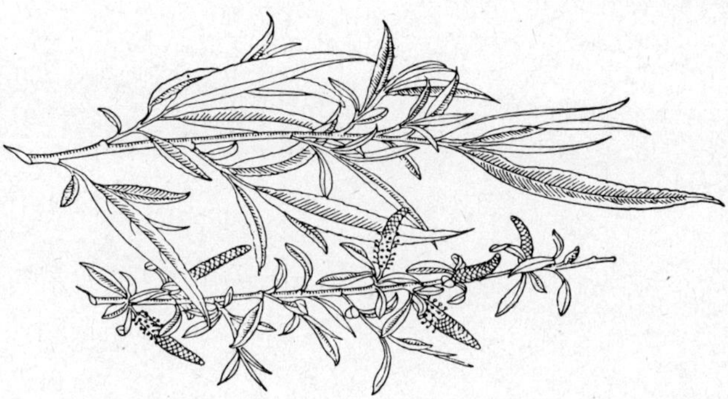

Trauer-Weide

Silber-Weide

Laubhölzer, Bäume

Blätter einfach wechselständig gesägt gezähnt gekerbt

Blatt	Besonderes	Stamm	Blüte, Frucht	Sonstiges	Name
Schief-herzf. oder schief-3eckig, zugespitzt, mittellang gestielt. Kn. stumpf-eif., kahl, abstehend	B. ungleich spitz-gesägt, beiders. grün, kurzha., in den Nervenwinkeln weißlich-gelb behaart, fiedernervig	R. in d. Jugend glatt, im Alter flachrissig. Jüngere Zw. ± reichlich beha., verschied. gefärbt	*Bl. in 2—5bl. Trugdolden, hängend, auf einem stumpf-lanzettl., dünnhäutigen Flugb. K. und Blkr. 5b., **h'gelb.** Nüßchen 5kantig, holzig. Juni	Baum. H. bis 30 m. Kr. fast kugelig. *Bl. duftend. In Laubwäldern, Anlagen, Alleen, Dörfern. Sommergrün	**Sommer-Linde** **Tília platyphýllos** (T. grandifólia) **(48)**
Schief-herzf. oder schief-3eckig, zugespitzt, mittellang gestielt, kleiner als bei T. plat. Kn. kahl, olivbraun bis rötlich	B. ungleich-spitz-gesägt, obers. grün, unters. blaugrün, beiders. kahl, in den Nervenwinkeln rostgelbe Bärtchen, fiedernervig	R. jung glatt, im Alter flachrissig. Junge Zw. kahl	*Bl. in 5—11bl. Trugdolden, hängend, auf einem stumpf-lanzettl., dünnhäutigen Flugb. K. und Blkr. 5b., **weingelb,** Nüßchen undeutl. kantig, dünnschalig. Juni, Juli	Baum. H. bis 25 m. Baumform fast kugelig. *Bl. duftend. Laubwälder, besond. im Osten, häufig angepflanzt. Sommergrün	**Winter-Linde** **Tília cordáta** (T. parvifólia) **(48)**

Am meisten als Straßenbaum angepflanzt wird die aus Holland kommende Zwischenlinde (Tilia europāéa = holländica), die als Kreuzung aus Sommer- und Winterlinde gilt und mit ihren Merkmalen zwischen diesen beiden steht. Außerdem wird vielfach die Krimlinde (Tilia euchlóra) bevorzugt, die widerstandsfähiger ist und durch die glänzende Blattoberseite auffällt.

Blatt	Besonderes	Stamm	Blüte, Frucht	Sonstiges	Name
Eif., kurz zugespitzt, am Grunde ungleichhälftig, 6—10 cm lg., ganz kurz gestielt Kn. d'braun	B. doppelt-gesägt, derb, obers. glatt oder rauh, lebhaft grün, unters. h'grün, in den Nervenwinkeln beha. od. kahl; fiedernerv.	Stamm gerade. Ä. fächerartig ausgebreitet. Junge Zw. kahl. R. bildet später eine längsrissige, d'graubraune Borke	Bl. vor den B. erschein., zwittrig, fast sitzend, büschelig, klein, **grün-rötlich.** Staubb. 3—4. Sam. im oberen Teil des häutigen Flügels. März, April	Baum. H. 10—40 m. Kr. breit, reichästig, locker belaubt. Wälder, Gebüsche, oft angepfl., fehlt d. Berglande. Sommergrün	**Feld-Ulme** Rüster **Úlmus carpinifólia** (U. campéstris) **(10)** S. 22
Groß, breit-eif., lang zugespitzt, oft dreispitzig, 8—16 cm lang, am Grunde breit geöhrt, kurz gestielt	B. scharf doppelt-gesägt, dünnhäutig, obers. rauh, unters. kurzha.; fiedernervig. Kn. groß, behaart	Stamm schlank. Korkbildung selten. Junge Zw. behaart	Bl. vor den B. erschein., zwittrig, groß, kurzgest., büschelig, **grün-rötlich.** Staubb. 5—6. Samen in der Fruchtmitte! März, April	Baum. H. 10—30 m. Besond. in Gebirgswäldern, oft angepfl. Sommergrün	**Berg-Ulme** (Rüster) **Úlmus glabra** (U. montána) **(10)** S. 22

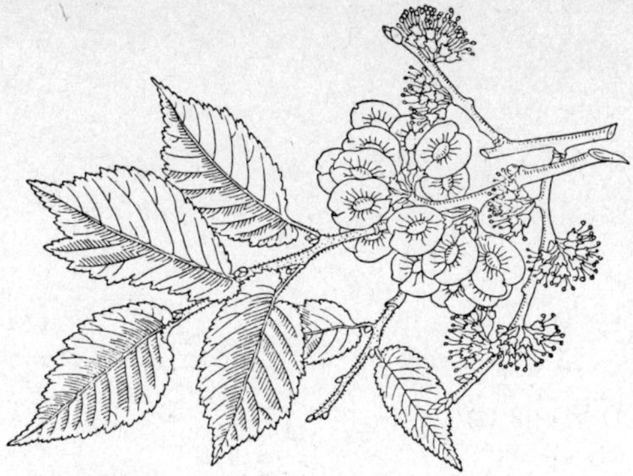

Berg-Ulme

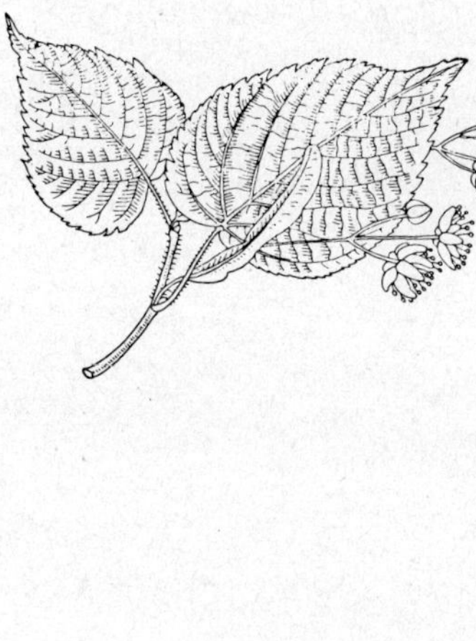

Sommer-Linde

Winter-Linde

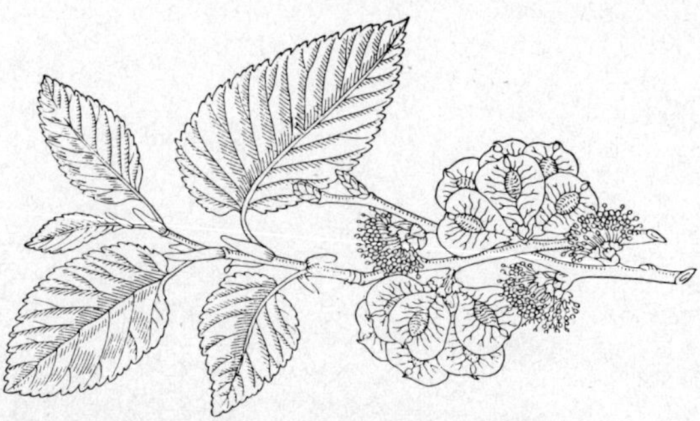

Feld-Ulme

Blätter einfach · wechselständig · gesägt · gezähnt · gekerbt

Blatt	Besonderes	Stamm	Blüte, Frucht	Sonstiges	Name
Meist elliptisch. am Grund verschmälert, spitz od. kurz zugespitzt. B.grund stets auffall. schief. Blattstiele dicht beha. Kn. kahl, schlank, spitz	B. doppelt-gesägt, Hauptzähne nach vorn gekrümmt, obers.rauh od. glatt, unters. dicht abstehend kurzha., fiedernervig	Zw. dünn, dicht weichha. R. längsrissig, graubraun in flachen Schuppen abblätternd. Holzkern lichtbraun	Bl. zwittrig, langgestielt, hängend in flatterigen Büscheln, meist **purpurn.** Staubb. 6—8. S. ziemlich mittelst. März, April	Baum. H. bis 35 m. Wälder, Gebüsche, angepflanzt. Sommergrün	**Flatter-Ulme** Rüster **Úlmus lēāvis** (U. effúsa) **(10)**

Blätter einfach · wechselständig · gelappt

Blatt	Besonderes	Stamm	Blüte, Frucht	Sonstiges	Name
Längl.-verkehrt-eif., tiefbuchtig, am Grunde herzf. geöhrt, fast sitzend. Kn. rundlich, kahl an der Zw.spitze knäuelig	B. gelappt, Lappen gerundet, beiders. meist kahl, obers. matt, d'grün, unters. heller, an den Zw. gedrängt, fiedernerv.	Ä. knorrig, R. dunkel, tiefrissig, nicht abblätternd, Mark der jungen Zw. holzig	Männl. Bl. in hängenden Kätzchen, **grünlich,** weibl. gestielt, einzeln in einer Hülle, an verschied. Bl.zweig. Frucht Eichel, längsstreifig, in schuppigholzigem Becher, an deutlichen Stielen. Mai	Baum. H. bis 50 m. Mit mächtiger, oft in Teilstämme aufgelöster Kr. Allein oder mit Laubhölz. Waldungen bildend. Sommergrün	**Stiel-Eiche** Sommer-Eiche **Quércus róbur** (Q. pedunculáta) **(9)**
Längl.-verkehrt-eif., tiefbuchtig, am Grunde verschmäl., meistens symmetr. B.st. 1—3 cm lang	B. gelappt, Lappen gerundet, obers. glänzend, d'grün, unters. zerstreut beha. Kn. eif.; fiedernervig	Zw. gleichmäßig beblättert. R. mehr schuppig; flachrissig	Männl. Bl. in hängenden Kätzchen, **grünlich,** weibl. sitzend. Fr. fast sitzend, meist zu 3 in den B.achseln, gedrängt. Fr. Eichel, glatt. Mai	Baum. H. bis 50 m. Stamm oft bis zum Wipfel durchgehend. Allein und mit Laubhölzern Wald bildend. Sommergrün	**Trauben-Eiche** Winter-Eiche **Quércus petrāēa** (q. séssiliflora) **(9)**
Blatt schmal-länglich, 6—12 cm lang, meist spitzlappig, mehr od. weniger tief eingeschnitten, ziemlich veränderlich in der Form der Lappen	B. oben dunkelgrün, fast glänzend, unten graugrün behaart, etwas filzig. Kn. behaart mit bleibendem Schopf aus fadenförmigen Nebenblättern	Bis 40 m hoch, Krone breit pyramidal. Borke schwärzlich	Fr. (Eicheln) zu 1—4 fast sitzend. Fruchtbecher mit abstehenden pfriemlichen Schuppen	Südeuropa, als Parkbaum bei uns häufig, eingeschleppt ab und zu auch im Walde. Sommergrün	**Zerr-Eiche** **Quércus cérris** **(9)**

Zerr-Eiche

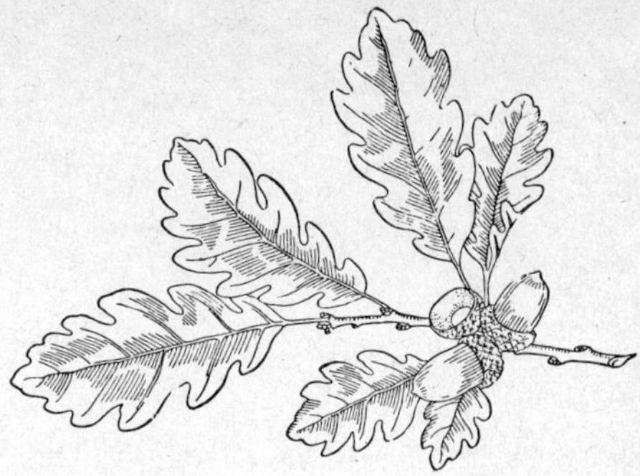

Trauben-Eiche

Stiel-Eiche

Flatter-Ulme

Laubhölzer, Bäume

Blatt	Besonderes	Stamm	Blüte, Frucht	Sonstiges	Name
Über 12 cm lang und 10 cm breit, tief fiedersp., jeders. mit 3 bis 4 Lappen, schmäler als die Buchten	B.lappen buchtig-begrannt-gezähnt, spitz. B. im Herbst tief scharlachrot, fiedernervig	Glatt, kaum tief gefurcht, Zw. gelbrot	Fr. rundl.-eif., meist einzeln, 25 mm lang. Eicheln nur zur Hälfte aus dem filzig behaarten Becher hervorragend. Mai	Baum. Bis 30 m. Kr. ziemlich schlank, locker. Nordamerika. Sommergrün	**Scharlach-Eiche** **Quércus coccínea** (9)
10—20 cm lang, im Umriß verkehrt-eif., am Grunde keilf., jeders. mit 4—6 Lappen, die breiter sind als die Buchten zwischen diesen	B.lappen mit spitzer Endborste. B. oben d'grün, unten grau behaart, im Herbst grün bis scharlachrot. fiedernervig	Zw. abstehend. rostbraun behaart. R. bis ins späte Alter glatt	Fr. rundlich-eif., einzeln od. zu zweien, 20 mm lg. Eicheln etwa zu $^{2}/_{3}$ aus dem kahlen, sehr kurz gestielten Becher hervorragend. Mai	Baum. H. bis 30 m. Kr. rundlich. Nördl. Nordamerika. Früher irrtümlich mit der bei uns selt. südl. Art (Q. rúbra) zusammengefaßt.	**Rot-Eiche** **Quércus boreális** (9)
Bl. länglich-eiförmig, fiederartig gelappt, dunkelgrün, unten weißgraufilzig. Lappen gesägt		Zweige anfangs filzig	Bl. weiß, in filziger Doldenrispe. Fr. kurzoval, orange- bis scharlachfarben. Mai, Juni	Baum. Bis 10 m. Nordeuropa. Vielfach angepflanzt, auch an Straßen. Sommergrün	**Schwedische Mehlbeere** **Sorbus scándica** (S. intermédia) (26)
Am Grunde abgestutzt bis herzf., langgestielt. Nebenb. zweigumfassend, fast ganzrandig	B. 3—5lappig. Mittellappen am Grunde breiter als lang, im übrigen sehr veränderl., handnerv.	Stamm hoch. Zw. abstehend. Borke in großen Platten sich ablösend	Bl. 1häusig, unscheinbar. Bl.köpfch. kugelig, meist zu 2. Fr. an der Spitze stumpf, rundlich, nicht allmählich in den Gr. auslaufend. Mai	Baum. H. 9—20 m. Häufiger Park- und Alleebaum. Sommergrün	**Ahornblättrige Platane** **Plátanus acerifólia** (25)
3—5lappig od. rundlich-eif., winkelig-gezähnt, ca. 4—7—(10) cm lang u. 3—4 cm breit. B.st. von der Seite zsm.gedrückt, weißfilzig	B. obers. d'grün, glänzend, unters. schneeweißfilzig, handnerv. Kn. spitz, nicht klebrig	Ä. dick, kurz, junge Zw., grau- od. weißfilzig. R. weißgrau, lange glatt bleibend. Borke schwärzl.-grau, längsfurch. Holz rötlich-gelb. Splint hell	Kätzchen vor den B. erscheinend, Kätzchenschuppen nicht eingeschnitten, **weiß** mit **rostfarbigen Flecken,** schwach gewimpert. Narben der weibl. Bl. **gelbgrün.** Staubb. 8. Frkn. länglich. März, April	Baum. H. 30 m. Wuchs lockerästig, dicht belaubt. In feuchten Wäldern, Süddeutschland, häufig angepflanzt. Sommergrün	**Silber-Pappel** **Pópulus álba** (5) 28, 130,

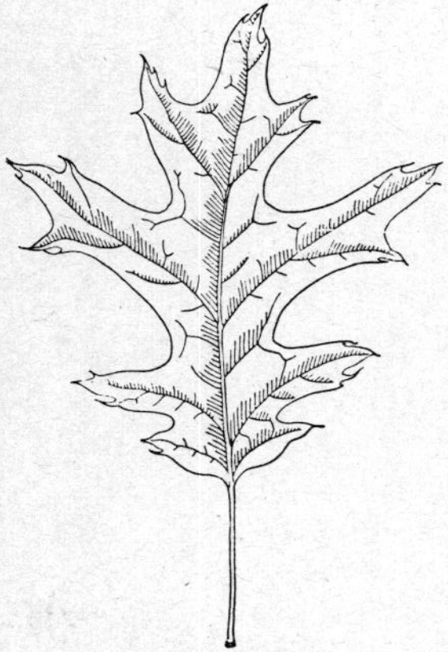

Scharlach-Eiche

Rot-Eiche

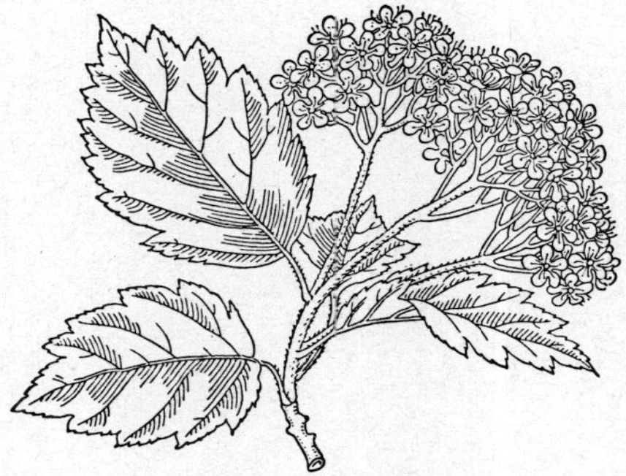

Schwedische Mehlbeere

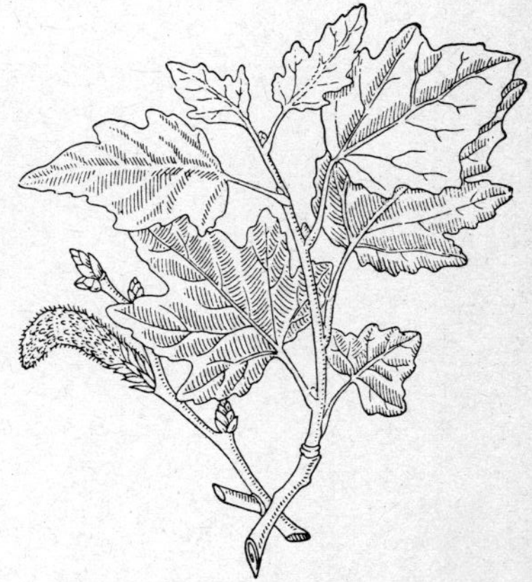

Silber-Pappel

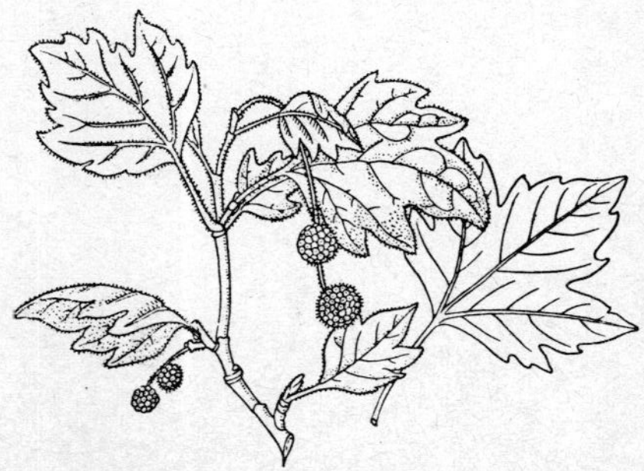

Ahornblättrige Platane

Blatt	Besonderes	Stamm	Blüte, Frucht	Sonstiges	Name
Herz-eif., ungleichseitig gefaltet, meist angespitzt oder 3—5-lappig. B.st. nicht unter 2 cm lang. Nebenb. klein	B. ungleich gesägt, dünnhäutig, obers. glatt, fast kahl, unters. nur längs der Adern kurz behaart. Kn. kahl	Kr. rund, sparrig verästelt. Ä. graubraun. Milchsaft fast wässerig. Holz hart	Bl. 1- oder 2häusig, Bl.stände kätzchenähnl., hängend, gestielt, achselst., Narben feinhöckerig. *Scheinbeere **weiß**, eßbar, süßlich, fade schmeckend. Mai	Baum oder Strauch. H. 6—12 m. Orient. Häufig als Zier- oder Futterbaum für Seidenraupenzucht angepfl. Sommergrün	**Weißer Maulbeerbaum** **Mórus álba** (11) S. 134
Breit-eif., am Grunde tiefherzf., auch gelappt. B.st. nur 5—15 mm lang	B. ungleich-gesägt, derb, obers. sehr rauh, unters. kurzha. Kn. kahl	Kr. rund, kurzzweig., Ä. behaart, zuletzt h'rotbraun. Holz hart	Bl. 1- oder 2häusig, Bl.-stände kätzchenähnlich, hängend, gestielt, achselständig. Narben rauhha. *Scheinbeeren doppelt so groß wie bei M. álba, **schwarz-violett,** süß, eßbar! Mai	Baum. H. 6—10 m. Stammt vom Orient, bei uns meist als Zierbaum, seltener zur Seidenraupenzucht angepflanzt. Sommergrün	**Schwarzer Maulbeerbaum** **Mórus nígra** (11) S. 134
Büschelig, langgestielt, etwa 10 bis 12 cm lang, 2lappig, fächerf., Rand ausgeschweift	Grün, später gelb-graugrün, lederartig matt, ohne Mittelader, Adern fein, fächerig, gablig verzweigt	Stamm glatt	Bl. 2häusig, männl. langgestreckt, kätzchenartig, 2—3 cm lang, **grüngelb,** S. steinfr.ähnlich mit gelbem Mantel, oft rotbraun gefleckt, kirschengroß; geröstet sehr schmackhaft. April	Baum. H. 10—40 m. Krone spitzkegelig. China, Japan. (Wird zu den Koniferen gezählt!) Sommergrün	**Ginkgo-Baum** Fächertanne **Ginkgo bíloba** (Ginkyo biloba) (1)
4lappig, an der Spitze mit stumpfwinkelig. Ausschnitt abgestutzt, B.st. 10 bis 10 cm lang, Nebenb. tütenf.	B. glänzend grün, unten bläulichgrün, handnervig. Im Herbst goldgelb verfärbt	Stamm gerade, Zw. braun	Bl. einzeln, groß, 6 cm im Durchm., tulpenähnlich. Äußere Bl.hüllb. 3, kelchartig zurückgebogen, innere 6, kronenartig, aufrecht, **gelbgrün** oder **schwefelgelb.** Zahlreiche Staubgefäße. Fr.zapfen 7 cm lang, h'braun, kegelf. Juni bis Juli	Baum, bis über 50 m hoch, bis 4 m im Durchmesser! Kr. locker. Nordamerika. Sommergrün.	**Tulpenbaum** **Liriodéndron tulipífera** (18)

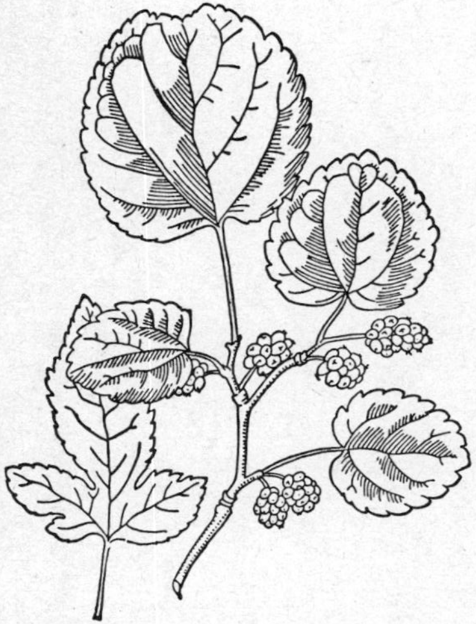

Weißer Maulbeerbaum

Ginkgo-Baum

Schwarzer Maulbeerbaum

Tulpenbaum

Blatt	Besonderes	Stamm	Blüte, Frucht	Sonstiges	Name
Unpaarig-gefiedert, 9—13 fast sitz. Tb.	Tb. klein-gesägt, länglich-lanzettlich, zugespitzt, unters. am Mittelnerv beha., d'grün, unten heller. Kn. schwarz, samtartig	Stamm gerade, walzlich. Zw. graugrün, kahl. R. graubraun-hell, im Alter rissig	Bl. erscheint vor den B. meist zwittrig, in hängenden Rispen. K. und Kr. fehlen, nur 2 Staubb., herzf., **purpurn**, Fr. geflügelt, überhängend, 3—4 cm lg. u. 7—10 mm breit. S. nüßchenf. April, Mai	Baum. H. 25—35 m. Kr. kugelig. Wälder, Auen, Ufer, Dörfer. Öfter angepflanzt. Sommergrün	**Esche** **Fráxinus excélsior** **(65)** S. 20
3—5zählig gefiedert, Blattstiele kahl oder etwas behaart	Tb. grob gesägt, das mittlere oft gelappt, eif., zugespitzt, grün, etwas behaart	Zw. kahl, oft bereift	Bl. klein, **gelbgrün**, vor oder mit den B. erscheinend, in vielbl. Büscheln, hängend. Bl.stiele lang, fadenf., zerstreut behaart. Fr.flügel nach innen gekrümmt März, April	Mehrstämm. Baum. H. bis 25 m. Kr. breit, überhäng. Nicht selt. an Wegen u. Alleen. Gartenformen mit weiß- u. gelbbunten B. Nordamerika. Sommergrün	**Eschen-Ahorn** **Ácer negúndo** **(39)** S. 20
5—7zählig gefingert, langgestielt. Kn. sehr groß, glänz., braun, klebrig	Tb. fast dopp.-ges., verkehrt-eif.-keilf., kurz gespitzt, sitzend. Fiederadern randläufig	Zw. kahl, R. schwach-rissig	Bl. in aufrechtstehenden Rispen, 4—5b., **weiß** od. **rot** und **gelb** gefleckt Staubb. 7, niedergebogen. K. glockig. Fr.kapsel igelstachelig mit 2—3 Kastanien. Mai, Juni	Baum. H. 20—25 m. Kr. kugelig. Nordgriechenland. Jetzt überall als Allee- und Parkbaum gepflanzt. Sommergrün	**Roßkastanie** **Æsculus hippocástanum** **(40)**
5fingerig, Tb. 10—15 cm lang. Kn. nicht klebrig	Tb. gesägt, länglich-zugespitzt, gestielt, oben d'grün, unten gelbgrün, meist beha.		Bl. in 12—15 cm langen, aufrechten, lockeren, behaarten Rispen, Blb. 4, am Rand drüs. gewimpert **gelb**. K. glockig, 5zähn. Fr. längl.-rund, rauh od. höckerig. Mai, Juni	Dichtästiger Strauch oder Baum. H. bis 30 m. Nordamerika. Sommergrün	**Gelbblühende Roßkastanie** **Æsculus lútea** (Æsculus octándra) **(40)** S. 124
5fingerig, Tb. 10—15 cm lang. Kn. nicht klebrig	Tb. gesägt, länglich-zugespitzt, am Grunde keilf., kurz gestielt, meist kahl, nur in den Aderachseln bärtig!	(Die meisten rotblühenden Roßkastanien der Gärten sind Kreuzungen mit der Roßkastanie)	Bl. in 12—15 cm langen, aufrechten, rotstieligen, behaarten Rispen, Blb. 4, am Rand drüsig gewimpert, **blaßrot** oder **schmutzig-purpurn** K. röhrig, 5zähnig. Fr. verkehrt-eirund, glatt. Mai, Juni	Dichtästiger Strauch oder Baum. H. 6—16 m. Nordamerika. Sommergrün	**Rotblühende Roßkastanie** **Æsculus pávia** (Pavia rúbra) **(40)** S. 124

Esche

Eschen-Ahorn

Gelbblühende Roßkastanie

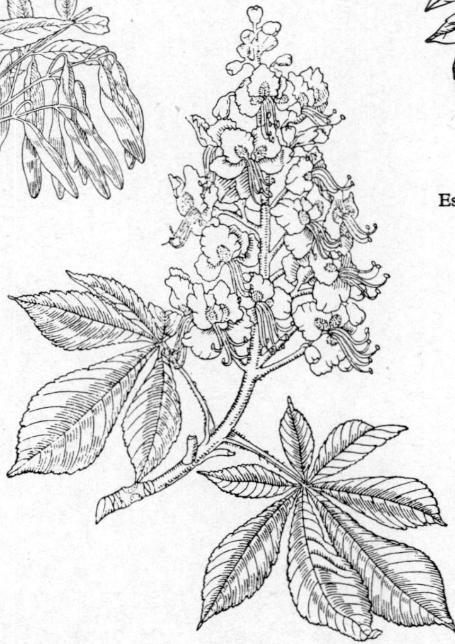

Roßkastanie

Rotblühende Roßkastanie

Blätter zusammengesetzt ☘ wechselständig ganzrandig

Blatt	Besonderes	Stamm	Blüte, Frucht	Sonstiges	Name
Unpaarig-gefiedert, Tb. 5—9, Endb. groß. Seitliche Kn. sitzend, schuppig	Tb. ganzrandig oder undeutlich gezähnt Oval, nur unters. in den Aderwinkeln behaart. * B. zerrieben stark gewürzig riech.	Junge Zw. behaart, kahl werdend, Mark quer gefächert. R. schwarzgrau, tiefrissig	Bl. 1häusig, männlich in walzenf. Kätzchen, weibl. traubig, kurz, endst., Narben 2lappig. Fr. kugelig, glattschalig, grün, Nuß runzlig, Kern wohlschmeckend. Saft der Fr.-schale braunfärbend. Mai	Baum. H. 25 m. Kr. kräftig ausgebreitet, gewölbt. * B. stark aromatisch. Orient, bei uns angepflanzt. Nußkerne eßbar, wohlschmeckend! Sommergrün	**Walnußbaum** **Júglans régia** (7)
Unpaarig gefiedert, 9—19 Tb. Nebenb. meist in 2 Dornen umgewandelt	Tb. ei- bis länglich-eif., stumpf, 3—5 cm lang, weich behaart, kurz gestielt, oben sattgrün, unten graugrün, im Herbst h'gelb	Junge Zw. bestachelt, kantig, spärlich beha., bald kahlend, nicht klebrig. Borke tief unregelmäßig-längsrissig. Holz hart, Splint h'gelb, Kern heller bis d'gelbbraun	Schmetterlingsblüte, Bl. in hängenden, achselst. Trauben. Kr. **weiß**, 9 Staubb. zu einer Röhre verwachsen, das 10. frei. Hülsen braun, kahl. S. bohnenförmig. Juni	Baum mit lockerer, sperriger, dünn belaubter Kr. H. 25 m. * Bl. stark duftend. Zier- und Forstbaum aus Nordamerika. Sommergrün	**Gemeine Robinie** Falsche Akazie **Robínia pseudacácia** (27)
Unpaarig-gefiedert, Tb. 11—27. Nebenb. fein, ± verdornend	Tb. breit-elliptisch, sattgrün, unten grau behaart	Junge Zw. drüsig-klebrig beha. Borke dick, glatt, d'braun	Schmetterlingsbl. in halbaufrechten, dichten, länglichen Trauben, 10 bis 15bl., Krb. **h'rosa** bis **fleischfarben,** Fahne m. **gelbem Fleck.** Geruchlos. Hülse drüsenborstig, klebrig. Mai, Juni und August	Rundkronig. Baum. H. 8—12 m. Nordamerika. Sommergrün	**Klebrige Robinie** **Robínia viscósa** (27)
Unpaarig-gefiedert, 18—25 cm lang, Tb. 11—15zählig, letztere gegenständig oder fast gegenständig, gestielt	Tb. eif., obers. d'grün, etwas glänzend, unters. ± weißlich bereift und behaart	Junge Zw. mit grünlicher R., Holz außen schwefelgelb, innen h'braun, riecht unangenehm	Schmetterlingsbl., in 25 cm langen aufrechten, zweigendst. Rispen. K. becherf., Krb. **gelblichweiß.** Fahne u. Schiffchen abstehend. Staubgef. 10, am Grunde etwas verbunden. Hülse rund, perlschnurartig, kahl, dickschalig, nicht aufspringend. Juli bis August	Sommergrün. Baum. H. bis über 20 m. Kr. rund. Japan. Sommergrün	**Japanischer Schnurbaum** **Sóphora japónica** (27)

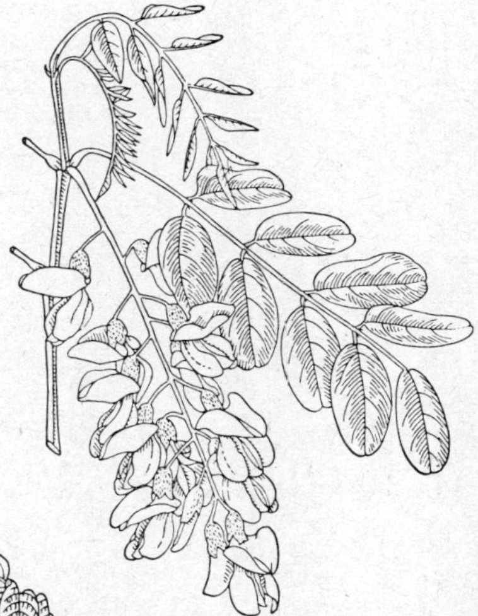

Gemeine Robinie

Klebrige Robinie

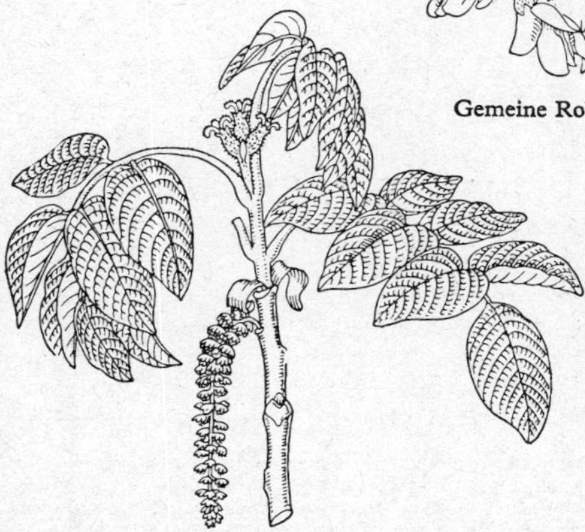

Walnußbaum

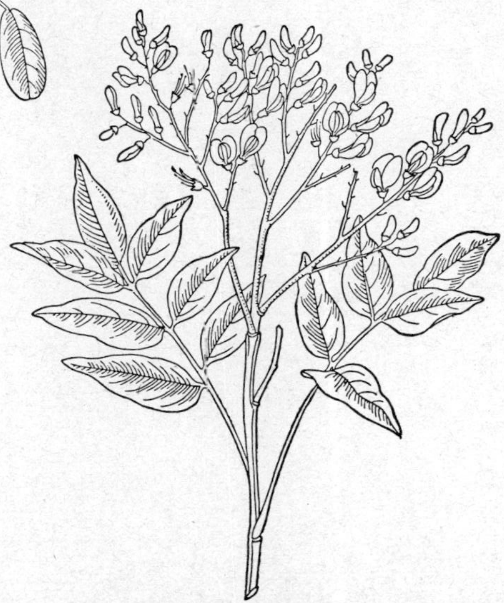

Japanischer Schnurbaum

Blätter zusammengesetzt ☘ wechselständig ganzrandig

Blatt	Besonderes	Stamm	Blüte, Frucht	Sonstiges	Name
Unpaarig-gefiedert, Tb. 5—11, das endständige bis etwa 15 cm lang u. 8 cm breit. 4 Winterkn. an der B.st.basis	Tb. breit-elliptisch-lanzettlich, obers. h'grün, unters. graugrün, im Herbst h'gelb	R. glatt, der Rotbuche ähnlich. Holz bräunlichgelb. Fr. etwa 8 cm lange Hülse, kaum eingeschnürt	*Bl. schmetterlingsf., duftend, 2 cm langgest., in hängenden, sehr lockeren Trauben, bis 30 cm lang. K. becherf., 5zähnig. Krb. **weiß**, Fahne zurückgerollt, am Grunde **gelblich gefleckt.** 10 Staubb. Mai, Juni	Baum. H. 20 m. Kr. etwas überhängend. Nordamerika. Sommergrün	**Gelbholz** Gelber Schnurbaum **Cladrástis lútea** (Virgília lútea) (27)

Blätter zusammengesetzt ☘ wechselständig gesägt gezähnt gekerbt

Blatt	Besonderes	Stamm	Blüte, Frucht	Sonstiges	Name
Unpaarig-gefiedert, langgestielt, 36 bis 60 cm lang, Tb. 5, selten 7, Endb. am größten und gestielt. B.spindel behaart	Tb. scharf-gesägt, am Rande ± gewimpert, verkehrt-eilanzettl., obers. d'grün, etwas glänzend, unters. heller und beha., später kahl. Seiten- u. Endkn. schuppig	Junge Zw. behaart, später ± kahl, bräunl. od. gelblich. Mark im Querschn. gelappt, bräunlich u. aromat. Borke rissig, lang abblätt. Holz hart, schwer, zähe	Männl. Blütenkätzchen zu 3 auf gleichem St., 3 bis 4 Staubb., weibl. mit 4lappiger Narbe. Steinfr. 3—5 cm lang, kugelig bis birnf., 4klappig, aufspringend. Schale glatt, Kern süß. Mai	Baum. H. bis 25 cm. Nordamerika. Mit weiteren Arten ab u. zu auch im Wald angebaut. Sommergrün	**Weiße Hickorynuß** Spottnuß **Cárya álba** (C. ováta) (7)
Unpaarig-gefiedert, bis 60 cm lang, Tb. zu 12 und mehr, das endständ. meist vorhand. B.st. u. Spindel drüsig beha. Seitliche Kn. sitzend, schuppig	Tb. scharf-gesägt, länglich-lanzettlich, zugespitzt, obers. nebst den B.st. kurzhaarig, unters. grau-filzig	Junge Zw. mit klebrigen, rotbraun. Haaren besetzt. Borke tiefrissig, aschgrau. Kern des Holzes graubraun. Mark quer gefächert	Männl. Bl. in Kätzchen. Bl.hülle **grünlich.** Steinfr. zu 2—5, längl.-eif. zugespitzt, bis 10 cm lang. Schale dick, klebrig, grau. Kern ungenießbar. Mai	Rundkr. Baum. H. 12—25 m. Nordamerika. Sommergrün	**Grauer Walnußbaum** Butternuß **Júglans cinérea** (7)
Unpaarig-gefiedert, 25—40 cm lang, Tb. zu 12 und mehr, d. endst. oft fehlend. Seitliche Kn. sitzend, schuppig	Tb. klein-gesägt, länglich-lanzettlich, zugesp., obers. kahl, d'grün, etwas glänz., unters. heller, weichbehaart	Zw. behaart. Borke anfangs kleinschupp., später tiefrissig, braun. Kernholz d'braun-violett	Männl. Bl. in Kätzchen, Bl.hülle **grünlich.** Steinfr. kugelig, seltener birnf., rauhschalig, später schwarz. Nuß unregelmäßig längs gefurcht. Kern süß. Mai	Rundkr. Baum. H. 15—20 m. Nordamerika. Sommergrün	**Schwarzer Walnußbaum** **Júglans nígra** (7)

Grauer Walnußbaum
Schwarzer Walnußbaum
Weiße Hickorynuß
Gelbholz

Blätter zusammengesetzt · wechselständig · gesägt · gezähnt · gekerbt

Blatt	Besonderes	Stamm	Blüte, Frucht	Sonstiges	Name
Gefiedert, 20—50 cm lang. Tb. 15—23, Endb. mitunter fehlend. Blattstiele obers. rinnig vertieft. 2 Kn. über einem B. sitzend, zumeist gestielt, schuppenlos	Tb. klein-gesägt, länglich-lanzettlich, spitz, kahl, d'grün, in den Aderachseln bärtig	Zw. olivbraun mit gekammertem Mark. R. schwarzgrau, nicht aromatisch	Bl.kätzchen **grünlich**, in verlängerten, hängenden Ähren. Steinfr. 2flügelig, erbsengroß, graugelb. April, Mai	Mehrstämm. Baum. H. 9—20 m. Kaukasus und Armenien. Sommergrün	**Eschenblättrige Flügelnuß** **Pterocárya fraxinifólia** (7)
Teils einfach, teils doppelt-gefiedert, am gleichen Baum und Blatt B. bis 25 cm lang	Tb. kerbig-gezähnt, längl.-lanzettlich, mit gerundetem Grunde, h'grün, unters. matt	Kräftig, dornig verzweigt. Dornen einfach oder 3teilig, rotbraun	Bl. in Trauben, unscheinbar, **grünlich**, kurzha., sitzend, ährig, oder die männlichen gebüschelt. Staubb. 5, Hülsen lineal-länglich, oft gedreht, d'braun, mit saftigem Mark, bis 50 cm lang, 4 cm breit. Juni, Juli	Baum. H. bis 25 und 40 m. Nordamerika. Sommergrün	**Dreidornige Gleditschie** Christusdorn **Gledítsia triacánthos** (27)
* Unpaarig-gefiedert (eschenähnl.), sehr groß, bis fast 1 m lg., unangenehm riechd. Tb. 13—25, bis 12 cm lang	Tb. am Grunde buchtig-gez. (Zähne mit Drüs.), gestielt, aus herzf. Grunde eif. bis längl.-lanzettl., zugespitzt, obers. d'grün, unt.s. blaßgrün, kahl	R. glatt, mit weißlichen Rissen. Junge Zw. kurz-weichha. Mark bräunlich. Holzkern grau-orangefarbig, Splint gelblich	Bl.stände in bis 25 cm langen, aufrechten, endst. Rispen. * Geruch der Bl. holunderartig. K. 5sp. Krb. 5, **grünlich-weiß**, abstehend. Männliche Staubb. 10. Fr. in der Mitte eines zungenf. Flugblattes. Juni, Juli	Raschwüchsiger Baum. H. 10—25 m. China. Sommergrün	**Götterbaum** **Ailántus altíssima** (A. glandulósa) (29)
Unpaarig-gefiedert, bis 35 cm lang, Tb. 7—15	Tb. kerbig-gezähnt, oft durch tiefere Abschnitte ± lappig bis gefiedert, eif. bis länglich, zugespitzt, ob. etw. glänz., d'grün		Bl. klein, in etwa 30 cm langen, endst., reichästigen Rispen. K. tief, 5sp., Krb. länglich, **gelb**, am Grunde **rötlich**. Staubb. 5—8. Kapselfr. 3—4 cm lang, aufgeblasen. Juli, August	Baum. H. 3—8 m. China. Sommergrün	**Rispenblütige Blasenesche** **Koelreutéria paniculáta** (41)
Unpaarig-gefiedert, 9—15 Tb. (eschenähnl.). Nebenb. blattartig, gezähnt. Kn. kegelf., schwärzlich mit weißem Flaum, nicht klebend	Tb. sattgrün, spitz gezähnt, längl.-lanzettlich, nur jung unters. behaart	Zw. graubraun. R. glatt, h'grau glänzend. Holz hart Kern h'braun. Splint gelblich-weiß	Doldentrauben vielbl., 5 Blb. rundlich, **weiß**. K. 1b., 5sp. Gr. meist 3. Vogelbeeren in Büscheln, kugelig, erst grün, dann **gelbrot, scharlachrot**, genießbar, aber bitterlich. Mai, Juni	Hochstämm. Baum. H. bis 15 m. Kr. rundlich. Wälder Gebüsche, Landstraßen, häufig. * Duft der Bl. unangenehm. Sommergrün	**Vogelbeere** Gemeine Eberesche **Sórbus aucupária** (26)

Eschenblättrige Flügelnuß

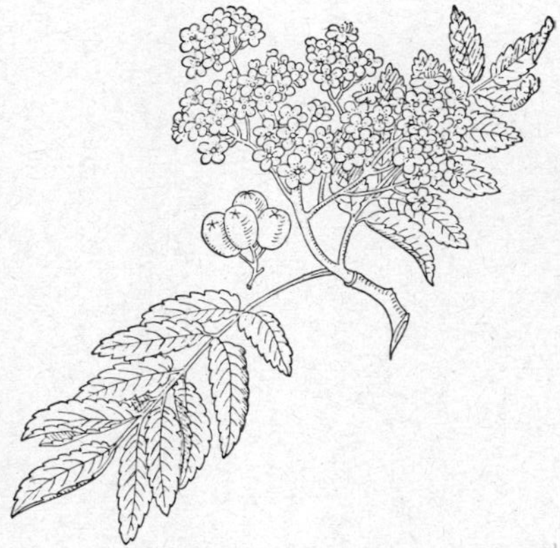

Vogelbeere

Götterbaum

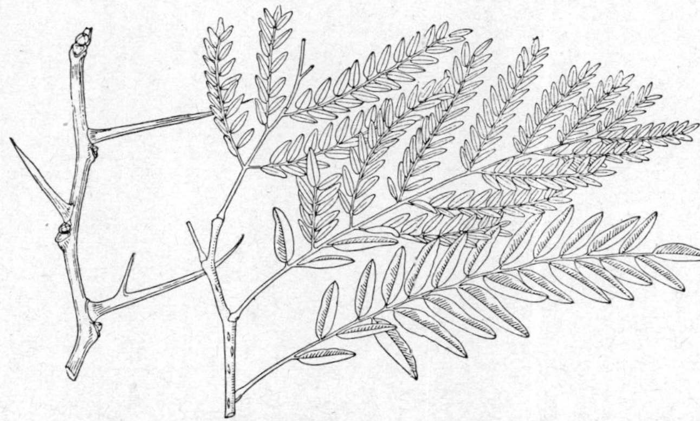

Dreidornige Gleditschie

Rispenblütige Blasenesche

Laubhölzer, Bäume

Blätter zusammengesetzt, wechselständig, gesägt, gezähnt, gekerbt

Blatt	Besonderes	Stamm	Blüte, Frucht	Sonstiges	Name
Unpaarig-gefiedert, 11—17 Tb., Nebenb. fadenf., ungezähnt	Tb. scharf-zugesp.-gesägt, länglich-lanzettlich, anf. weißwollig, später verkahlend. Kn. kahl, gelbgrün, klebrig	Zw. kahl, Borke schuppig, d'graubraun bis schwarz. Kern des Holzes rötlichbraun	Doldentrauben 6—12bl. 5 Blb., **weiß,** am Grunde zottig. Fr. kirschengroß, birnf. oder kugelig, reif gelblich, an der Lichtseite rot, später **braun,** nach Durchfrieren eßbar. Mai, Juni	Baum. Kr. sehr ästig, H. bis 18 m. Wälder, Waldränder, in Süddeutschland bzw. Südeuropa, selten. Als Zierbaum angepflanzt. Sommergrün	**Speierling,** Sperberbaum **Sórbus doméstica** **(26)**

Laubhölzer

Blätter schuppenförmig

Blatt	Besonderes	Stamm	Blüte, Frucht	Sonstiges	Name
Schuppenf., gegenständ., 4reihig, dachziegelartig-deckend, linealisch	B. immergrün, kahl oder am Rande fein gewimpert, obers. tief rinnenf., am Grunde in zwei pfriemenf. Öhrchen verlängert	Niederliegend u. aufwärtsstreb., oft weite Strecken bedeckend. Zw. kahl oder samtartig behaart	Bl. klein, kurz gestielt an den Enden der Zw. in einseitswend. Trauben. Außenkelch **grün,** 4bl., Blkr. kürzer als der K., **beide rosa.** Fachspaltige Kapsel oder Nuß Juli bis September	Zwergstrauch. H. 10—50 cm. Trockene Wälder, Heiden. Immergrün	**Heidekraut** Besenheide **Callúna vulgáris** **(56)**
Schuppenf., Schuppen 2—3 mm lang, linealisch-lanzettlich, dachziegelig, klein	Schuppen blaugrün, grubig punktiert	Zw. aufrecht, rutenf., gelbgrün bis purpurrot	Bl. kurz gestielt, in endst. Ähren, **weißrötlich,** 5 Blb. verkehrt-eif., 5 **grüne Kb.,** Staubgefäße verwachsen! Staubbeutel **h'rot.** Fr. aufrecht, abstehend. S. mit gestielten Haarbüscheln. Mai bis September	Strauch. 1—2,5 m. Kiesige Flußufer, Donau- und Rheingebiet, Alpen, auch angepflanzt. Sommergrün	**Deutsche Tamariske** **Myricária germánica** **(46)**
Schuppenf., 1—2 mm lang. Schuppen ei-lanzettlich, am Rande durchschein., sitzend, lebhaft grün	Schuppen saftiggrün, **nicht** grubig punktiert	Zw. rutenf., überhängend, dünn, rotbraun bis schwarzrindig	Bl.trauben 4—5 cm lg., ± büsch., seit.ständ., an vorjähr. Zweig. Bl. 4zähl., **rosa.** Kaps.frucht eilänglich, 4 klappig. Samen mit Haarschopf. April bis Juni	Strauch oder Baum. H. 2—5 m. Südeuropa. Sommergrün	**Viermännige Tamariske** **Támarix tetrándra** **(46)**

Die schönste, neuerdings verbreitetste Art ist die „fünfmännige" T. (Támarix pentándra) aus Westasien, mit bläulichgrünen Blättern, purpurnen Zweigen und einer Fülle dicht gedrängter Blütenähren, die sich zu endständigen Rispen vereinigen.

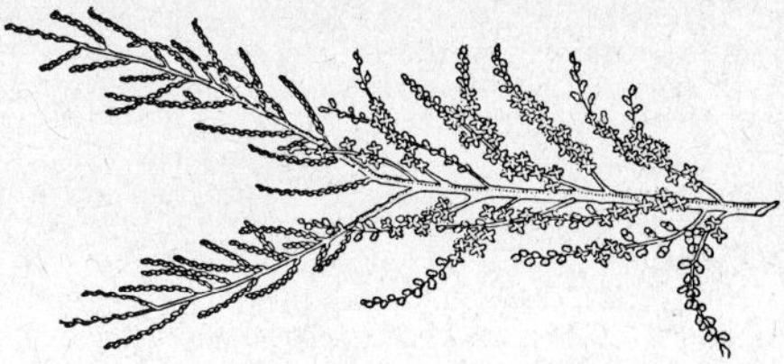

Viermännige Tamariske

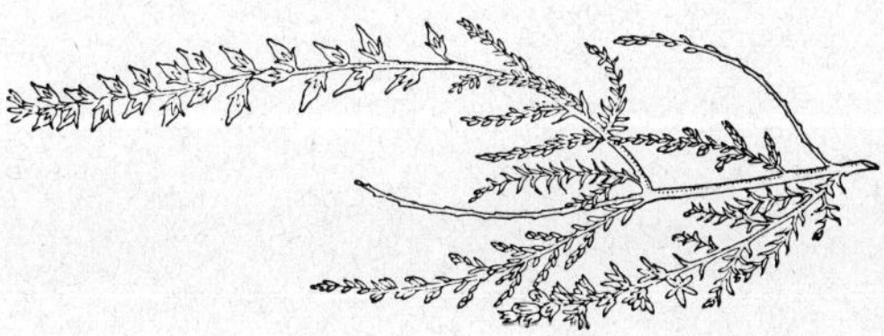

Deutsche Tamariske

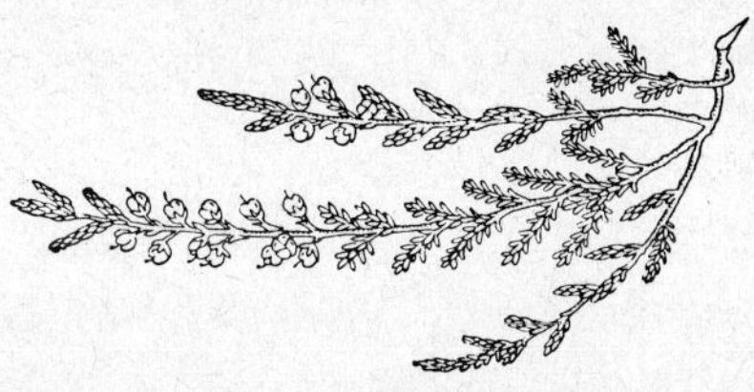

Heidekraut

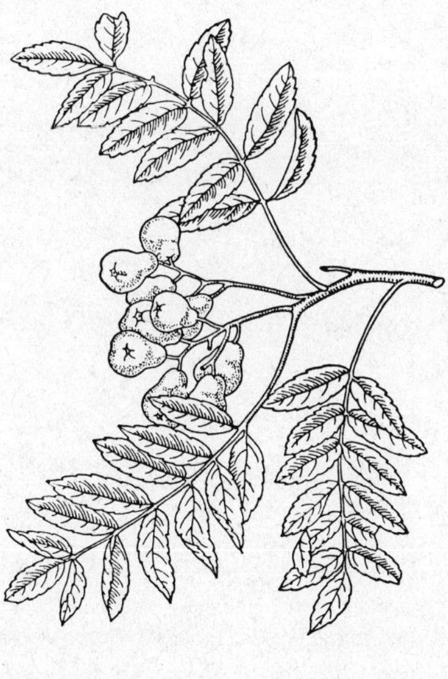

Speierling

Blatt	Besonderes	Stamm	Blüte, Frucht	Sonstiges	Name
Nadelf., meist zu 4 quirlständig, 5—9 mm lang, linealisch, mit scharfem Rande, kahl		Stämmchen niederlieg., Zw. aufwärts gebog., einen dichten Busch bildend, kahl	Bl. in meist einseitswendigen Trauben. 4 Kbl., länger als die halbe Kr.röhre. Kr. glockig, **fleischrot.** Saum 4teilig. Staubb. d'rot, aus der Blkr. hervorragend. Fr.kapsel fachsp. April, Mai	Strauch. H. 10-30 cm. Nadelwäld., Heiden, im Gebirge, als Zierpflanze gezogen, blüht auch weiß. Immergrün	**Frühlings-Heide** Schneeheide Fleischrotes Heidekraut **Eríca cárnea** **(56)**
Nadelf., meist zu 4 quirlständig, linealisch, steifha. gewimpert, am Rande abwärts gerollt		Ä. aufrecht, rauhha., junge Zw. deutlich kurzfilzig	Bl. zweigendst., doldig, 4 K.zipfel nebst Bl.st. steifha. gewimpert. Kr. eif.-krugf., **fleischrot.** Saum 4teilig. Staubb. in der Blkr. eingeschlossen. Fr.kapsel behaart, fachsp. Juni bis September	Strauch buschig. H. 10—50 cm. Torfige Heiden, Moorsümpfe im nördl. Gebiet. Immergrün	**Glocken-Heide** Sumpf-Heide **Eríca tetrálix** **(56)**
Nadelf., wechsel- od. fast quirlständig, sehr kurz gestielt, linealisch, am Rande zurückgerollt, unters. weiß gekielt, 4—6 mm lang	B. im Querschnitt hohl	St. niederliegend, starkverzweigt, Zw.spitz. aufgericht.	Bl. 2häusig, sitzend, zu 1 bis 3 in den B.achseln. Staubb. rosa, Stempelb. **purpurn.** Blb. länglich-verk.-eif., kürzer als die Staubb. Beere kugelf., glänzend, **schwarz,** mit rotem, säuerlichem Saft. April, Mai	Heidekrautähnlicher, Strauch. H. 30-50 cm. Moore, Heiden und Wälder, im Küstengebiet häufiger, sehr zerstreut. Immergrün	**Krähenbeere** Rauschbeere **Émpetrum nígrum** **(56)**
Nadelf., wechselständig, einfach oder 3zählig, obere lineal-pfriemlich, steif stachelspitz., untere B. 3zählig	B. meist in Dornen umgewandelt, 6—12 mm lang	Zw. grün, gefurcht, anfangs behaart	Schmetterlingsbl. einzeln in den Bl.achseln, groß, **gelb.** K. und Hülsen zottig. Fr. rauhhaarig. Mai, Juni	Strauch stachelig, dichtbuschig. Höhe bis 1,5 m. Sandige Kieferwäld., Heiden, Hügel (als Wildfutter angepflanzt).	**Gaspeldorn** Stechginster **Úlex europaeus** **(27)**
Nadeln einzelnsteh., 2zeil., flach, 2—3 cm lang, 2 mm breit, lineal, spitz, kurz gestielt, Stiel etwas herablaufend	Nad. obers. d'grün, glänz., mit fein. Kiel, unters. matt h'grün, ohne weiße Streifen, weich	R. rotbraun, später teilw. ablösend. Ä. abstehend, Zw. etwas hängend	Bl. 2häusig, männliche **hellgelb,** sitzend, kugelige Kätzchen a. d. Zw.-Spitzen, weibl. einzeln stehend; Fr. becherförm. gläserne Scheinbeere, aufrecht, **rot,** 2 schwarze Samen März, April	Locker ausgebreitet. strauchartig. Baum. H. 3—13 m. Wälder, besondersimGebirge, selten, oft angepfl. Nadeln † Giftig! Immergrün	**Eibe** **Táxus baccáta** **(2)**

Glocken-Heide

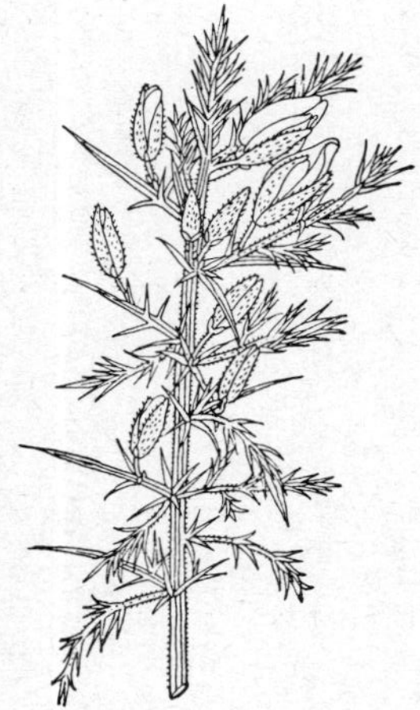

Gaspeldorn

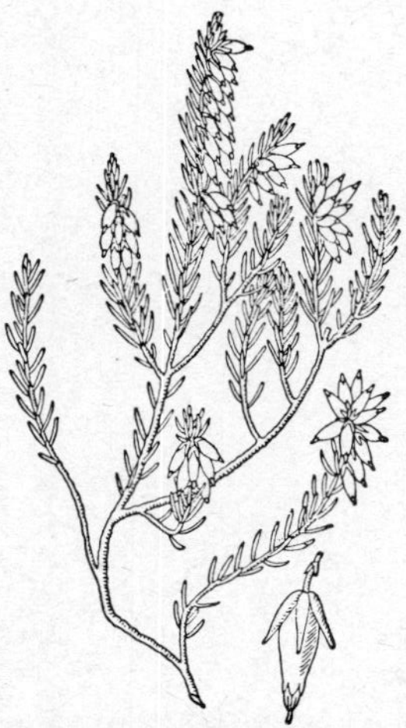

Frühlings-Heide

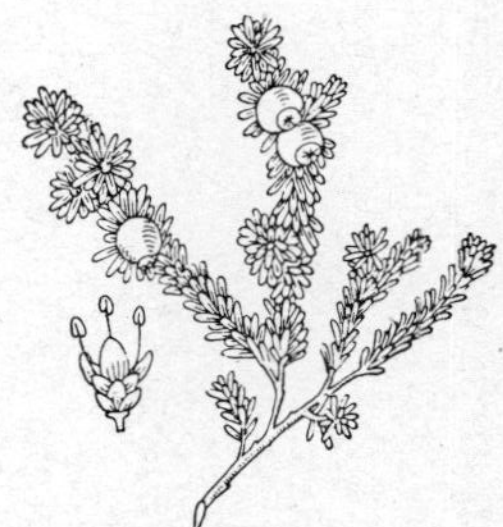

Krähenbeere

Eibe

Nadelhölzer, Strauch **oder** Baum

Blatt	Besonderes	Stamm	Blüte, Frucht	Sonstiges	Name
Nadeln zu 3 quirlig, gerade, abstehend, linealisch-pfriemlich, 5—20 mm lg., unters. stumpf gekielt, stech.	*Nad. obers. in der Rinne bläulich-weiß. Pfl. in allen Teilen aromatisch	R. graubraun, im Alter rissig. Jüngere Zw. rotbraun. Ä. stark verzweigt. Holz hart	Bl. 2häusig, männl. eif., **gelb**, weibl. kleiner, **grünlich**, unscheinbar. Beerenzapfen aufrecht, kugelig-eif., im 2. Jahre reifend, dann **schwarz**, blau bereift. April, Mai	Strauch, seltener baumartig. H. 1-10m. Wuchs buschig. Steif säulenf. Nadelwälder, Heiden, verbreitet, angeflanzt. Immergrün	**Heide-Wacholder** Gemeiner Wacholder Machandel Kranewitt **Juníperus communis** (3)
Nadeln zu 3 quirlig, gekrümmt, kahnf., lanzettl.-linealisch, breit, weich, anliegend, unters. kaum gekielt	Nadeln unters. weißlichgrün, wenig stechend!	Zw. kurz und dick, oft hin und her gebogen	Bl. 2häusig, männl. Kätzchen **gelb**, weibliche Bl. knospenartig, von 3 Schuppen umgeben. Fr. beerenartig, kugelig, reif **blauschwarz**. Mai bis Juli	Nied.lieg. ausgebreit. Strauch, H. bis 2 m. Bildet dichte Teppichbüsch. Auf trock. mageren Weiden, stein. Hald., Alp.geb., Sudeten. Immergrün	**Zwerg-Wacholder** **Juníperus nána** (3)
Teils nadelf., teils schuppenf., erstere zu 3—4 quirlständ., letztere paarweise kreuzständ., 2 bis 5 mm lg. Anlieg. Nad. stumpf, raut.f., dicht dachziegelartig	Nadeln unters. mit lang verlaufendem Ölgang	Stamm niederliegd. mit aufsteigenden Ä. *) R. bräunlich-rötlich-grau. Zw. zerrieben unangenehm riechend	Bl. 2häusig, unscheinbar, **gelb**, weibl. an den Enden der Zw. Beerenzapfen an kurzen gekrümmten St. hängend, schwarz, **blau-bereift.** April, Mai	Strauch oder Baum. H. 1,5—3 m. Alpen, früher in Gärten gepflanzt, heute selten. † Giftig! Immergrün	**Sadebaum** Sevenbaum **Juníperus sabína** (3)
Nadelbl. meist dreiquirlig, sehr schmal, 8 mm lang, spreizend, Schuppenbl. stumpf, 2 mm lang, grün mit bleichen Rändern	Zweige beim Zerreiben nicht unangenehm duftend	Hauptstamm aufrecht. In der bei uns verbreitetsten Form jedoch vom Grund an strauchig zerteilt	Frucht bis 11 mm dick, bereift	Aus China. In Gestalt und Nadelform sehr veränderlich. Bei uns sehr verbreitet mit niederer pyramidaler Wuchsform u. kräft., fast waagerecht abstehenden Ästen (J. pfitzeriána). Immergrün	**China-Wacholder** **Juníperus chinénsis** (3)

Heide-Wacholder

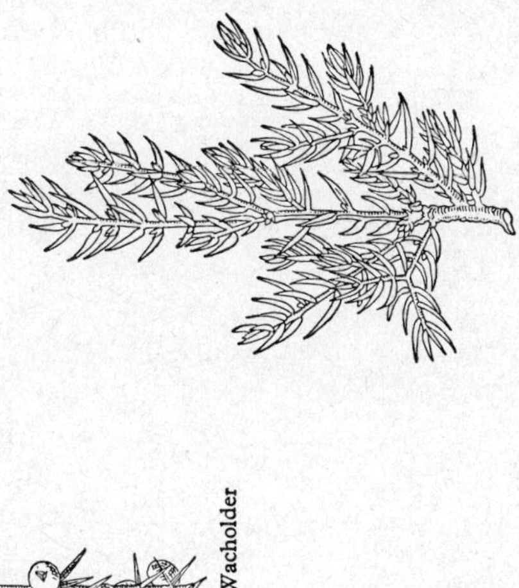
Zwerg-Wacholder

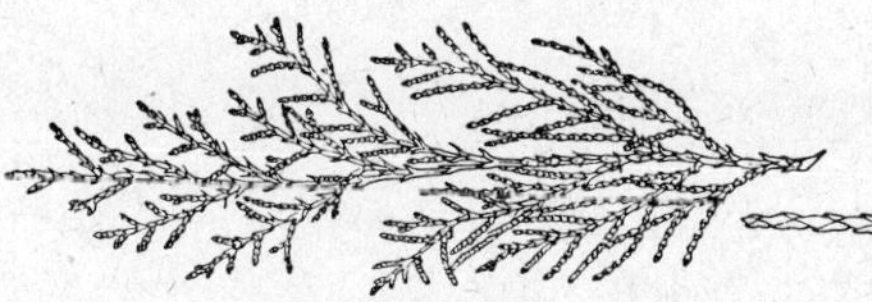
Sadebaum

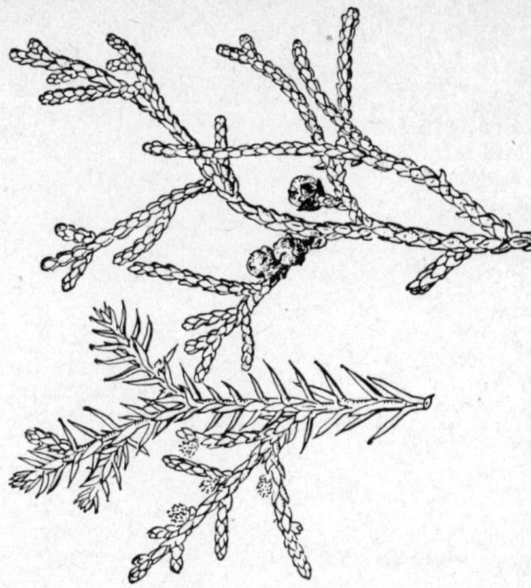
China-Wacholder

Nadelhölzer, Bäume

Blatt	Besonderes	Stamm	Blüte, Frucht	Sonstiges	Name
Nadeln einzelsteh., 2zeilig gewendet, flach, vorn ausgerandet, 2—3 cm lang, bis 2,5 mm breit, mit schräger Fußscheibe aufsitzend	Nadeln glänzend, obers. d'grün, unters. mit 2 bläulich-weiß. Längsstreifen. Kn. h'braun, harzlos	Stamm gerade, R. weißgrau, zieml. glatt. Zw. flach ausgebreitet, nicht hängend	Bl. 1häusig, männl. Kätzchen **gelb**, i. d. B.-Winkeln, weibl. zapfenartig. Reife Zapfen nicht abfall. 10—16 cm lang, 3—5 cm dick, walzlich, **aufrecht** stehend, jung braungrünlich, Schuppen angedrückt, stumpf, später abblätternd. Mai	Baum. H. bis 65 m. Kr. schlank kegelf. Wälder, besond. im Gebirge; angepflanzt. Immergrün	**Tanne** Edel-Tanne Weiß-Tanne **Ábies álba** (A. pectináta) (3)
Nadeln alle streng kammförmig gescheitelt, in einer Ebene ausgebreitet, verschieden lang (oberseits bis 20, unterseits bis 40 mm), 2–2,5 mm breit, unten meist mit deutlichen weißen Streifen	Knospe klein, kugelig. Nadeln an der Spitze eingekerbt	Zweige dünn, in der Heimat bis 90 m hoher Stamm	Zapfen mit versteckten Deckschuppen, 10 cm lang, 4 cm breit	Nordamerika. Neuerdings bei uns im Walde vielfach angebaut als Ersatz für uns. Weißtanne, der sie an Widerstandskraft überlegen ist. Immergrün	**Küstentanne** Riesentanne **Ábies grándis** (3)
Nadeln 2reihig, 4 bis 8 cm lang, abstehend, sichelartig aufwärts gebogen	Nadeln flach, weich, schmiegsam, beiders. graugrün bis silbergrau	Zw. dünn, graugrün. R. h'grau	Männl. Bl.kätzchen **dunkel-** oder **rosenrot.** Zapfen aufrecht, 8 bis 14 cm lang, 3,5—5 cm dick, vor der Reife grün, mit versteckten Deckschuppen. Mai, Juni	Baum. H. 25—50 m Prächtiger, pyramidaler Wuchs. Kalifornien	**Gleichfarbige Tanne** Colorado-Tanne **Ábies cóncolor** (3)
Nadeln 20—30 mm lang, 1,5—2,25 mm breit, bürstenartig angeordnet, am Ende eingeschnitten, 2spitzig erscheinend	Nadeln glänzend. Kn. eif., rotbraun, harzlos	Zw. kräftig. R. schwärzlich-grau	Zapfen **aufrecht,** 12 bis 15 cm lang, 5 cm dick. Deckschuppen vorragend. umgebogen. Mai, Juni	Baum. H. 10—30 m. Kaukasus und Kleinasien. Häufig angepflanzt alsschönerParkbaum. Immergrün	**Nordmannstanne** **Ábies nordmanniána** (3)

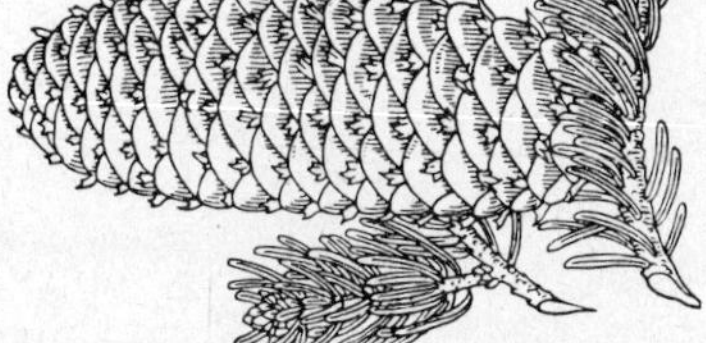

Tanne

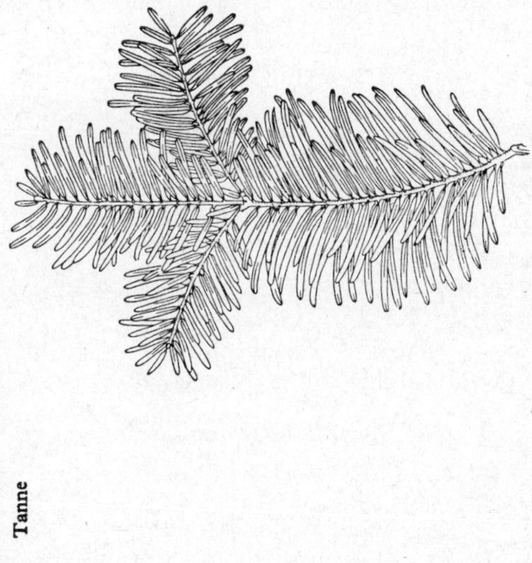

Küstentanne

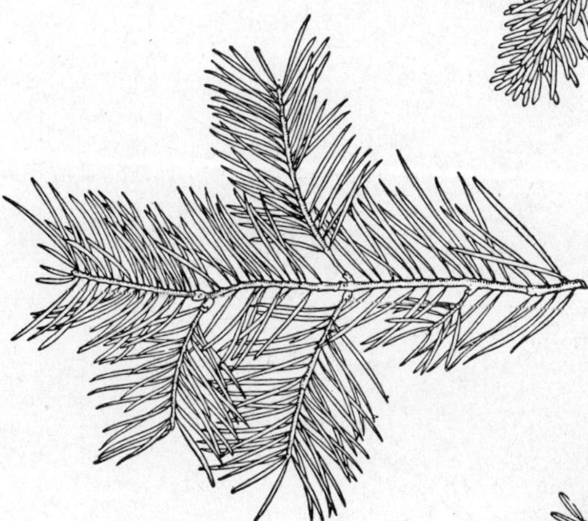

Gleichfarbige Tanne

Nordmannstanne

Nadelhölzer, Bäume

Blatt	Besonderes	Stamm	Blüte, Frucht	Sonstiges	Name
Nadeln fast 2zeilig, 10—15 mm lang, 1,5—2 mm breit, flach, stumpf. Rindenstielchen der Nadeln anliegend	Nadeln obers. glänzend, d'grün, unters. matt, mit bläulichweißen Längsstreifen gekielt	Gipfeltriebe bogig überhängend. Junge Triebe dicht zottig, zuletzt kurzha. Holz weich, harzfrei	Zapfenschuppen nicht von besonderen „Deckschuppen" überragt. Zapfen **hängend,** 1,5—2,5 cm lang, **h'braun,** als Ganzes abfallend. Mai	Baum. H. über 30 m. Baumkr. zieml. breit Nordamerika. Auch einzeln in Wäldern angepflanzt. Immergrün	**Hemlocks-Tanne** Schierlings-Tanne **Tsúga canadénsis** **(3)**
Nadeln meist 2reihig, 18—35 mm lang, 1,5 mm breit, stumpf od. zugesp., R.stielchen m. schräger Nadelansatzfläche, unters. mit 2 weißlichen Linien	*Nadeln obers. glänzend, lebhaft grün, unters. matt graugrün oder weißl.-bereift, zerrieben gewürzig duftend. Kn. scharf-spitz., kegelf., glänzend braun, am Ende der Zw.	Ä. quirlig, mager, abstehend, Zw. etwas hängend. R. mit zahlreich. Harzbeulen. Holz gelbrot bis gelb. Splint weißrot	Deckschuppen tief 3spitzig, über die Fr.schuppen vorragend. Zapfen überhängend, 5—8 cm lang, 3—3,5 cm dick, als Ganzes abfallend. April, Mai	Baum. H. bis 100 m und 4 m dick. Kr. kegelf. Dem Aussehen nach d. Fichte ähnl., aber langnadeliger Nordamerika. Auch vielf. angeforst. Immergrün	**Douglas-Tanne** Douglas-Fichte **Pseudotsúga taxifólia** (Ps. menziesii) **(3)**
Nadeln einz., ringsumstehend, 4kantig, stachelspitz., bis 2 cm lang, auf ein. bräunlichen R.stielchen aufsitzend	Nadeln dunkelgrün. Kn. harzlos	Stamm gerade, oft bis zum Grunde beastet. R. schupp.-rotbraun. Ä. waagerecht abstehend, rötlichgelb	Bl. 1häusig, männl. Kätzchen, zuerst rötlich-erdbeerähnlich, später **gelb,** weibl. zapfenartig, **karminrot,** a. d. Spitzen der Triebe. Reife Zapfen **hängend,** walzlich, 10—16 cm lang, 3—4 cm dick, **mit** den Schuppen abfallend, Schuppen gezähnelt, wie ausgebissen. April, Mai	Baum. H. bis 60 m. Kr. pyramidenf. Heimischer Waldbaum. Immergrün	**Fichte** Rot-Tanne **Pícea excélsa** (P. abies) **(3)**
Nadeln 2—3 cm lg., starr, scharf-stech., mit glasiger Spitze, sparrig abstehend	Nadeln d'grün bis silberweiß, mit Harzgängen. Kn. gelbbr., kegelf. bis rundlich	Junge Triebe kahl, gelbbraun	Männl. Bl. **rotgelb,** weibl. **blaßgrün.** Zapfen hängend, 8—10 cm lang, 3 cm dick, oval-walzenf., **braunrot.** Schuppen am Rande gezähnelt. Mai, Juni	Baum. H. bis 50 m. Nordamerika, eine Form mit blaugrünen Nadeln wird als „Blautanne" viel angepflanzt. Immergrün	**Stech-Fichte** **Pícea púngens** **(3)**

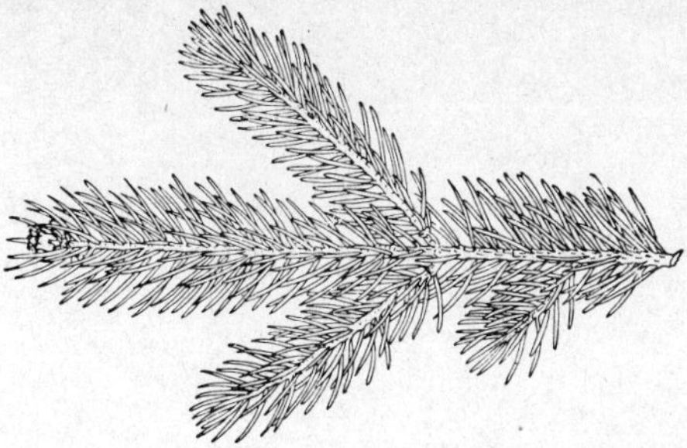

Stech-Fichte

Fichte

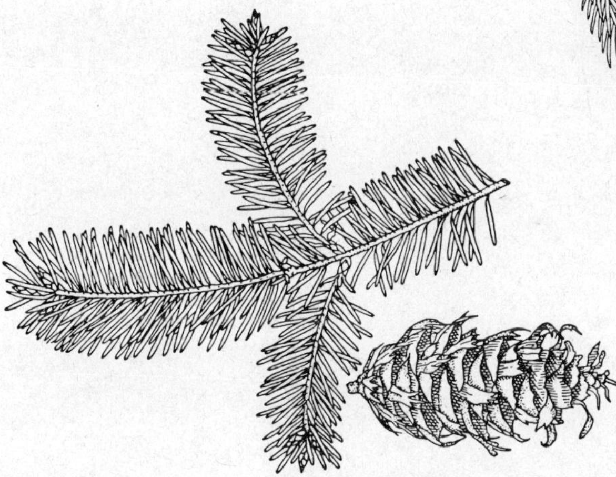

Douglas-Tanne

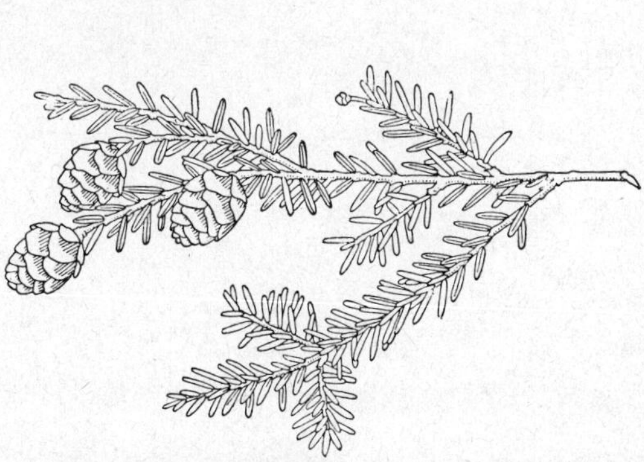

Hemlocks-Tanne

Nadelhölzer, Bäume

Blatt	Besonderes	Stamm	Blüte, Frucht	Sonstiges	Name
Nadeln 15—25 mm lang, stumpf, 4kant., dicht stehend	*Nadeln bläul.-grau, gerieben streng aromatisch	Junge Triebe kahl	Zapfen zahlreich, häng., etwa 6 cm lang, eiförm.-walzlich, jung **grün,** reif **h'braun,** bald abfallend, Schuppen papierdünn, biegsam. Mai	Baum. H. bis 20 m. Kr. breit-kegelf., dicht verzweigt. Nordamerika. Immergrün	**Weiß-Fichte** Schimmel-Fichte **Pícea glauca** (P. alba, P. canadénsis) **(3)**
Nadeln 5—10 mm l., quer abgeflacht, den Zw. sich eng anschmiegend	Nadeln stark glänz., tiefdunkelgrün. Kn. harzlos, etwa 3 mm lang	Jungtriebe dicht, kurzhaarig	Zapfen häng., 5—8 cm lang, 2 cm dick, eif., häufig mit Harztropfen besetzt. Schuppen lederartig, fast kreisrund, längsstreifig. Mai	Baum. H. bis 30 m. Kleinasien und Armenien. Immergrün	**Orientalische Fichte** Sapindus-Fichte **Pícea orientális (3)**
Nadeln in wechselst. Büscheln in becherartig. Scheide, 1 bis 3 cm lang, an Sommertrieben einzeln stehend	Nad. h'grün, weich, im Herbst abfallend. Kn.schuppen rundl., ohne Nadelspitze	Stamm gerade, R. anfangs gelbbraun, später grau. Zw. absteh., flach, Langtriebe rutenf., Kurztriebe knollig	Männl. Bl. einzeln, **gelb,** weibl. **rot.** Zapfen klein, eif., 1,5—4 cm lang, aufrecht, holzig, als Ganzes abfallend. April, Mai	Baum bis 35 m. Kr. kegelf. In den Alpen und östl. Sudeten einheimisch, sonst angepflanzt. Sommergrün	**Lärche** **Lárix decídua** (L. europaea) (3)
Von anderen Arten wird besonders die Japanlärche (L. leptolépis) im Wald angebaut.					
Nadeln büschelig, je zu 2 in gemeinsamer Scheide, dünn, steif, gekrümmt, zugesp., 4—8 cm lang	Nadeln bläul.-grün. Kn. rötlichbraun, selten harzig	Stamm gerade, weit hinaufastfrei. R.gelbrot, im Alter in dünn. Streifen sich ablös., später graubraun, rissig, innen rostrot. Ä. oft gebogen	Bl. 1häusig, männl. eif., **schwefelgelb,** weibl. **rötlich,** gestielt. Zapfen 2,5 bis 7 cm lang, breit-eif., gestielt, hängend, glanzlos. Schuppen hakenf. herabgebogen. Mai	Baum. H. 18—40 m. Kr. anf. kegelf., im Alter schirmf. gewölbt. Besonders auf Sandboden der verbreitetste Waldbaum. Immergrün	**Kiefer** Wald-Kiefer Weiß-Föhre Rot-Föhre, Forche **Pínus silvéstris** (3)
5 Nadeln zu 2 bis 15 cm lang, 1,5 mm breit, starr, stechend stachelspitzig	Nadeln schwärzlichgrün. Kn. harzig, braun	R. schwarzgrau, tiefrissig. Junge Zw. bräunlich	Bl. 1häusig, **goldgelb,** Zapfen 4—9 cm lang, 2,5—3 cm dick, reif kegelf., waagerecht abst., sitzend, glänzend, **gelbbraun,** ob. Schuppen oft kurz dornig. Mai, Juni	Baum. H. 20—40 m. Stellenweise als Zier- und Waldbaum angepfl., in den Ostalpen heimisch. Immergrün	**Schwarz-Kiefer** Schwarz-Föhre **Pínus nígra** (3)

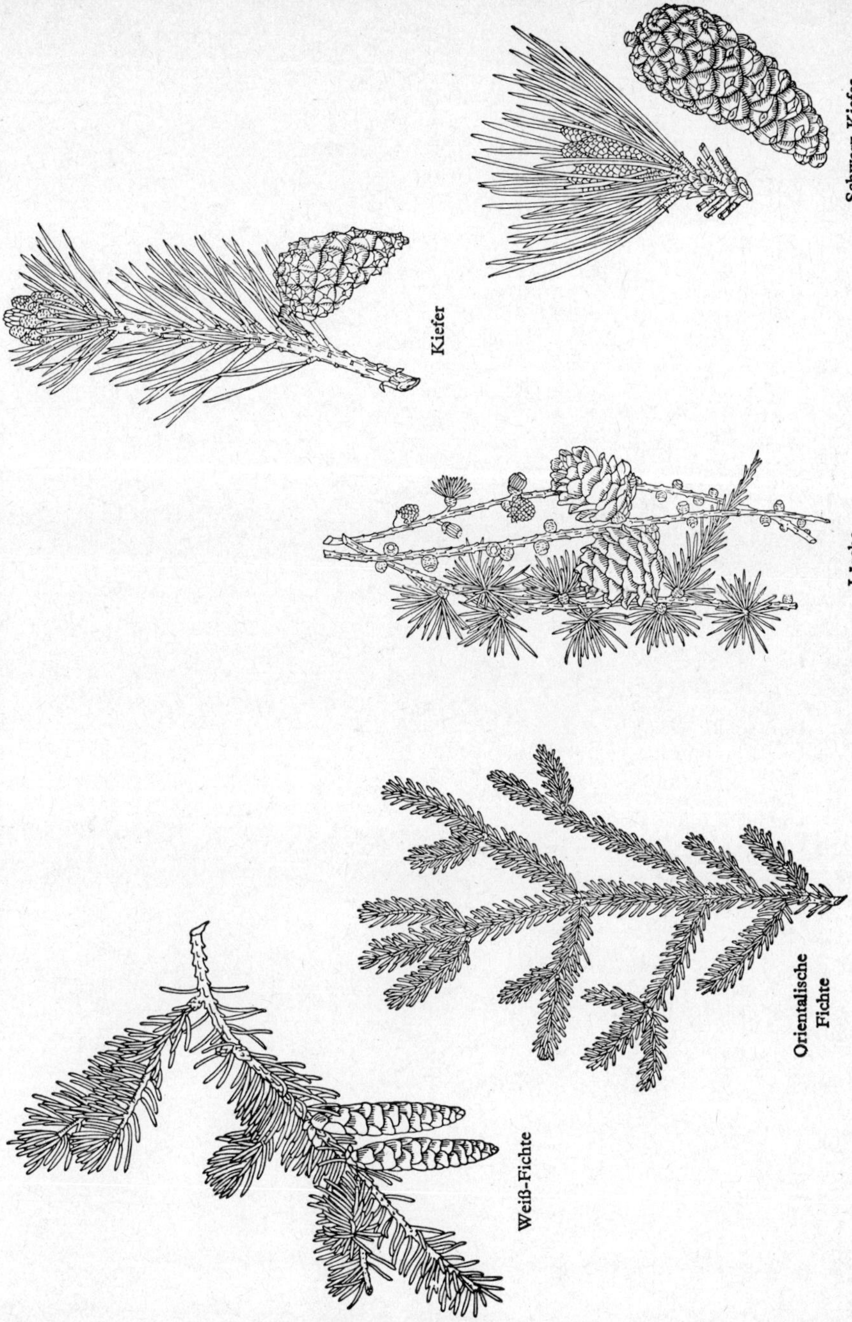
Kiefer
Schwarz-Kiefer
Lärche
Weiß-Fichte
Orientalische Fichte

Nadelhölzer, Bäume

Blatt	Besonderes	Stamm	Blüte, Frucht	Sonstiges	Name
Nadeln zu 5, quirlig, bis 10 cm lang, lockerstehend	Nadeln weich, dünn, schlaff, h'grün. Kn. gelbrot, schlank, eif., zugespitzt	Junge Triebe weißl. behaart, später kahl. R. grau, lange glatt bleibend Holz fahlgelb	Männl. Bl. **blaßgelb.** Zapfen hängend, kurz gestielt, 12—15 cm lang, bis 4 cm dick, walzlich-spindelf., spitz, **zimtbraun,** als Ganzes abfallend. S. breit geflügelt. Mai	Baum. H. bis 20 m. mit lichter Krone. Nordamerika, bei uns auch in Forsten angepflanzt.	**Weymouths-Kiefer** Seidenkiefer Strobe **Pínus stróbus** (3)
Nadeln zu 2 an den Kurztrieben in schwärzl. Scheiden, 2—5 cm lang, dichtstehend, dem Zweig zugekrümmt	Nadeln hell- oder dunkelgrün (niemals blaugrün!). Kn. stark harzig	R. bräunlich-grau bis schwärzlich, nicht abblätternd! Zw. meist in regelm. Quirlen stehend, Ä. oft talwärts niedergedrückt, stark gekrümmt u. verbogen	Männl. Bl. **rötlich-gelb,** weibl. Bl. **violett.** Zapfen 2—5 cm lang, fast sitzend, waagerecht oder schief abstehend, braun bis dunkel-rotbraun, Nabel m. schwärzl. Ring umgeben. Juni, Juli	Teils aufrecht (pyramidaler Wuchs; als Baum bis 25 m hoch, Hakenkiefer, Spirke), teils dem Boden anliegend, niedr. sich verzweig. (Latsche, Krummholz, Legföhre). Die frühere Einteilung in Unterarten auf Grund d. Zapfen läßt sich nicht aufrechterhalten (vgl. Abb.). Im Hochgebirge u. auf Hochmooren d. Alpenvorlands.	**Berg-Kiefer** Latsche, Spirke **Pinus mugo** (P. montána) (3) Immergrün
Nadeln zu 3—5 in 1 Scheide, 5—8 cm lang, derb, am Rande rauh, den Zw. mehr angedrückt. Nadelbüschel sehr dicht stehend	Nadeln d'grün, 3kantig. Kn. zugesp., ohne Harz. Schuppenspitzen mit weißlichem Rand	Junge Zw. rostrotfilzig. R. silbergrau, glatt und glänzend, später schwarzgrau, gefurcht und rissig	Bl. 1häusig, Zapfen aufr., 6—8 cm lang, 5 cm dick, dickschuppig, unreif **violett-überlaufen,** später **bräunlich,** mit eßbaren Samen Zirbelnüsse. Juni Juli	Baum. H. 10—20 m. Kr. jung säulenf., später kegelf. Alpen, Karpaten, selten als Parkbaum. Immergrün	**Zirbel-Kiefer** Arve **Pínus cémbra** (3)
Nadeln bis 35 mm lang, steif, auf kurzen, abstehenden R.stielchen, wie bei der Lärche in Büscheln	Nadeln grün, blaugrün oder silbergrau	Ä. schräg aufwärts gerichtet. R. graubraun. Holz braun bis braunrot. Splint gelblich-weiß	Zapfen aufrecht, ca. 5 bis 6 cm lang, 4—5 cm dick, glänzend **h'braun,** an der Spitze abgestumpft oder leicht eingedrückt. Schuppen behaart. Mai, Juni	Baum. H. bis 40 m. Mitbleibender kegelf. Kr. und aufrechtem Wipfel. Nordafrika. Immergrün	**Atlas-Zeder** **Cédrus atlántica** (3)
Nadeln 1—1,5 cm lg., an Langtrieben alls.-wendig, sonst 2zeilig-gescheitelt, lineal., spitz, am Grunde eingeschnitten	Nadeln krautig, weich, im Herbst mit den Kurztrieben abfallend	R. rotbraun, Holz weich, Kern gelblich- oder gelbrötlich	In Zapfen endst., 2,5 cm lang, **grünlich,** kugelig-eif., **grau,** mit schildf. S.schuppen. Mai	Baum. H. bis 40 m. Kr. ausgebreitet, schirmförmig. Südöstl.Nordamerika Sommergrün	**Zweizeilige Sumpf-Zypresse** **Taxódium dístichum** (3)

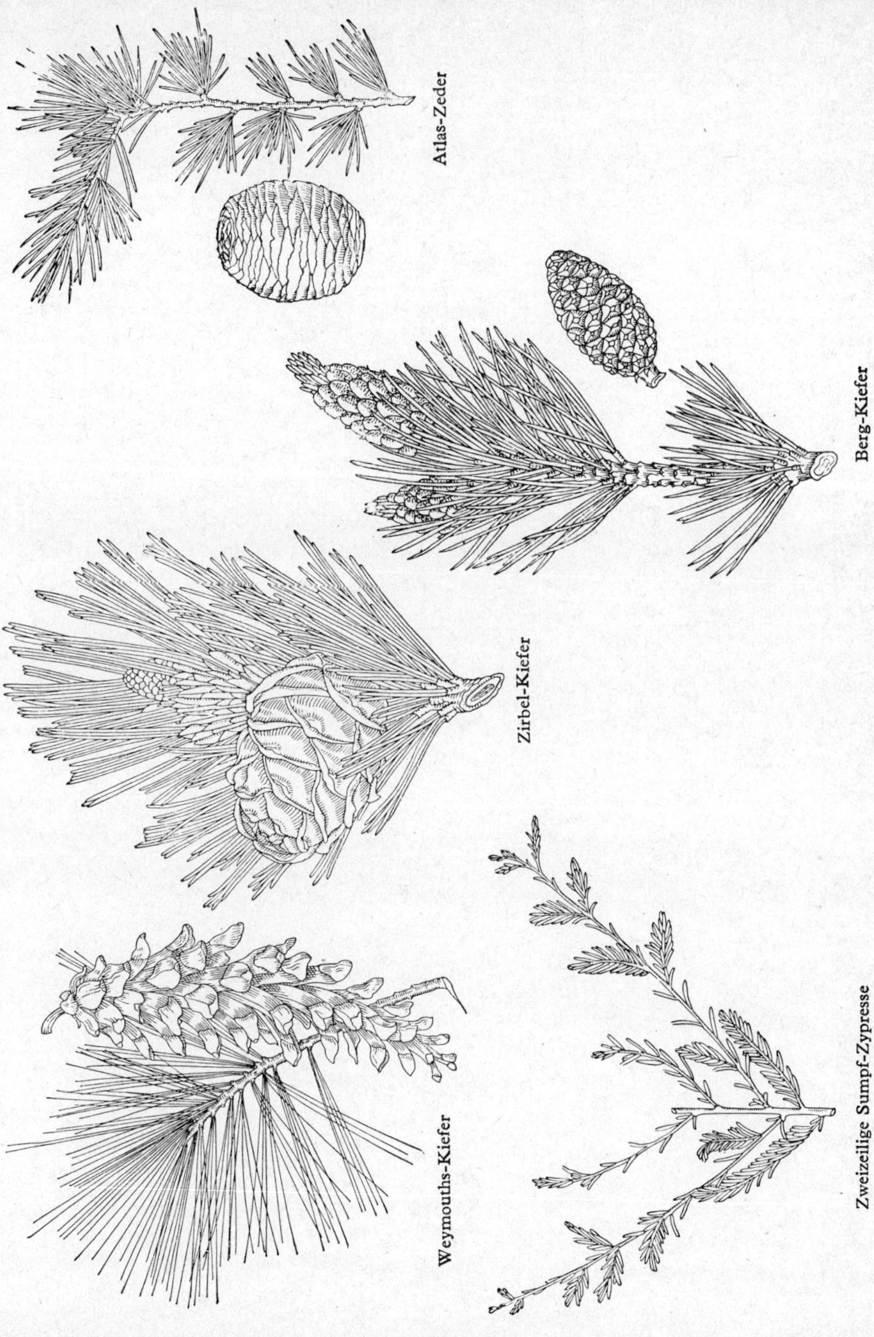
Atlas-Zeder
Berg-Kiefer
Zirbel-Kiefer
Weymouths-Kiefer
Zweizeilige Sumpf-Zypresse

Blatt	Besonderes	Stamm	Blüte, Frucht	Sonstiges	Name
Nadeln 5 mm lang, pfriemlich, am Zw. herablauf., an blüh. Zw. dachziegelartig und schuppenf.	Nadeln blaugrün	Ä. nicht quirlständig, R. dick, schwammig rissig, rotbraun. Splintholz weich, anfangs weiß, später rötlich. Kernholz hart, mahagoniartig	Zapfen 5—7 cm lang, eif., **gelblichbraun.** Schuppen schirm- oder keilf., jede mit 5 Samen	Baum. In der Heimat bis über 100 m hoch, Durchmess. bis 10 m. Borke bis 50 cm dick. Kalifornien. Immergrün	**Mammutbaum** Wellingtonie **Sequóia gigantéa** (3)
Nadeln bis 2 cm lang, absteh., schräg aufwärts gerichtet, pfriemlich-sichelf., 3—4kantig, am Trieb herablaufend	Blaugrün	Ä. am Stamme zerstreut, R. langrissig, braunrot. Holz weich	Männl. Bl. an den Zw.-spitzen gehäuft, sitzend, weibl. an Seitenzw., einzeln. Zapfen 16—30 mm lang, kugelig, holzig, **rotbraun.** April, Mai	Baum, bis 40 m. Krone eiförmig. China, Japan. Winterschutzbedürftig. Immergrün	**Kryptomerie** Sichel-Tanne **Cryptoméria japónica** (3)

Nadeln schuppenförmig

Blatt	Besonderes	Stamm	Blüte, Frucht	Sonstiges	Name
B. schuppenf., mit abstehend. Spitzen, auf der Unterseite d. Zw. mit oft ± verschwommenen weiß. Linien in X-Form	Schuppen meist saft.-grün, bei Gartenformen auch bläul.-weiß oder wie Silber schimmernd	Stamm glatt. Gipfeltrieb **stark überhängend.** Holz hart, harzreich, rötlichgelb	Männl. Bl. klein, endst., **rot,** weibl. **stahlblau.** Zapfen holzig, kugelig, etwa 1 cm groß, bläulich-bereift. Schupp. schildf., Ränder aneinanderliegend mit 3—4 Samen April, Mai	Baum. H. bis 60 m. Nordkalifornien. In vielen gärtnerischen Formen gepflanzt. Immergrün	**Oregon-Zeder** Lawsons-Zypresse **Chamaecýparis lawsoniána** (3)
B. schuppenf., scharf zugespitzt. Flächenb. auf dem Rücken, mit Drüsenfurche	* Zw. zerrieben unangenehm riechend	Zw. am Ende der Ä. senkrecht herabhängend, 1,5—3 mm br., beiders. fast gleichmäßig d'grün, ohne weiße Striche und Flecken	Zapfen 8—10 mm dick. Schuppen 4—6, **braunrot,** bläulich bereift, unter der Mitte mit höckerf. Spitze. S. geflügelt. April, Mai	Baum. H. bis 40 m. Nordamerika. Immergrün	**Alaska-Zeder** Nutka-Zypresse **Chamaecýparis nutkaénsis** (3)

Wellingtonie

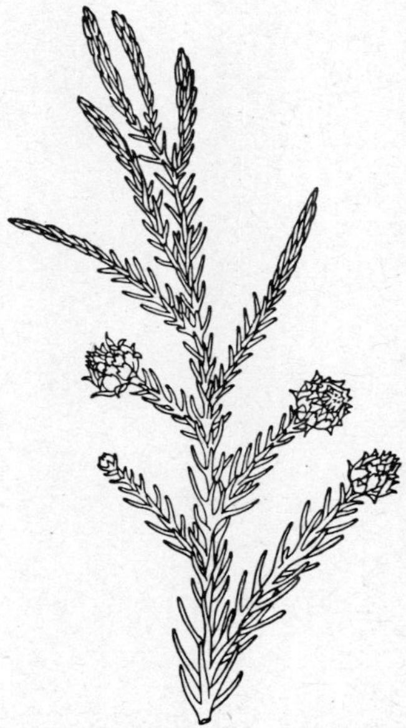

Kryptomerie

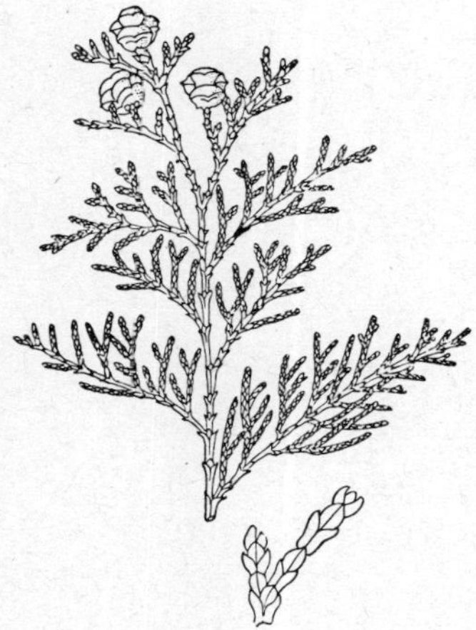

Oregon-Zeder

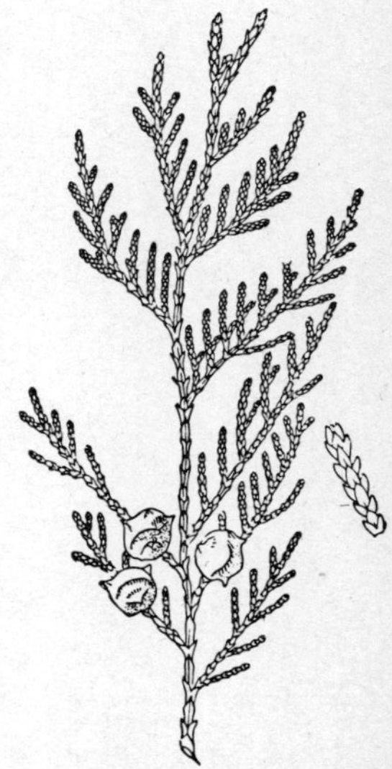

Alaska-Zeder

Blatt	Besonderes	Stamm	Blüte, Frucht	Sonstiges	Name
B. schuppenf., kantig, schräg abstehend, scharfspitzig	* Zw. zerrieben aromatisch duftend	Stamm rauhschuppig, Zw. vorn überhängend, unters. mit längl. weiß. Flecken	Zapfen kugelig, etwa 6 mm groß, **gelbbraun.** Schuppen runzelig, über der Mitte mit 3eckigem Höcker. S.flügel breit. April, Mai	Baum. H. bis über 30 m. Japan. In Deutschland nur strauchförmig. Immergrün	**Sawarazeder** Erbsenfrüchtige Zypresse **Chamaecýparis pisífera** (3)
B. schuppenf., stumpflich, einwärts gebogen, fest anliegend, dicht stehend	Zw.spitzen überhängend	Zw. unters. mit sehr deutlichen, feinen silberweißen Streifen Splint des Holzes gelblichweiß, Kern rosarot	Zapfen 1 cm dick, Schuppen 8—10, in der Mitte mit aufwärts gebogener Spitze. S.flügel schmal. April, Mai	Baum. H. bis über 30 m. Japan. In Deutschland nur strauchförmig,selten. Immergrün	**Feuerzeder** Stumpfblättrige Zypresse **Chamaecýparis obtúsa** (3)
Schuppenf., kreuzweise gegenständig. Flächenb. auf dem Rücken mit einem rundl. Drüsenhöcker	* Zerrieben von sehr starkem, angenehmem Geruch! Im Winter bräunlich verfärbt	Ä. absteh., in waager. Ebene verzweigt. Zw. obers. d'grün, unters. h'grün, flach zsm.gedrückt. Holz weich, rötlichbraun, Gipfeltriebe meist aufrecht!	Männl. Bl. kugelig, **schwarzbraun,** Zapfen länglich, 8—12 mm lang, frühzeitig trocken, lederig, **braungelb.** Untere Fr.schuppen mit abstehendem Spitzchen. April, Mai	Baum. H. 6—30 m. Nordamerika. Auf Kirchhöfen sehr verbreitet, auch als Heckenpflanze, in vielen Formen. Immergrün	**Abendländischer Lebensbaum** **Thúja occidentális** (3)
Haupttrieb mit entfernt stehenden, lang zugespitztenBlättern, beim Zerreiben stark aromatisch. Blatt scharf zugespitzt, die seitlichen mit freien geraden Spitzen	Zweiglein dicht abwechselnd zweizeilig, oben glänzendgrün, unten bläulichweiß mit Spaltöffnungslinien. Bleibt im Winter grün!	Holz sehr widerstandsfähig. Als „Cedar" in der Heimat geschätzt	Zapfenschuppen 4fach dachziegelig	Nordamerika. Bis 60 m. Schöner Parkbaum, auch im Walde da und dort angebaut. Immergrün	**Riesenlebensbaum** **Thúja giganteá** (T. plicáta) (3)
Schuppenf., kreuzweise gegenständig, Flächenb. auf dem Rücken mit einer Drüsenfurche	B. auf beiden Seiten der Zw. lebhaft grün * Geruch stark angenehm-würzig!	Ä. in **senkrechter** Ebene verzweigt. Zw. flach zusammengedrückt. Gipfeltriebe meist aufrecht!	Männl. Bl. kugelig, **braungelb,** Zapfen 12 bis 18 mm lang, kugelig-eif. fleischig, grün, erst reif trocken, d'rotbraun. Fr.schuppen 6, mit zurückgekrümmten Hörnchen. April, Mai	Baum. H. 3—7 m. China, Persien bis Japan. Immergrün	**Morgenländischer Lebensbaum** **Thúja orientális** (Bióta orientális) (3)

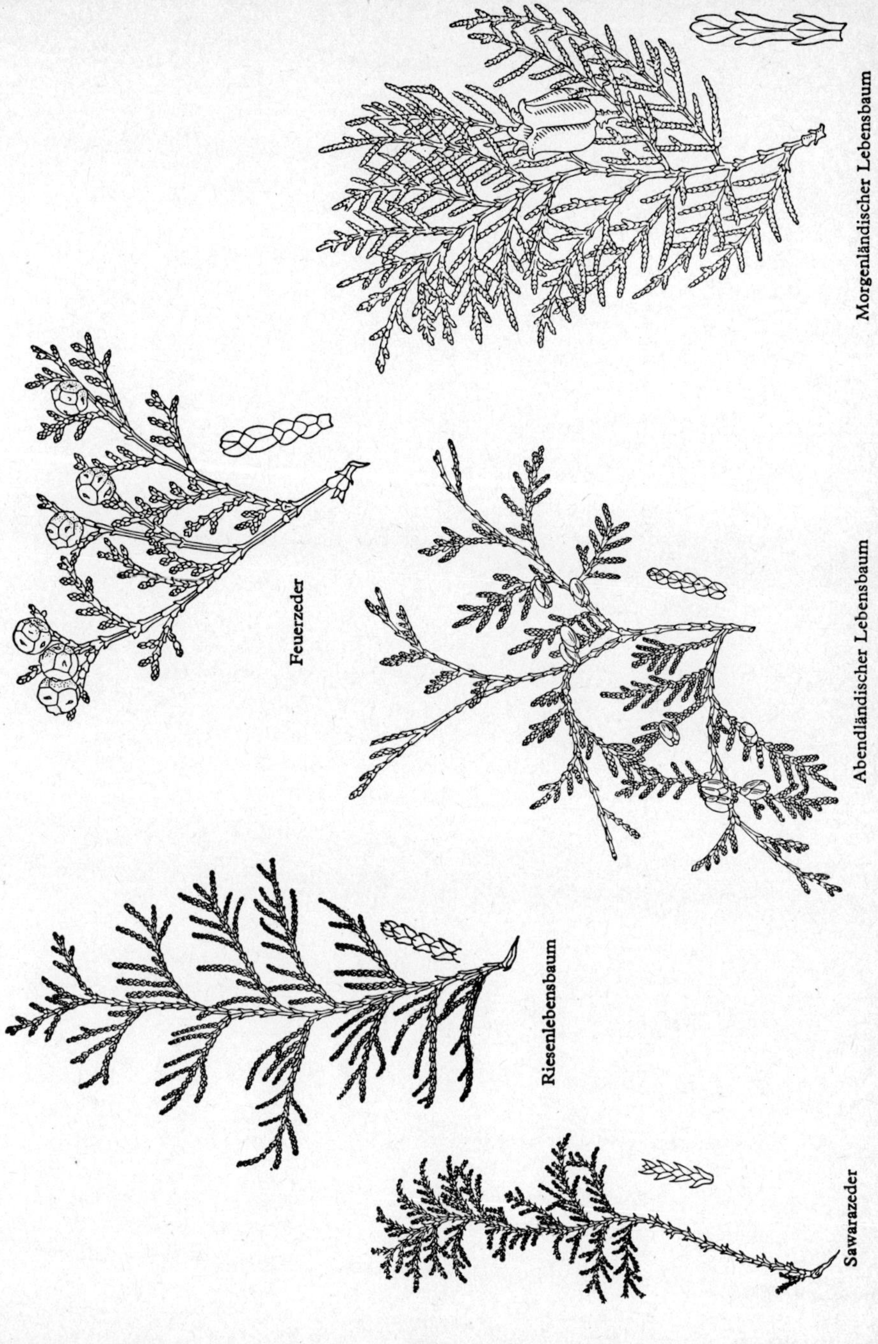
Morgenländischer Lebensbaum
Abendländischer Lebensbaum
Sawarazeder
Feuerzeder
Riesenlebensbaum

Tabelle zum Bestimmen anhand der Winterknospen

Pflanzen mit Dornen oder Stacheln

1. Strauch. Zweige dornspitzig, kantig, hängend. Knospen wechselständig, rund. Nicht selten mit Nebenknospen
Bocksdorn Lýcium halimifólium S. 68

2. Strauch. Zweige dornspitzig mit zahlreichen, kurzen Seitendornen. Rinde schwarzbraun. Knospen wechselständig, büschelig gehäuft, klein, eirundlich
Schwarzdorn Prúnus spinósa S. 84

3. Strauch. Zweige nur z. T. dornspitzig. Rinde grau. Knospen an Kurztrieben, wechselständig **Weißdorn Gratáegus spec.** S. 120 oder 122

4. Strauch. Stacheln meist dreiteilig. Knospen wechselständig, länglich, locker beschuppt **Stachelbeere Ríbes uva-críspa** S. 94

5. Strauch. Stacheln stets einfach, gebogen, leicht vom Zweig lösbar. Knospen wechselständig, klein, rundlich **Rosen-Arten Rósa spec.** S. 40—48

6. Strauch oder Baum. Dornen stets paarig und nur an den Narben der Blattstiele. Scheinbar knospenlos. Knospen zwischen den Dornen im Gewebe versenkt
Gemeine Robinie Robínia pseudacácia S. 154

Sträucher (oder Bäume) mit wechselständigen Knospen

7. Strauch. H. nur bis 1,25 m. Rinde hellgrau, beim Zerreiben unangenehm und scharf riechend. Endknospe größer als die längl.-eif., rotbraun beschuppten Seitenknospen **Seidelbast Dáphne mezéreum** S. 76

8. Strauch, seltener Baum. Knospen von nur einer Schuppe bedeckt. Blattnarbe breit, nie ringförmig
Weiden-Arten Sálix spec. S. 24, 72, 74, 88, 90, 92, 112, 120, 140, 142

9. Strauch, seltener Baum. Zweige behaart. Rinde grau-braun. Knospen rundl.-eif. Schuppen braun. (Ein Teil der Knospen mit weibl. Blütenständen; daher im Frühjahr mit herausragenden roten Narben)
Haselnußstrauch Córylus avellána S. 114

1
2
3
4
5
6
7
8
9

Sträucher (oder Bäume) mit gegenständigen Knospen

10. Strauch, seltener Baum. Äste mit schwammigem, weißem Mark. Rinde jung warzig, im Alter rissig, aschgrau. Knospen locker beschuppt (oft nur am Grunde), länglich

Schwarzer Holunder **Sambúcus nígra** S. 122

11. Kletterstrauch. Stengel kantig. Vertrocknete Blattstiele bleiben als Kletterstützen auch im Winter erhalten. Die Pflanze bildet oftmals dichte, nestartige Gewirre im Geäst von Bäumen und Sträuchern. Knospen klein, locker beschuppt, in den Achseln der alten Blattstiele

Echte Waldrebe **Clemátis vitálba** S. 36

12. Strauch, seltener Baum. Endknospen meist paarig. Schuppen decken sich dachziegelartig, gekielt, braungrün, an der Spitze dunkler

Flieder **Syrínga vulgáris** S. 106

13. Strauch. Zweige dünn, Rinde hellgrau. Knospen langkegelig, spitz, behaart. Häufig achselständige Nebenknospen

Heckenkirsche **Lonícera xylósteum** S. 50

14. Strauch, ganz selten Baum. Zweige auf der Lichtseite (besonders im Herbst und Winter) mit roter Rinde. Knospen ohne Deckschuppen, klein. Endknospe deutlich größer

Roter Hartriegel **Córnus sanguínea** S. 104

15. Strauch. Zweige scharf vierkantig, grün, mit dünnem Mark. Knospenschuppen gegenständig

Pfaffenhütlein **Evónymus europaea** S. 54

16. Strauch. Zweige biegsam, kahl. Rinde hellgrau. Knospen auf einem kurzen, gedrungenen Stiel, zweischuppig. Endknospe oft verkümmert

Schneeball **Vibúrnum ópulus** S. 62

17. Strauch. Zweige rutenförmig. Rinde glatt. Knospen sitzend, schlank, ei-kegelig, dem Zweig angepreßt. Knospenschuppen scharf gekielt

Liguster **Ligústrum vulgáre** S. 52

18. Strauch oder Baum. Einjährige Zweige an der Spitze mehlig bestäubt. Rinde der älteren Äste mit dicken Korksträngen. Rinde des Stammes netzrissig. Knospen eiförmig, leicht und ganz kurz behaart, klein. Schuppen nicht gekielt

Feld-Ahorn **Ácer campéstre** S. 106

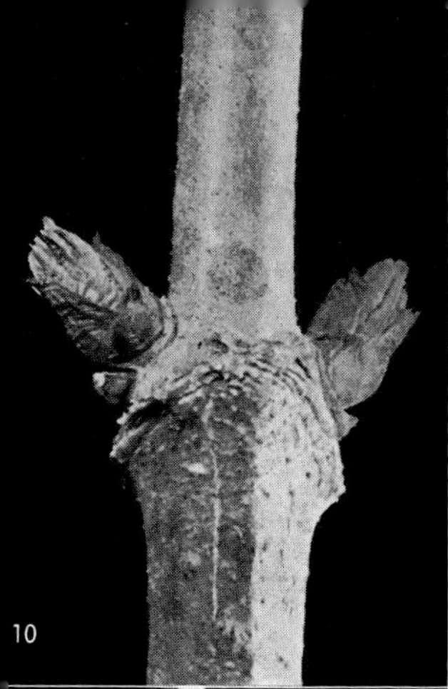
10

11

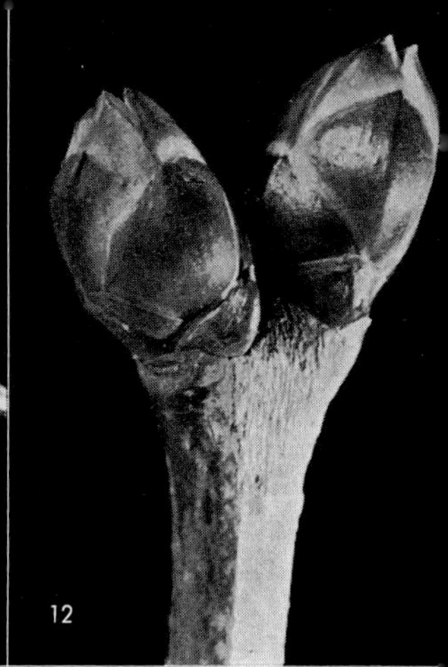
12

13

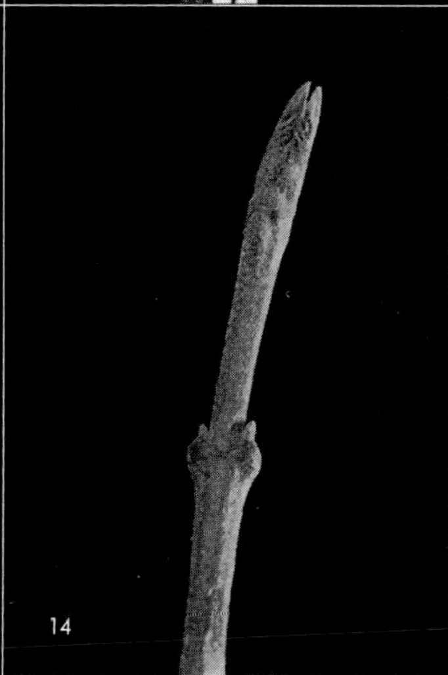
14

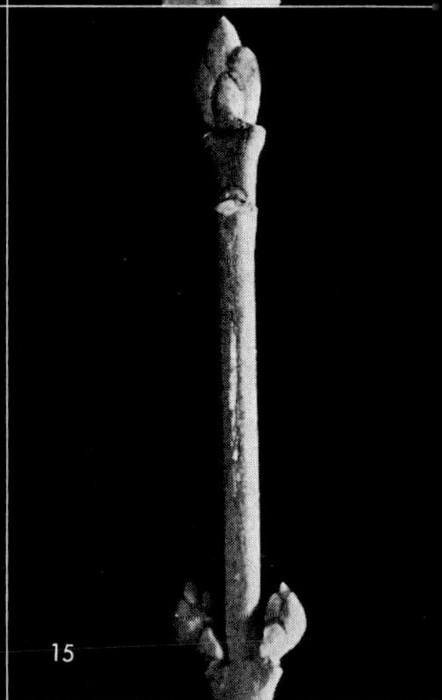
15

16

17

18

Bäume mit gegenständigen Knospen

19. Baum. Rinde der Äste ohne Kork. Rinde des Stammes längsrissig. Knospen eiförmig, kahl, groß. Schuppen an der größeren Endknospe zahlreicher als an den Seitenknospen, nicht gekielt, braun

Spitz-Ahorn Ácer platanoídes S. 128

20. Baum. Rinde grau, glatt, schuppig abblätternd. Knospen eilänglich. Schuppen an End- und Seitenknospen in etwa derselben Zahl, unterste leicht gekielt, grün mit braunem, oft behaartem Rand

Berg-Ahorn Ácer pseudoplátanus S. 128

21. Baum. Einjährige Zweige oft mit bläulich-weißem Reif, kahl. Knospen an den Zweigenden gehäuft. Schuppen auf dem Rücken abgerundet, unterste fast bis zur Knospenspitze reichend

Eschen-Ahorn Ácer negúndo S. 152

22. Baum. Rinde schwach rissig. Zweige kahl. Endknospe sehr groß, über 1 cm dick und 1,5 cm lang, harzig

Roßkastanie Ǽsculus hippocástanum S. 152

23. Baum, sehr selten Strauch. Knospen wie bei der Roßkastanie, aber nie harzig

Rotblühende Roßkastanie Ǽsculus pávia S. 152

24. Baum. Zweige graugrün, kahl. Rinde hellgrau-braun, im Alter rissig. Knospen schwarz. Endknospe mützenförmig

Esche Fráxinus excélsior S. 152

Bäume mit wechselständigen Knospen

25. Baum. Äste knorrig. Rinde dunkel, tiefrissig, nicht abblätternd. Blattgrund herzförmig geöhrt (dürre Blätter an den Ästen!). Knospen am Ende der Langtriebe gehäuft, eiförmig

Stiel-Eiche Quércus róbur S. 146

26. Baum. Äste knorrig. Rinde flachrissig, etwas abblätternd. Blätter in den Stiel verschmälert (dürre Blätter an den Ästen!). Knospen am Ende der Langtriebe gehäuft. Seitenknospen gleichmäßiger verteilt als bei der Stiel-Eiche

Trauben-Eiche Quércus petrǽa S. 146

27. Baum, seltener Strauch. Stamm oft längswulstig. Rinde grau, glatt. Knospen länglich-eiförmig, abgeflacht und mit der breiten Seite eng den Zweigen angedrückt

Weiß-Buche Cárpinus bétulus S. 112

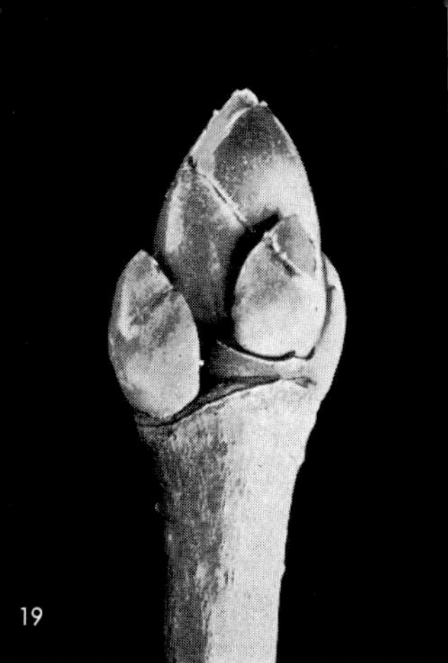
19

20

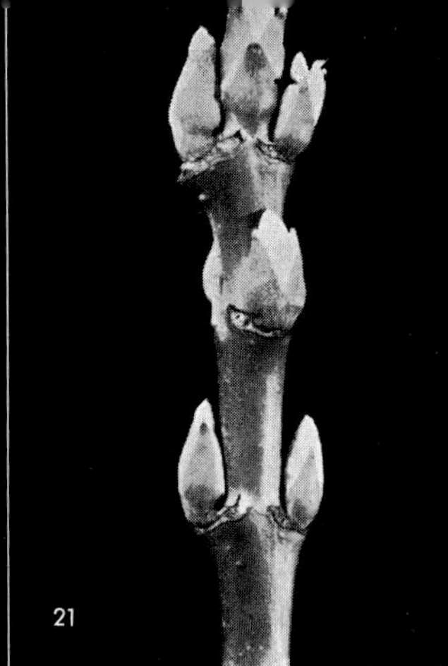
21

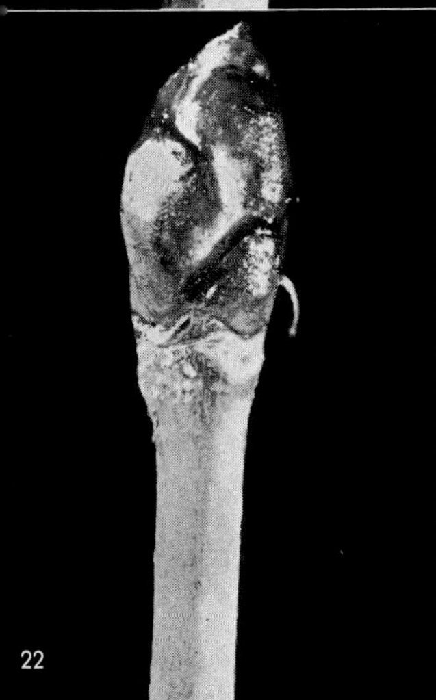
22

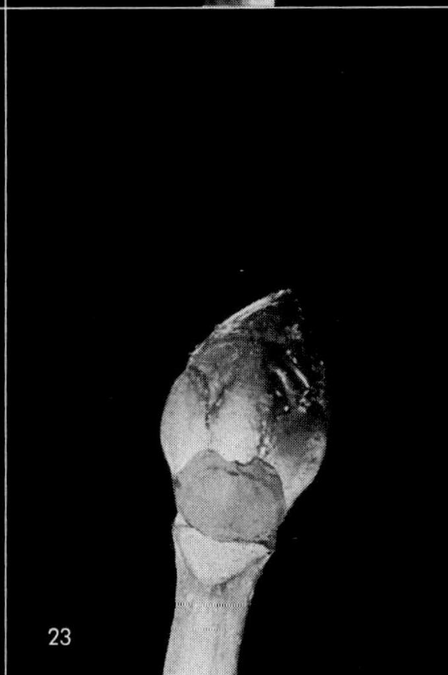
23

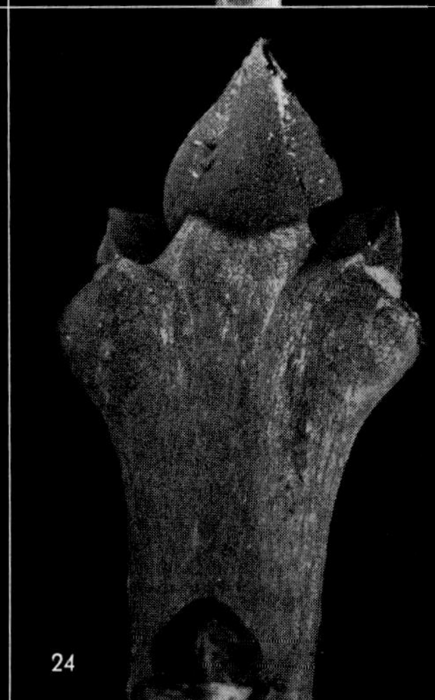
24

25

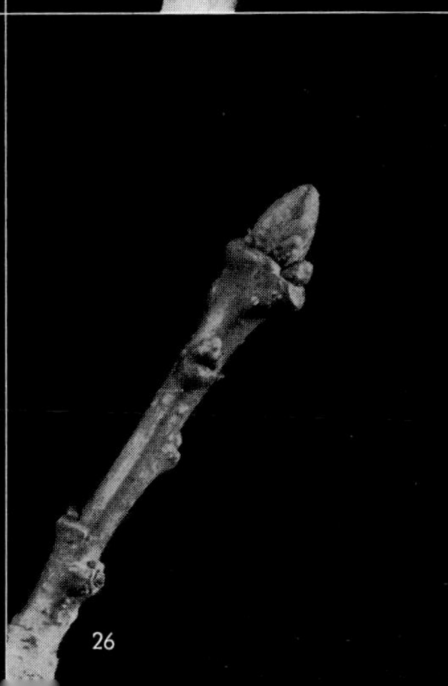
26

27

28. Baum. Zweigrinde grau abschliffernd, dann braun. Stammrinde glatt, grau. Knospen länglich, anliegend, schwarzviolett

Vogelbeere Sórbus aucupária S. 158

29. Baum. Stamm mit längsrissiger, dunkelbrauner Borke. Junge Zweige kahl. Seitenknospen etwas abstehend, eikegelig-spitz. 5—7 Schuppen, am Rande mit einigen weißen Haaren

Feld-Ulme Úlmus carpinifólia S. 144

30. Baum. Stamm nicht längswulstig. Rinde grau, glatt. Knospen weit abstehend, schmal kegelig bis spindelig, spitz

Rot-Buche Fágus silvática S. 134

31. Baum. Rinde weißgrau. Junge Äste meist kahl. Knospen groß, spitzkegelig, kahl. Seitenknospen anliegend, mit scharfer, leicht nach außen weisender Spitze, 3—4schuppig, wenig harzig

Zitterpappel Pópulus trémula S. 140

32. Baum. Rinde weißgrau. Junge Äste dick grau- oder weißfilzig. Knospen klein, eiförmig, stark weißfilzig

Silberpappel Pópulus álba S. 130

33. Baum. Rinde schwarzbraun, rissig. Holz orangerot. Junge Triebe kahl. Knospen langstielig, groß, klebrig

Schwarz-Erle Álnus glutinósa S. 130

34. Baum. Rinde weiß, dünnschuppig. Zweige sehr dünn, hängend, warzig, kahl. Knospen oft gestielt, eiförmig

Weiß-Birke Bétula verrucósa S. 132

35. Baum. Junge Zweige meist deutlich behaart. Knospen sitzend, eirundlich. Unterste Schuppe kaum halb so lang wie die Knospe. Schuppen schwach kurzhaarig

Sommer-Linde Tília platyphýllos S. 144

36. Baum. Junge Zweige kahl, glänzend. Knospen sitzend, rundlich eiförmig. Unterste Schuppe mindestens halb so lang wie die Knospe. Schuppen kahl, glänzend

Winter-Linde Tília cordáta S. 140

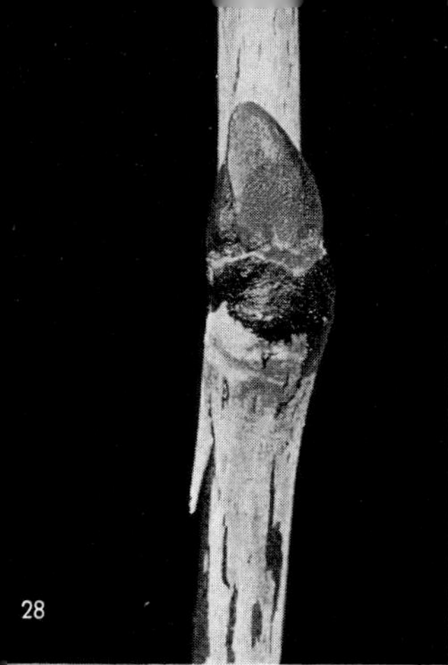
28

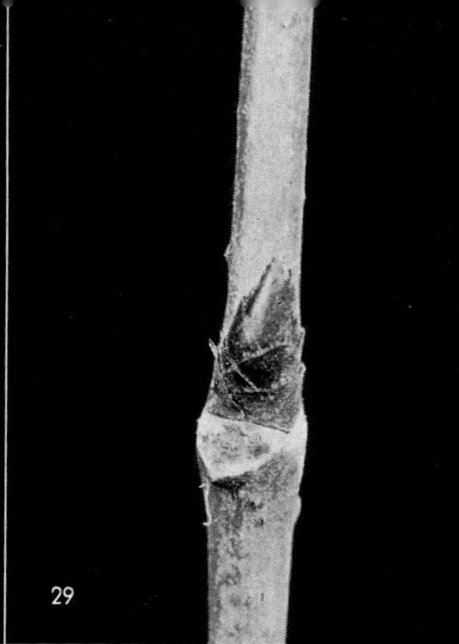
29

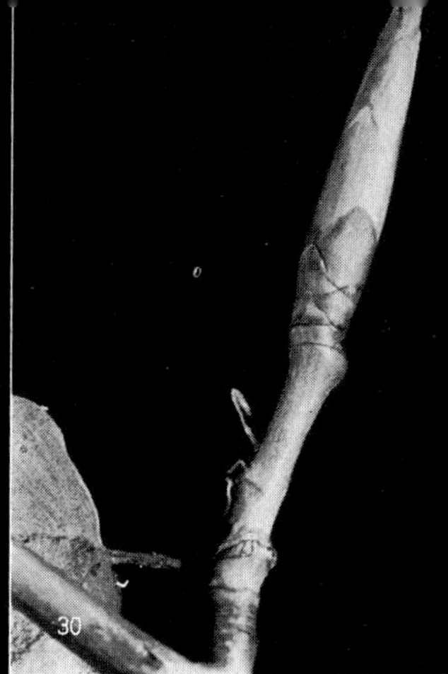
30

31

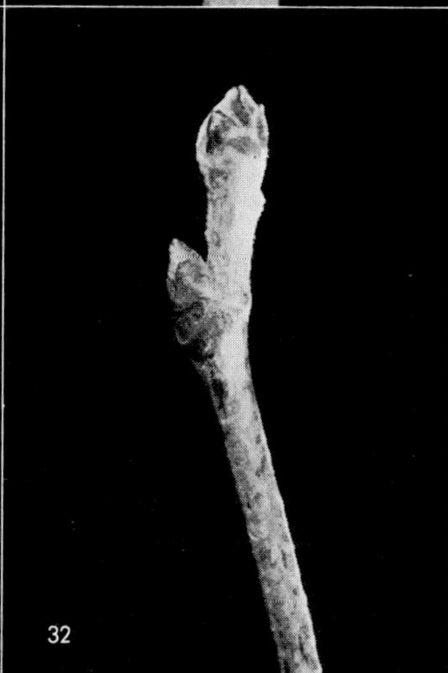
32

33

34

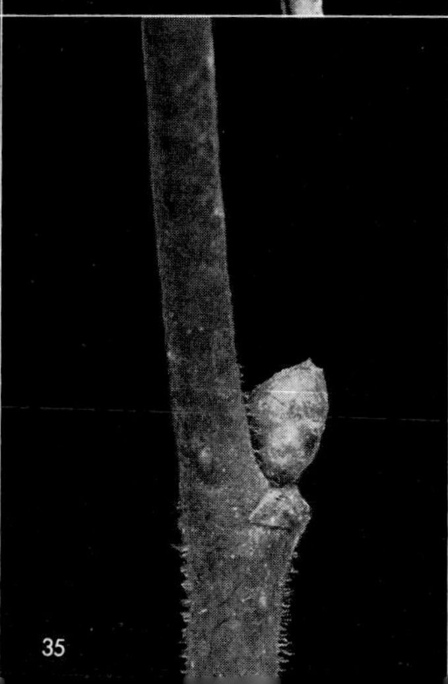
35

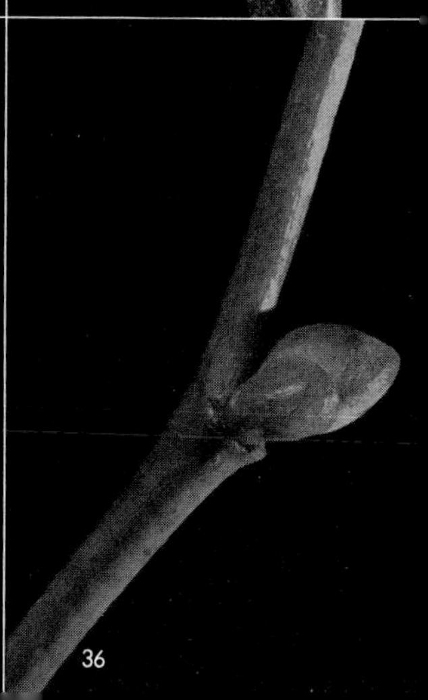
36

Laubbäume, Nadelbäume

Die auf den nachstehenden Seiten abgebildeten Laub- und Nadelbäume wurden sämtlich unmittelbar nach der Natur gezeichnet; sie sollen die Gesamtformen, die charakteristischen Umrisse unserer häufigsten Bäume zeigen, damit auch der Anfänger das Erkennen der Holzgewächse schon aus der Ferne und ohne Blattwerk üben und lernen kann.

Laubbäume
(unbelaubt)

Stiel-Eiche

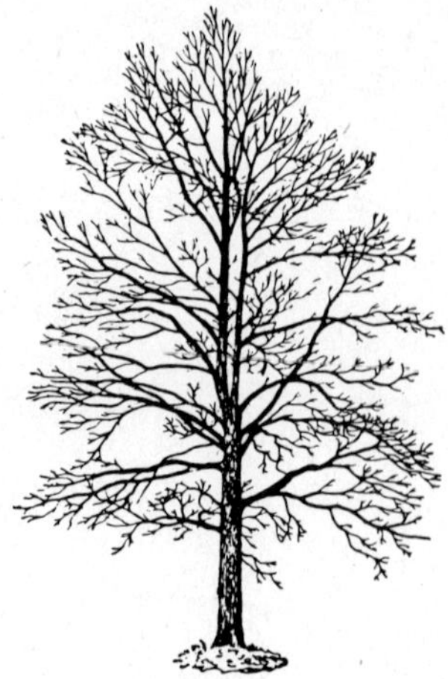

Stein-Eiche

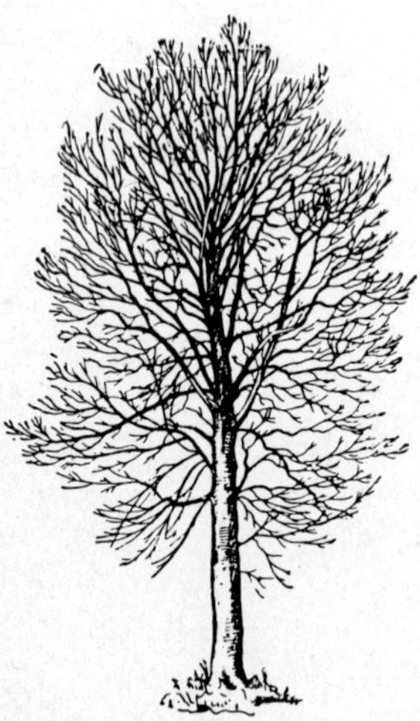

Rot-Buche

Weiß-Buche

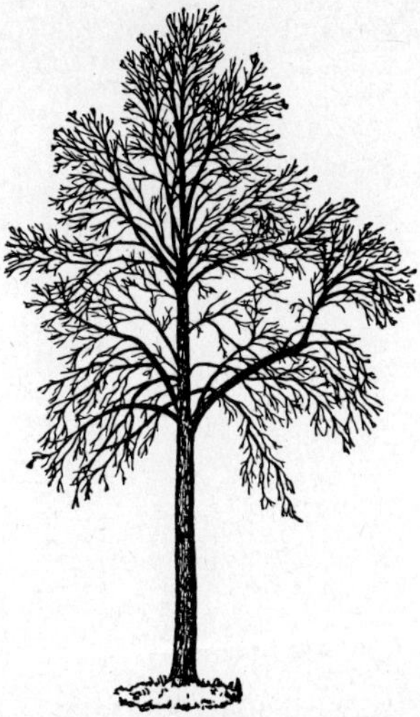
Feld-Ulme, Rüster

Flatter-Ulme, Rüster

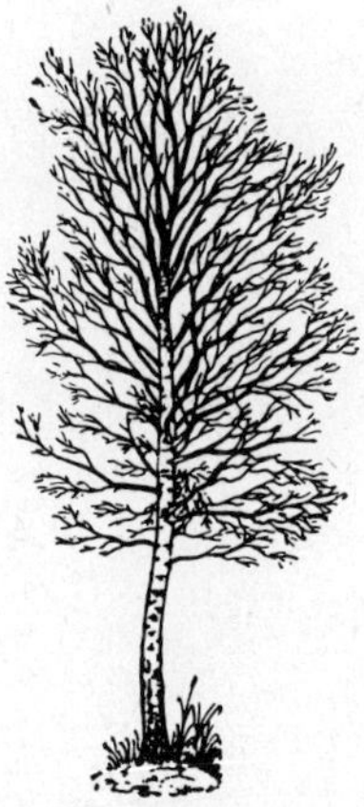
Moor-Birke

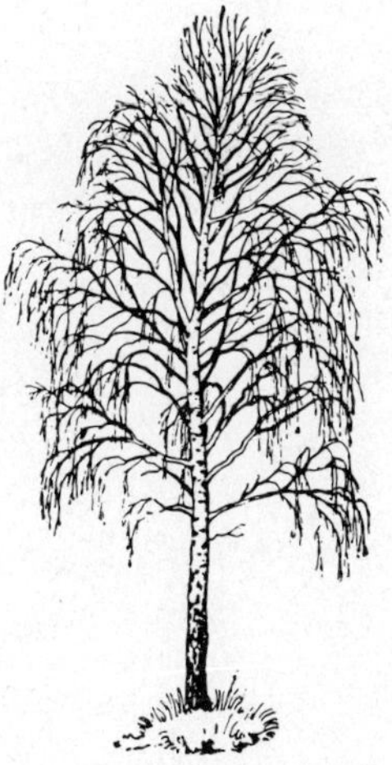
Weiß-Birke

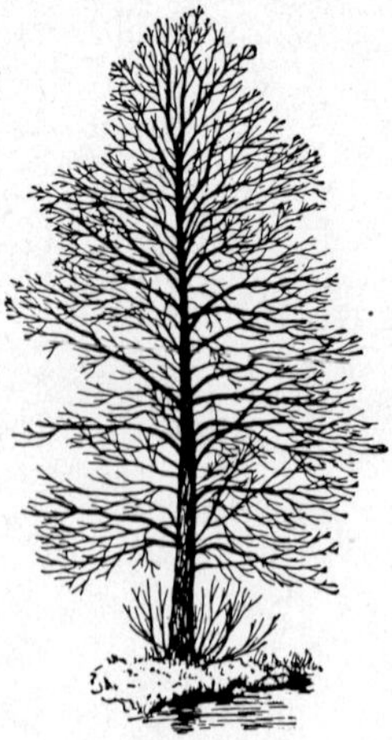

Schwarz-Erle

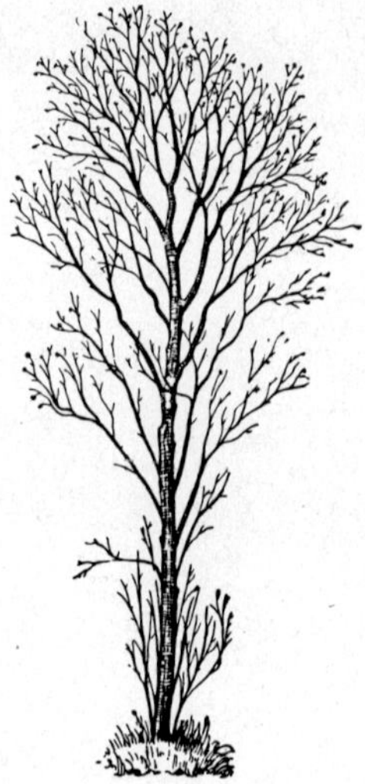

Grau-Erle

Schwarz-Pappel

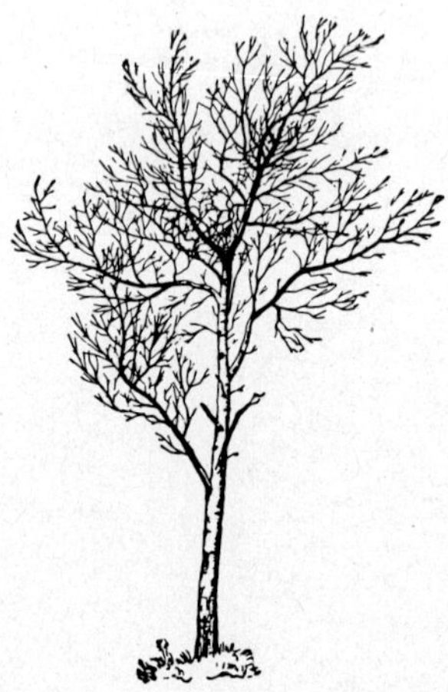

Silber-Pappel

Zitter-Pappel, Espe

Walnußbaum

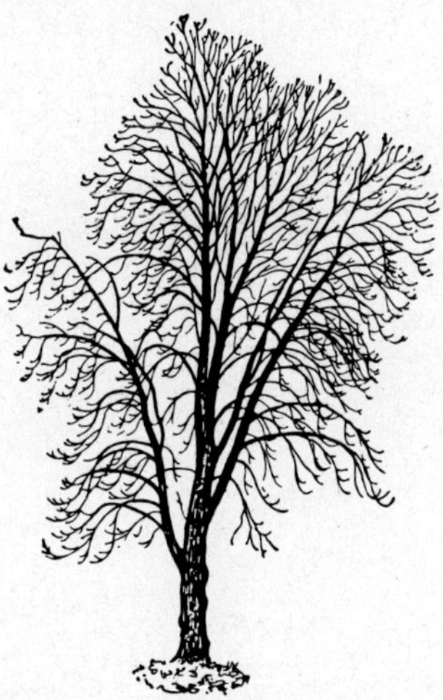

Roßkastanie

Echte Kastanie

Feld-Ahorn

Spitz-Ahorn

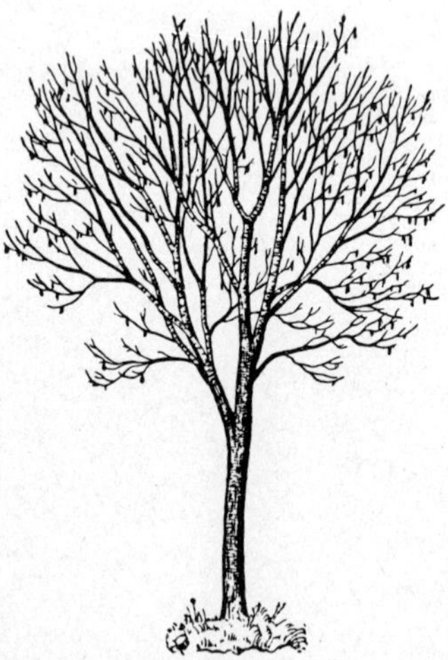

Esche

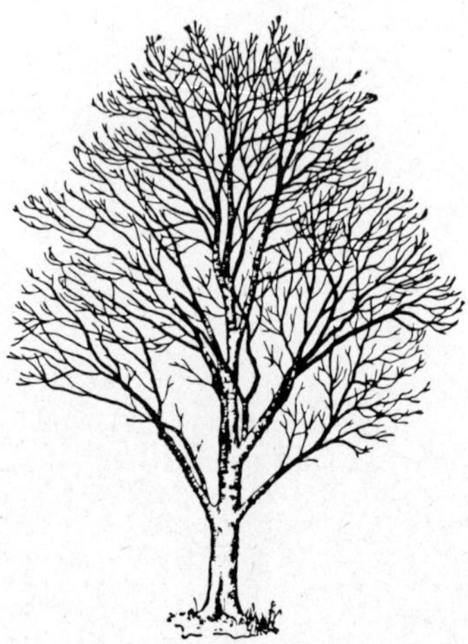

Esche

Gemeine Robinie, falsche Akazie

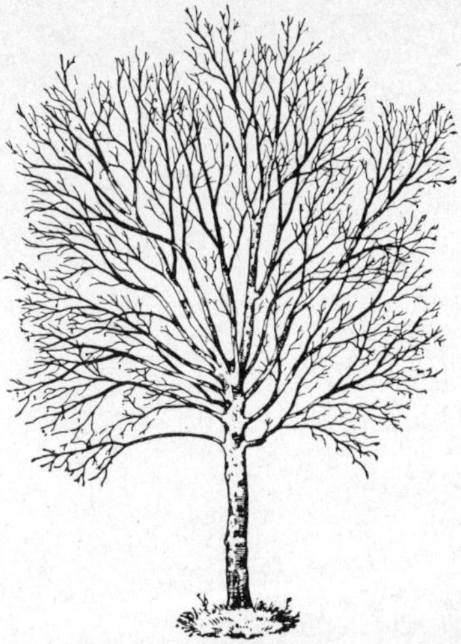

Ahornblättrige Platane

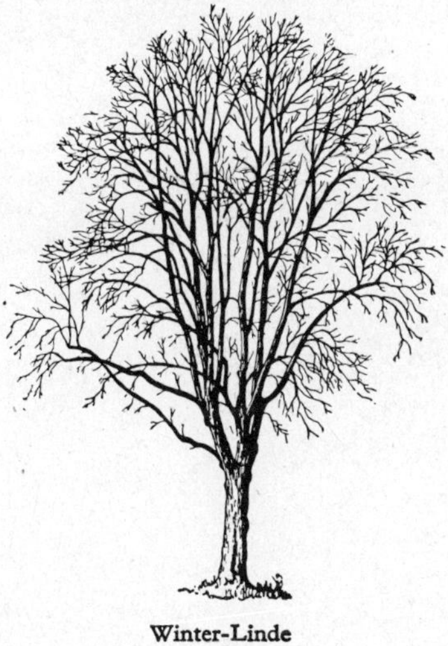

Winter-Linde

Sommer-Linde

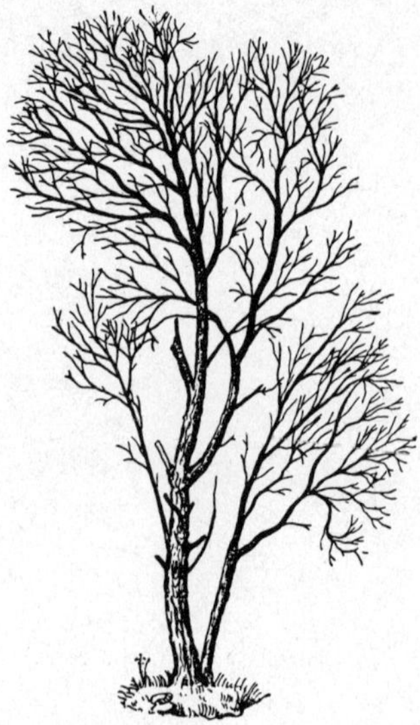

Salweide, Palm-Weide

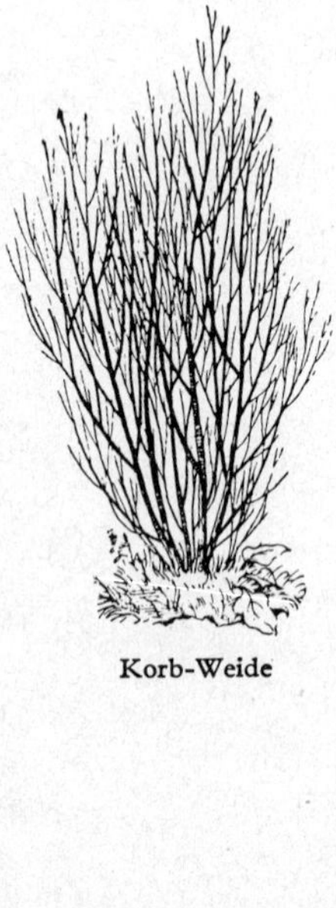

Korb-Weide

Trauer-Weide

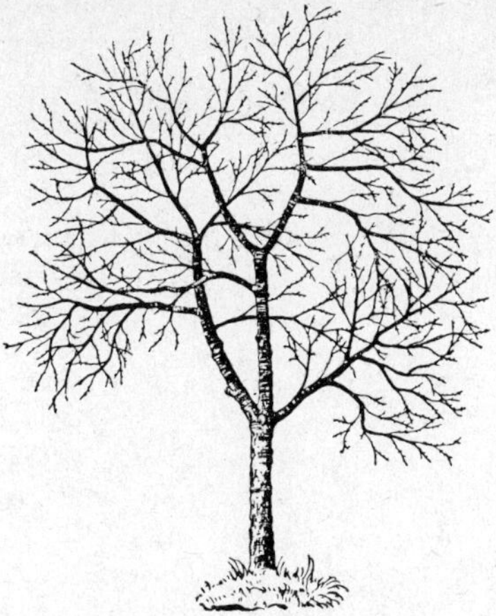

Kirschbaum

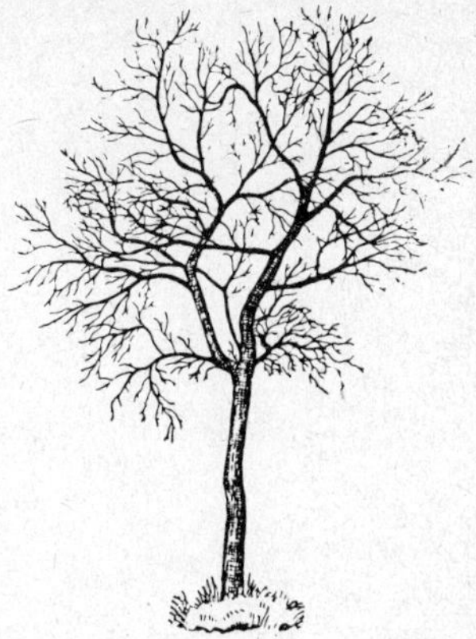

Pflaumenbaum

Apfelbaum

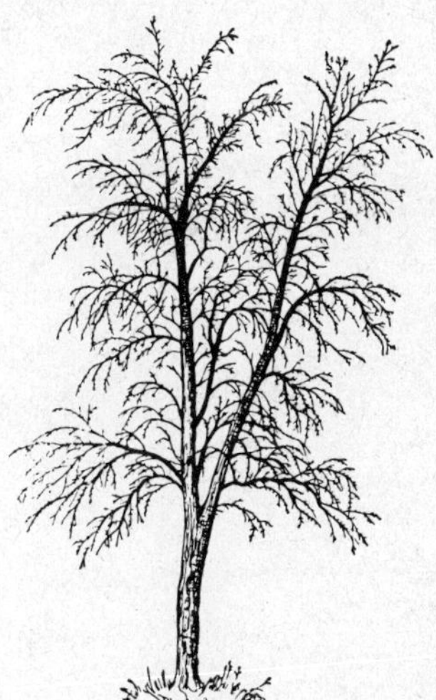

Birnbaum

Nadelbäume

Fichte, Rot-Tanne

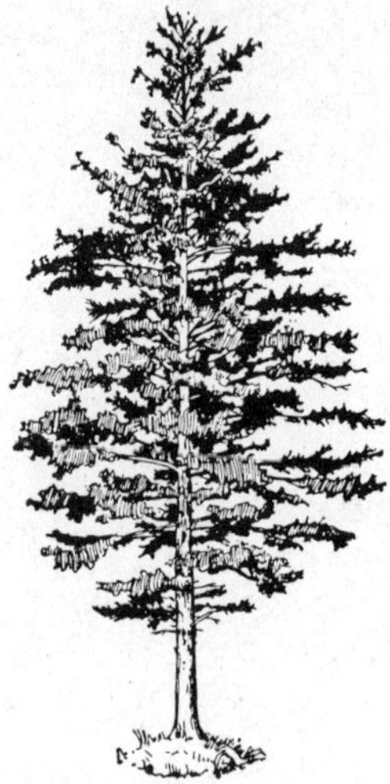

Tanne, Edeltanne

Heide-Wacholder

Kiefer

Zirbel-Kiefer, Arve

Berg-Kiefer

Morgenländischer
Lebensbaum

Abendländischer
Lebensbaum

Eibe

Lärche

DAS NATÜRLICHE PFLANZENSYSTEM

(Engler-Prantl)

Auszug (nur Familien mit Holzgewächsen) nach Fitschen, Gehölzflora

Phanerogamae, Blüten- oder Samenpflanzen

I. Klasse Ginkgoales

1. Familie Ginkgoaceae, Ginkgobäume

II. Klasse Coniferae, Nadelhölzer

2. Familie Taxaceae, Eibengewächse
3. Familie Pinaceae, Kieferngewächse

III. Klasse Monocotyleae, Einkeimblättrige Pflanzen

4. Familie Liliaceae, Liliengewächse

IV. Klasse Dicotyleae, Zweikeimblättrige Pflanzen

5. Familie Salicaceae, Weidengewächse
6. Familie Myricaceae, Gagelgewächse
7. Familie Juglandaceae, Walnußgewächse
8. Familie Betulaceae, Birkengewächse
9. Familie Fagaceae, Buchengewächse
10. Familie Ulmaceae, Ulmengewächse
11. Familie Moraceae, Maulbeergewächse
12. Familie Loranthaceae, Mistelgewächse
13. Familie Aristolochiaceae, Osterluzeigewächse
14. Familie Polygonaceae, Knöterichgewächse
15. Familie Ranunculaceae, Hahnenfußgewächse
16. Familie Lardizabalaceae, Lardizabalagewächse
17. Familie Berberidaceae, Berberitzengewächse
18. Familie Magnoliaceae, Magnoliengewächse
19. Familie Calycanthaceae, Gewürzstrauchgewächse
20. Familie Anonaceae, Flaschenbaumgewächse
21. Familie Lauraceae, Lorbeergewächse
22. Familie Cruciferae, Kreuzblütler
23. Familie Saxifragaceae, Steinbrechgewächse
24. Familie Hamamelidaceae, Zaubernußgewächse
25. Familie Platanaceae, Platanengewächse
26. Familie Rosaceae, Rosengewächse
27. Familie Papilionaceae, Schmetterlingsblütler
28. Familie Rutaceae, Rautengewächse
29. Familie Simarubaceae, Bittereschengewächse
30. Familie Meliaceae, Zederachgewächse
31. Familie Polygalaceae, Kreuzblumengewächse
32. Familie Euphorbiaceae, Wolfsmilchgewächse
33. Familie Buxaceae, Buchsbaumgewächse
34. Familie Empetraceae, Krähenbeerengewächse
35. Familie Anacardiaceae, Sumachgewächse
36. Familie Aquifoliaceae, Stechpalmengewächse
37. Familie Celastraceae, Baumwürgergewächse

38. Familie Staphylaeaceae, Pimpernußgewächse
39. Familie Aceraceae, Ahorngewächse
40. Familie Hippocastanaceae, Roßkastaniengewächse
41. Familie Sapindaceae, Seifenbaumgewächse
42. Familie Rhamnaceae, Kreuzdorngewächse
43. Familie Vitaceae, Rebengewächse
44. Familie Dilleniaceae, Dilleniengewächse
45. Familie Hypericaceae, Johanniskrautgewächse
46. Familie Tamaricaceae, Tamariskengewächse
47. Familie Cistaceae, Cistrosengewächse
48. Familie Tiliaceae, Lindengewächse
49. Familie Malvaceae, Malvengewächse
50. Familie Thymelaeaceae, Seidelbastgewächse
51. Familie Elaeagnaceae, Ölweidengewächse
52. Familie Araliaceae, Kraftwurzgewächse
53. Familie Cornaceae, Hartriegelgewächse
54. Familie Clethraceae, Scheinellergewächse
55. Familie Pirolaceae, Wintergrüngewächse
56. Familie Ericaceae, Heidekrautgewächse
57. Familie Ebenaceae, Ebenholzgewächse
58. Familie Styracaceae, Storaxgewächse
59. Familie Verbenaceae, Eisenkrautgewächse
60. Familie Labiatae, Lippenblütler
61. Familie Solanaceae, Nachtschattengewächse
62. Familie Scrophulariaceae, Braunwurzgewächse
63. Familie Bignoniaceae, Trompetenbaumgewächse
64. Familie Caprifoliaceae, Geißblattgewächse
65. Familie Oleaceae, Ölbaumgewächse
66. Familie Loganiaceae, Loganiengewächse
67. Familie Apocynaceae, Hundstodgewächse
68. Familie Asclepiadaceae, Seidenpflanzengewächse

WISSENSCHAFTLICHE NAMEN

DEUTSCHE NAMEN

Es ist schon mehr als 30 Jahre her –

in einer schmalen Bude in der Hartmannstraße in Görlitz, die außer Tisch, Stuhl, Bett und Bücherbord kaum etwas anderes aufweist, sitzt ein junger Student. Er arbeitet an der Verwirklichung eines Planes, den er seit Jahren mit sich herumtrug, den er beim Botanisieren immer wieder überlegt und geprüft hat, der viel Kenntnisse, viel Geduld und sorgsame Überlegung erfordert. Es soll ein botanisches Bestimmungsbuch für Laien entstehen, für Leute, welche die Natur lieben und die zunächst die Systematik ängstigt.

Vielleicht konnte nur gerade er – Alois Kosch – auf den einfachen und deshalb richtigen Gedanken kommen, den Laien-Führer zum Pflanzenbestimmen nach der Blütenfarbe zu ordnen. Er, der Autodidakt von einst, Volksschüler, Drogisten-Lehrling und jetzt endlich Student der Medizin, hat eingesehen, wie man von dem rein äußerlichen Kennzeichen der Blütenfarbe ausgehend, dann Schritt für Schritt die Einzelmerkmale prüfend, zur Bestimmung der Art gelangt; dann erst hat er die wissenschaftlich exakte Eingliederung nach Art, Gattung und Familie erfahren und erlernt. Der offene Blick und die schlichte Frage „Was blüht denn da?" sind die Wurzeln des Erkenntnisdranges und der Erkenntnis, deren krönende Zusammenfassung das wissenschaftliche „System" bildet. Nur ein Mann, der den Weg von den Anfängen bis zum Ziel selbst gegangen ist, konnte ihn anderen weisen, konnte Idee und Gestalt für die KOSMOS-Naturführer finden.

Heute, 35 Jahre später, sind der Name von Alois Kosch und die Grundidee der KOSMOS-Naturführer ein Begriff für alle, die Geschöpfe, Lebewesen und Formen der Natur kennenlernen und richtig bestimmen möchten: für Eltern, die ihren Kindern die Wunder der Schöpfung zeigen – für Lehrer und Schüler, die KOSMOS-Naturführer im Unterricht, bei Lerngängen, im Landschulheim zu Rate ziehen – für die Studierenden der Fach- und Hochschulen – für Naturfreunde und alle, die ein Auge haben für Blumen und Tiere, für Steine und Sterne, die ihnen daheim oder unterwegs, bei der Arbeit oder im Urlaub begegnen.

Heute sind die reich und fast durchweg auch farbig illustrierten KOSMOS-Naturführer in mehr als zweieinhalb Millionen Exemplaren verbreitet.